体育教学理论与实践创新研究

赵军辉 著

全国百佳图书出版单位
吉林出版集团股份有限公司

图书在版编目(CIP)数据

体育教学理论与实践创新研究 / 赵军辉著.--长春：吉林出版集团股份有限公司，2023.1

ISBN 978-7-5731-2898-0

Ⅰ.①体… Ⅱ.①赵… Ⅲ.①体育教学－教学研究－高等学校 Ⅳ.①G807.4

中国版本图书馆 CIP 数据核字(2022)第 257186 号

体育教学理论与实践创新研究
TIYU JIAOXUE LILUN YU SHIJIAN CHUANGXIN YANJIU

著	赵军辉
责任编辑	沈丽娟
封面设计	豫燕川
开　本	787mm * 1092mm 1/16
字　数	280 千字
印　张	11.5
版　次	2023 年 1 月第 1 版
印　次	2023 年 1 月第 1 次印刷
出　版	吉林出版集团股份有限公司
发　行	吉林出版集团外语教育有限公司
地　址	长春福祉大路 5788 号龙腾国际大厦 B 座 7 层
电　话	总编办:0431—81629929
印　刷	三河市金兆印刷装订有限公司

ISBN 978-7-5731-2898-0　　　　定价:68.00 元

版权所有　侵权必究　　　　举报电话:0431—81629929

前言

百年大计,教育为本。21世纪的教育是培养会认知、会做事、会生存、会共同生活的"完整的人"的全面教育。全面教育需要整体的课程,整体的课程促进全面教育的发展。课程作为教育发展和改革的核心要素,应适应教育的需要,体现全面性、连续性和整体性特征。体育是教育的重要组成部分,是通过身体活动和其他一些辅助性手段进行的发展身体,增强体质,传授锻炼身体的知识、技能,培养道德和意志品质的有目的、有计划、有组织的教育过程;是对人体进行培育和塑造的过程;是培养全面发展的人的一个重要方面。

体育教学历史悠久,古已有之。随着人类社会的发展,体育教学经历了一个不断充实、完善的过程。在其发展的过程中,现代体育教学逐渐发展成科学的教学、全面的教学,培养德、智、体、美全面发展人才的教学。如今体育教学越来越受到人们的重视,在社会中发挥着越来越重要的作用。各国先后对体育教学的内容、教材和教法展开了探索与改革。体育一直以来都是重点关注的一部分内容,究其原因主要是因为有效、科学的体育教学可以使学生拥有更加强健的身体,为繁重的文化学习奠定良好的身体素质基础。

现代体育教学论是研究体育教学相关问题的一门课程,理论与实践相结合为其学科属性。现代体育教学论着重揭示体育教学论的发展历史、构成要素等理论性较强的内容;应用体育教学论着重研究体育教学设计、提高体育教师执教能力等实践性较强的内容。近年来,随着体育教学改革的不断深入,体育教学理论的研究和探索日益活跃,体育教学论的著作也越来越多,这是体育教学理论研究和体育教学论教材建设繁荣兴旺的景象,也是体育教育学科越来越走向科学化的象征。

在体育教学不断发展和改革的进程中,体育教学理论也在不断进步和发展。本书在撰写过程中汲取了国内外众多专家、学者在体育教学理论与实践发展等方面的成果,在此表示诚挚的谢意!由于作者水平有限,错误和不当之处在所难免,恳请广大读者在使用中多提宝贵意见,以便本书的修改和完善。

作　者

2021年12月

目 录

第一章 体育教学的基本知识阐述 1
- 第一节 体育教学的概念与性质 1
- 第二节 体育教学的特点及功能 2
- 第三节 体育教学的结构与原理 8
- 第四节 体育教学的目标与原则 10

第二章 体育教学理论变革 21
- 第一节 体育教学观念的转变 21
- 第二节 体育教学形态的变革 25

第三章 体育教学工作组织与管理的基本理论 50
- 第一节 体育教学组织与管理概述 50
- 第二节 体育教学组织与管理的方法 59
- 第三节 体育教学组织与管理的基本内容 63

第四章 体育教学的主导与主体 67
- 第一节 体育教学中的体育教师 67
- 第二节 体育教学中的学生 70
- 第三节 体育教学中主导性与主体性的关系 72

第五章 体育教学内容与方法的科学探究与创新发展 74
- 第一节 体育教学内容与方法概述 74
- 第二节 体育教学内容的科学探究 83
- 第三节 体育教学方法的科学探究 88
- 第四节 现代体育教学内容与方法的创新发展 98

第六章 体育教法与学法的运用与变革 106
- 第一节 体育教学方法的问题与变革 106
- 第二节 体育教学方法的组织与运用 108
- 第三节 体育学习方法的选择与运用 118

第七章 体育教学训练方法的创新与实践 ························ 128
第一节 体育教学训练方法的创新 ························ 128
第二节 田径运动与训练 ························ 130
第三节 球类运动与训练 ························ 145
第四节 体操运动与训练 ························ 170

参考文献 ························ 178

第一章 体育教学的基本知识阐述

体育教学是学校教学的重要组成部分,对体育教学进行研究,首先要对体育教学的基本知识有所了解,只有以此为前提,才能保证体育教学研究的科学性和实用性,才能促进体育教学的发展。

第一节 体育教学的概念与性质

一、体育教学的概念

体育教学是众多学科教学的一种具体形式,为了更深入地认识体育教学的概念,就需要首先了解教学的相关知识,对教学的基本含义进行分析是认识体育教学的重要前提。

(一)教学的基本含义

"教学"是一种动态行为,是教学工作者对具体的学科或技能组合进行的一种有组织、有计划的教学行为。我们可以从宏观和微观两个方面对教学的含义具体分析。

首先,从宏观角度分析,教学是一种特殊的教育活动,它是指教学者以一种或多种文化为对象,对受教者进行教育,以期让受教者获得这种文化的活动。其中的教学者是掌握某种知识或技能的人,他与接受教育的人共同构成教学的主体。

其次,从微观意义上讲,教学是一种直观的教师进行教授和学生进行学习的活动,在这个活动中,教师是教学的引导者,是教学活动的组织者和知识传授者;学生是教学的"受众"和主体,简而言之,教学是一种以特定文化为对象的"教"与"学"的活动。

综上所述,教学是一种教育活动,这种活动需要教师和学生共同参与,并为了实现某一具体的教学目标而相互协作。

(二)体育教学的概念分析

与其他形式的教学一样,体育教学同样需要系统的组织与管理,但是,与其他学科教学不同的是体育教学对教学环境的要求更高,对所需器材和教学场地的要求更加严苛。因此,体育教学并不是一种随意的、随心而行的教学活动,更不能将其等同于是一种课余的休闲娱乐活动,它需要很多要素的构成才可以正常、合理、科学地开展。

从本质上来讲,体育教学主要在学校环境中进行,主要参与者是体育教师和学生,具体的活动内容为学生在教师的组织和指导下,对体育相关的基本知识、体育运动技能、体育运动素养进行了解、掌握和提高,教学的目的在于促进学生的身心健康发展、完善学生的个性心理特征、提高学生的社会适应能力,使之成为社会需要的人才。

体育教学过程中,体育教师应在充分认识和理解体育教学概念的基础上,将教学的概念与体育相关知识相结合,从而形成新的教学内容与相应方法。

二、体育教学的性质

性质是决定事物本身与其他事物的最根本的区别,性质不同的两种事物其呈现的表象自然有一定的区别。体育教学和其他学科的教学的最根本的区别就在于它本身所具有的体育教学性质。这种体育性质使其具有以下特征:

第一,体育教学的教学地点多为户外,现代体育教学场所在室内场馆的也很常见。

第二,教学中师生都要承受一定的运动负荷与心理负荷。

第三,教学过程是身体活动与思维活动的结合,并且还有比较频繁的人际交往。

第四,体育教学侧重于发展学生身体时空感觉以及运动智力。

第五,教学更加关注学生自我操作与体验等。

现代体育教学最重要的教学形式就是体育运动技能的教学,它是体育育人的主要方式。而对于运动技能的传授也是体育教学与其他学科教学的主要区别之一。在体育教学中,学生全面掌握体育运动技能,需要经过几个教学阶段(认知阶段、联系阶段与完善阶段)才能实现,具体来说,在体育运动技能的认知阶段中,学生与体育运动技能之间的联系最为密切。该阶段教学的主要目的就是学生对所学技能的结构、要素、关系、力量、速度等要素进行表象化认识,从这一角度来看,体育运动技能仅仅是学生提高身体素质、完成技术动作的一种方法,因此可以认为运动技术不具有人的特性,而只是一种"操作性知识"。

通过以上论述,我们可以认识到,体育教学的本质就是一种针对运动技术和知识的教学。在体育教学中,学生学会了运动知识,并将之转化为运动技能,体育教学的本质就达成了。

第二节 体育教学的特点及功能

一、体育教学的特点

作为教学活动的一种,体育教学与其他学科教学有许多相似的特点,体育教学与其他学科教学的共性主要体现在以下三个方面:

第一,体育教学和其他学科的教学都属于教师与学生的双边活动。教师与学生在教学活动中发生各种形式的频繁交流,如语言上的交流和肢体动作的交流等。过往这种交流更多是从教师向学生的方向(教师传授给学生某种知识和技能),现代教学要求教师开始注重使这种交流从学生向教师的方向。

第二,体育教学和其他学科的教学均是以班级为单位开展教学活动,实际的教学过程中,班级教学的组成方式会根据需要有所不同,如学生入学时组成的自然班,或根据学生的不同兴趣组成的单项班等。

第三,体育教学与其他学科教学的目的都是为了传授某种知识或技能。

除了以上与其他学科教学所共有的特点外,体育教学还有其自身的特点,主要表现如下:

(一)教学环境的开放性

体育教学主要是在室外进行的,目前,我国各级院校的体育教学多以体育实践课为主,体育教师组织的体育课大多数是在学校操场进行。与其他学科主要是在封闭的教室、实验室等地方开展教学活动不同,体育教学的教学空间富有变化性,环境更加开放。

当前体育教学环境的开放性决定了体育教学具有不同于室内教学的特殊要求,开展教学活动应注意以下几点:

首先,由于体育课多在操场进行,受到的干扰因素较多,如天气、地形、周边设施与噪声等,体育教学的组织管理工作愈加复杂,需要精心设计与统筹安排体育教学的组织形式、教学步骤与方法。

其次,室外的体育教学是动态的,大部分的教学时间学生都处在不断变化与形式多样的运动中,而且如果班级内学生较多,教师可采取分组教学。

最后,由于一些学校的体育基础设施条件较差,体育教师应重视学生的安全教育。

(二)教学过程的直观性

体育教学过程拥有直观性的特点。这种直观性主要体现在讲解、示范和教学组织管理三个方面。具体分析如下:

首先,教师对教学内容的讲解具有直观性的特点。体育教学过程中,教师讲解体育教学内容,不仅要达到与其他学科教师讲解要求一致外,还要求体育教师的语言更加生动,并且富有一定的肢体表现能力,以使学生有形象、贴切、有趣的感觉。尤其是在某些拥有较难技术动作的体育运动教学中,教师不仅要对体育教学重点进行详细的描述,还要用生动、形象的语言把复杂的技术动作进行简单化的讲解,做到深入浅出,以便于学生理解。

其次,教师对体育动作技能的示范具有直观性的特点。体育教学过程中,每一项体育项目的教学都涉及技术动作或战术配合,为了加深学生的理解和认识,教师有必要进行动作示范和实践演示。在教师运用示范法时,需要运用非常直观形象的动作示范,其中包括正确动作的演示和错误动作的演示,这些演示都要非常直观地展现在学生眼前,不能有任何的艺术加工和变形,这样才会使学生从感官上直接感知动作的正确与错误,以利于他们建立正确的、清晰的运动表象。当学生建立正确的动作表象后,再配合教师的讲解,使之与思维相结合,以更好地掌握体育知识、体育技术和技能,进而促进身体素质的改善,从而提高运动水平。

最后,教师对体育教学的组织与管理具有直观性特点。体育教学中,教师与学生接触更多,关系更融洽,对学生的组织与管理也带有直观性,这对学生的身心也是一种无形的教育,有助于教师对学生的观察与帮助,把控教学过程,也能为学生创造轻松的教学环境,使学生在教学中表现出来的言行都是他们最为真实的一面,有利于体育教师教师获得正确的教学反馈,并及时修正。

(三)人际关系的多边性

在体育教学中,人际交往占据重要位置,体育教学中的人际交往具有多边性的特征。

现代体育教学的组织形式主要在单人、双人、小群体以及全班之间不断转换,要求学生在不同的时空内完成不同的身体运动,不断地变换角色地位,彼此之间建立多种不同的联系。因此,在体育教学中,师生之间、生生之间、小群体之间具有频繁且形式多样的人际交往关系。

针对体育教学过程中人际关系的多边性特点,体育教师可以运用多种方式与学生交流与沟通,并引导学生相互之间进行配合、鼓励与评判,教会学生在体育课堂中初步体会社会交往,培养学生的合作意识,提高其人际交往能力。

(四)技能学习的重复性

新的《体育(与健康)课程标准》指出,现代体育教学应促进学生完成运动参与,促进学生的身体健康、心理健康,并提高社会适应能力。体育教学的最基本的目的是使学生掌握运动技能,而要达成这一体育教学目的,就必须重复学习运动技能。

运动技能的形成具有阶段性和规律性,运动技能形成大致分为四个阶段,即动作分解练习阶段、动作连贯练习阶段、连贯动作的独立完成阶段和连贯动作的熟练完成阶段。学生要想熟练掌握运动技能,就需要长期的反复练习。学生无论是掌握篮、足、排运动中的复杂技能,还是学习体操中的滚翻、田径中的跑等技能,都需要经历由不会到会、由简单初步学习到复杂深入学习、由不熟练到熟练的发展过程。在此过程中,体育教师要严格遵循循序渐进的原则,逐步指导学生掌握各种运动技能,根据不同运动技能的特点,合理安排练习内容和时间,通过反复练习,使学生掌握、提高运动技能。

(五)身体活动的常态性

体育教学中,学生需要不断重复学习体育运动技能,这也决定了学生在体育教学活动中,要经常进行身体活动,即体育教学具有身体活动的常态性特点。体育课堂教学过程中,教师与学生的身体操练非常频繁,这种近乎常态化的特点成为体育教学非常显著的特点。

文化类学科的教学,多在教室(实验室、多功能厅)进行,且要保持相对的安静,这样才能激发学生的思维并产生很好的学习效果。而和这些学科相比,体育教学却刚好相反,其教学的地点多为户外或专用运动场馆,普遍较为宽阔,而且在大多数时间的运动技术练习环节并不需要刻意保持安静,学生之间、学生与教师之间都可以随时有相关的交流和沟通,如此才更有利于对运动技术的学习。

体育教学要求学生应掌握基本的运动技能,体育教学过程中充满了对身体活动的要求,是体育教学与其他学科教学的最大不同之处。因此,在体育教学中,几乎所有内容都涉及身体活动,或者是为即将到来的身体活动做准备的活动,这是对作为"身体知识"的体育教学的最好诠释。在体育教学过程中,不仅学生要进行具有一定运动负荷的运动,教师在做示范、做指导和参与到组队教学赛中也需要付出不少体力。可见体育教学身体活动常态性的特点不止针对学生,同时也包括教师。

(六)身心练习的统一性

一般认为,身体与心理是两种不同的事物,彼此间并没有很多的交集。实则不然,现代科学研究发现,身体健康有助于改善心理健康,而心理健康与否也可以影响身体健康。因此,体育教学具有要求学生身心共修的特点。

体育教学重视对学生身体的改造,与此同时它还强化学生的心理与多种适应能力的发展。而在其他学科的教学中便无法达到这样的效果,这主要在于体育教学营造了不同种类的教学情境,一系列积极的情境使得参与其中的人在潜移默化中受到感染,在体育教学中,学生的身心发展看似是多元的,但实际上在过程中是一种身心统一的锻炼,即达到身体与心理的共同拓展和发展,表现出十足的统一性。身体发展是基础,心理发展依赖并促进身体发展。从这一方面来看,体育教学不仅可以促进学生掌握技能、发展身体、增强体质,而且有利于培养学生的思维方式和良好的心理品质,促进学生身心健康协调发展。

体育教学中学生身心练习的统一性,要求教师做好以下教学工作:

第一,体育教学内容的选择要注重身体与心理统一。体育教学内容是体育教学活动的依据,对教学效果具有直接的影响。为了使体育教学体现出身心统一的特点,教师应针对学生的身心健康状况合理选择教学内容,所选教材的编排要符合该年龄段学生的心理特点,除此之外还要满足美学、社会学等其他方面的要求。学生通过教学过程中的知识学习、身体练习、情感体验,使身心有益发展。

第二,体育教学中运动负荷安排应注重身心统一。体育教学重在体育实践,它以身体练习为主,需要学生运用身体器官直接参与活动,不仅要承受一定的身体负荷,还要承受一定的心理负荷。学生在完成大负荷的身体练习时,要承受肌肉活动引起的疲劳与不适,体验不同的心理过程,磨炼思想意志,还要感受克服困难、团结一致、努力拼搏、失败和成功的心境。这种身心练习的统一性更有益于学生的身心健康发展。

第三,体育教学方法的选用要注重身心统一。与其他学科的教学相比,体育教学的教学方法更加丰富,这更加便于体育教师结合体育教学实际合理选用教学方法,为了体现体育教学中学生身心练习的统一性,体育教师选择的教学方法都要遵循与学生年龄段相适应的身心变化规律,选择正确的、适合学生身心发展的体育教学方法,体育教师必须根据学生的这些诸多身心特点安排教学任务,如此才能有效激发学生的积极性和兴趣爱好,促进学生身体和心理的共同发展和提高。

（七）教学内容的情感性

体育教学内容是非常丰富的,它会涉及多种与体育相关的内容,不仅仅限于球类运动、游泳、田径,还包括体育舞蹈、瑜伽等内容。通过对这些内容的学习,学生可以普遍从中体会到源自体育的丰富情感。

体育教学中,学生丰富的情感体验主要表现如下:

第一,在体育教学过程中,师生可以体会到只有体育才能赋予人的人体美和运动美。一方面,学生通过接受体育教学,掌握体育健身的方法和技能,以此达到运动塑身的效果,使身体外在形态保持优美的线条和良好的身材比例。另一方面,学生通过对不同运动的练习,可以认识到人体不同的动作展现出的动作美和肌肉的动态美,这种美只有在运动中才能看到,是极为外显的美。

第二,通过体育教学中对美的感受,可以促进学生提高审美能力。既然有美的存在,那么就要有欣赏美的人和能够欣赏美,懂得如何欣赏美的能力。

第三,体育教学能使学生真正领悟体育精神。每一项运动都向人们表现出了不同的美的特点和审美特征,如球类运动可以表现个人对球类技术的掌握能力,集体球类项目中除了个人能力外,还包含了与队友之间的协作和互助精神。这些内容都是人类积累下来的丰富的体育内涵,而通过体育教学能促进学生感受到体育的精神美,掌握体育的精髓。

第四,在体育教学过程中,学生通过参与体育活动可以陶冶情操,平衡心态。如学生在关键时刻始终保持冷静的心态,或是在胜利时表现出的谦虚等。

第五,体育教学是一种创造性的社会活动,其创造的成果就是让学生获得内在的顿悟和精神上的启迪。同时,体育教学促进了学生与学生、教师与学生之间的沟通,对学生提高社会适应能力具有重要作用。

（八）教学条件的制约性

体育教学内容丰富,涉及要素较多,这使得体育教学受到更多客观条件的制约,这是体育教学的重要特点之一。体育教学活动受到制约的因素主要有学生运动基础、学生其他基本情况(年龄、性别、生理和心理特点)、体育教学场地条件、器材、气候等。这些因素都会影响体育教学质量的高低。具体来说,主要表现在以下两个方面:

首先,就教学主体来讲,学生作为体育教学过程中体育知识与技能传授的受众,与学生有关的诸多情况会对体育教学本身造成一些影响,因此体育教学要想进行得顺利,获得良好的效果,就要注重结合学生的运动基础以及体质强弱等实际情况区别对待。这些差异具体如男生与女生不同的身体形态、机能水平、运动能力等,根据这些差异,学校体育教育部门和体育教师在进行教学设计、教材选择和教学组织时就要考虑周全,否则会影响教学目标和教学效果的实现。

其次,就教学环境来讲,体育教学环境是体育教学的重要载体,其质量的高低对体育教学会产生较大影响。例如,体育教学活动多在户外开展,可能会面临空气污染,或邻近马路带来的噪声污染等问题,这些问题势必会影响体育教学主体在教学活动中的状态与情绪。天气对于室外体育教学的影响也是不能忽视的,这点在早年间越发明显,如遇到雨、雪、大风等恶劣天气时,体育教学被迫停止,转而来到室内进行一些体育理论课的教学,如此势必影响体育实践课的教学计划顺利展开。

总之,体育教学受多种体育教学条件的制约,要想顺利开展体育教学,摆脱不利于体育教学的各种因素的影响,体育教师就要从学年的体育教学计划到具体课时计划,从教材内容选择到教学组织方法实施都必须考虑到客观实际与影响因素,结合教学实际,科学选择体育教学内容、方法和组织形式,尽量将制约因素的影响降至最低。

二、体育教学的功能

(一)教育学生

与其他课程一样,体育教学也有教与学的共同特点,体育教师与学生在体育教学的双边活动中,具有学知识与技术的共性。在体育教学的过程中,教师发挥着教育和主导的重要作用。学生通过思维活动来掌握教师传授的知识与技能,从而提高自身的认识与判断能力,这是其他课程的主要教学特点。但是对于体育教学来说,教师不仅要向学生传授生物、生理、心理、医学等自然科学和体育基本知识,还要将科学的身体锻炼方法与手段传授给学生,使学生正确掌握运动技能,同时达到学习、健身与锻炼的目的。此外,体育教学对培养学生爱国主义情感、集体主义价值观、互帮友爱和顽强拼搏、积极进取的精神也发挥着极大的促进作用。

(二)促进身心健康

健身功能是体育教学的本质功能。所有体育教学都应将健康教育放在重要位置。因为增强人民体质是发展体育运动的本质属性。适当地参加体育运动,科学地进行体育锻炼,可以有效促进学生身心健康。

经过长期的改革与实践,现代体育课程在规划设计教学大纲、选择教材内容、安排课时、实施教学组织等方面已逐渐合理化与科学化。学生自身的身体运动锻炼是体育教学的主要方式,因此学生直接参与活动就成为体育教学的显著特点。从这一点来看,教师应根据体育教学的规律特点,将各种行之有效的健身内容、方法与手段(健身的、竞技的、娱乐的、保健的等)应用到体育教学中去,有机协调并统一体育教学的教育性、健身性、竞技性和娱乐性等特征,从而提高体育教学质量,增强体育健身效果。

(三)培育良好品德

体育教学具有帮助学生形成良好思想品德的功能。体育教学中,大多体育运动或体育游戏都需要集体共同参与方能完成。根据体育运动或游戏的规则,运动竞赛或游戏要想顺利进行,必须依靠参与者自觉遵守既定规则。因此,体育运动进行的前提是守纪守则,运动取胜的关键要靠集体的团结配合。

学生在体育教学与比赛中,可以养成遵纪守则的良好习惯。学生为了取胜,必须认识到团结互助、协调合作、发挥集体力量的重要性。在体育练习或比赛(游戏)中,学生还要懂得关心同学,尊重对手,尊重裁判,自觉遵守体育课堂秩序。此外,系统的体育教学对陶冶学生良好情操、塑造学生完美人格具有重要作用。

(四)提高审美能力

体育教学具有提高学生审美意识与审美能力的重要作用。健、力、美同时蕴含于体育运动中,静态的人体造型和动态的运动节律都具有美的特质,都表现出人们的形体美。体育运动不仅在运动过程中突出了"美"的要素,而且在运动结果上也有淋漓尽致的体现。运动参与者主要从以下两方面获取成就感与审美感。一方面是运动参与者通过科学体育锻炼而获得的完美身体曲线;另一方面是运动参与者通过激烈与公平的比赛而获得的成绩。

学生对体育运动的审美意识也可以通过体育教学培养。体育教学可以帮助学生树立正确的人体及运动的审美标准,使学生体验积极、健康的审美情感,进而提高自身的美学素养。

第三节 体育教学的结构与原理

一、体育教学的构成

构成和影响教学活动的各个要素及其相互间的关系,即体育教学的构成。体育教学的构成要素包括教师、学生、教材以及教法等一系列的基本要素。从静态角度进行分析,参与者、施加因素以及媒介因素是体育教学的三大要素。

(一)参与者

体育教学的参与者是教师和学生,教师在体育教学中充当外部主导的角色,具有计划、组织、传授、管理、监督以及调控的功能,教师的敬业精神、业务水平以及组织能力等方面的素质是决定教学质量的重要因素。学生不仅是教师施教的对象,同时也是体育教学的主体。在教学活动中,学生并非只是简单、被动地接受知识,学生必须将智力和非智力因素充分调动起来,积极主动地参与到学习过程中,只有这样才能取得良好的学习效果。因此,从宏观角度来看,学生是制约和调控体育教学的一个因素,在教学过程中学生不仅是具有大量共性的一个群体,同时学生在不同因素的影响下也存在着自身的差异性。教学质量的好坏在很大程度上也受学生对教学能动参与的影响。体育教师的一项职责就是依照学生的身心特点,充分调动学生学习的积极性,从而赢取学生的信任和配合。

(二)施加因素

社会对学生的要求可以通过体育教学的任务、内容、大纲以及计划等方面反映出来,这些方面均属于体育教学的外部施加因素,同时也是连接教与学的重要纽带。教学任务、教学内容以及大纲计划规定着教学过程,是开展体育教学的重要依据。显性与隐性价值是体育教学任务和体育教学内容所具备的两项价值,在教学过程中要处理好显性价值和隐性价值两者之间的关系,进而更加科学有效地推动学生身心方面的协调发展。

(三)媒介因素

体育教学属于在一定时间与空间对信息进行有序传递的过程。高质量和现代化的媒介条件在很大程度上保证了体育教学质量的有效提高。组织教法、场地器材以及环境设备是传递信息必须借助的媒介,其中教学质量得以提高的物质条件是场地器材和环境设备。依照体育教学目标,将学生、教材以及物质媒介充分串联起来的是组织教法,组织教法对体育教学起着调控作用。实用性、安全性、抗干扰性、针对性以及可靠性是体育教学媒介因素应当具备的特征。

在体育教学实践中,参与者、施加因素以及媒介因素是动态结合和变化多样的,教师的外部主导作用具有不容忽视的作用。体育教师应当认真学习和掌握教学艺术,将学生的学习积极性最大限度地调动起来,调控好体育教学的三大构成要素,高质量地完成体育教学的任务。

二、体育教学的原理

(一)体育运动认知规律

体育运动的认知体系具有独特性。在体育教学过程中,体育运动的认知规律是一定要遵循的。体育教学中,运动认知大致经历以下三个阶段:

首先,先发展感性认知,奠定必要的感性基础。

其次,在感性认知的基础上进行理性概括,从而促使理性认知的形成。

最后,在体育运动实践中科学灵活地对理性认知加以应用。

具体而言,体育的运动认知体系是一种"身体—动觉智力",通过体育教学,能够使学生进行物体识别、自我认识、控制体育运动的相关因素(时空、高度、距离、重量、平衡等)的能力不断提高。在体育活动中,表现为学生能对体育事件做出恰当的身体反应,具有控制身体运动、操纵物体的能力,体脑能够协调工作。对此,体育教师在体育教学中应重视培养学生感知时空的能力,提高学生正确判别方向的能力,培养学生从方向、速度以及重量等方面感知器械的能力,以此来促进学生运动认知能力的不断提高。

(二)体育运动技能形成规律

使学生对运动技能进行充分的掌握是体育教学的主要任务之一,而学生掌握运动技能需要经历一个必要的发展过程,这个发展过程的大致趋势就是从不会到会、从不熟练到熟练、从不巩固到巩固。换言之,就是要经历一个泛化——分化——自动化的变化过程。掌握与形成动作技能的过程与阶段划分没有十分精确的标准,然而就动作技能的结构而言,体育教学中依然要对体育运动技能的形成规律加以严格遵循。

(三)体验运动乐趣规律

在体育教学中,主要教学目的之一就是要注重培养学生的体育爱好与专项能力。这一目的的实现有一个前提条件,即想方设法使学生在体育运动中体验到乐趣。体育运动乐趣的体验能够使学生对运动技能进行积极学习与掌握,从而提高自己的体育技能。因此,体育教学要严格遵循体验乐趣这一规律。

学生在学习与掌握运动技能的过程中,要经历如下体验乐趣的过程:

首先,学生以自身已有的技能水平为基础进行新技能的学习,在学习新技能的过程中体验新的乐趣。

其次,学生为掌握新的运动技能需要付出一定的努力,需要不断挑战自我,在挑战自我中能够体验到乐趣与成就感。

最后,学生掌握新的运动技能后,需要充分发挥自身的聪明才智与主观能动性来对新技能进行创新,在创新中体验探索与新鲜的乐趣。

第四节 体育教学的目标与原则

一、体育教学目标

体育教学目标是学生在实际参加有关体育内容的教学情景中对于最终学习成果的预期标准。体育教学目标是由体育教师设定的,具有较强的灵活性和实用性,为具体的体育教学活动提供依据。除此之外,它还为具体教学过程与丰富教学活动指明了方向。

体育教学目标又可分为阶段性目标和最终目标,其中阶段性目标是指体育教学各个阶段的目标;阶段性目标的总和就是最终目标,即体育教学的总目标。体育教学总目标是实现体育教学目的的标志。

(一)体育教学目标的特性

通过总结来看,体育教学目标的特性主要表现在以下几方面:

1. 预见性和挫折性

首先需要说明的是,体育教学的目标并不是自确立之日起在很短的时间内可以达到的,也就是说它并不是已经实现的现实。由此可知,体育教学目标对体育教师和学生共同完成体育教学活动有着很大的指导作用和激励作用,它是一种对体育教学活动结果的预见与期待。另外,学校体育教学还具有一定的挫折性,因为体育教学目标不是已经存在的现实,因此在实现的过程中会遇到许多不在预期之内的问题和困难,这些困难会给最终要实现的教学目标以极大阻碍,要达成目标是需要付出努力,甚至经过非常艰辛的努力才能实现的。

2. 方向性和终结性

学校体育教学目标能够反映出特定的价值取向,这也说明了它带有明确的方向性。在实际的学校体育教学中,这个方向性也非常直观、明确地展现在体育教学主体面前,如他们应走向什么方向,走到哪里等。

体育教学目标的终结性不是体育教学的终止,体育教学目标的完成意味着下一个更高更强的体育目标的建立和开始,这个"终结点"只是整个体育过程中互相联系的一个个"歇脚点"。

(二)体育教学目标的功能

学校体育教学目标的功能主要表现在以下几方面:

1. 体育教学目标是选择教学内容与方法的重要依据

体育教学中包括的内容较为广泛,除最为常见的体育运动项目技能外,还会学习一些与体育与保健相关的知识与技能。而正确合理的体育教学目标可以界定体育教学内容的范围,对教学内容的选择起到导向作用,并且对其做出最有价值的判断。另外,对于相应的教学内容选择对应的教学方法也要以体育教学目标为依据。

2. 体育教学目标是组织教学活动的重要依据

体育教学目标的高低决定了体育教学活动组织的严谨程度和方法优劣。它会对体育教学内容的结构形式和教学的组织形式产生影响,指导体育教学的具体实施。例如,较低的体育教学目标(体育教学的子目标)可以轻易完成,因此在对其相关内容进行教学时可以组织得相对轻松一些;对待较高的目标则需要严谨、紧张、细致的教学组织。

3. 体育教学目标是教学评价的重要依据

对于体育教学的结果都要进行系统、客观的评价,以此获得有效数据和结论以反馈给体育教学管理部门。此后,相关部门会根据这些评价调整体育教学中的各种指标,促进教学水平的进步以及与学生的适配性。总的来看,学校体育教学目标是评价体育教学价值和效果的主要依据,它是进行学校体育教学评价的基本标准。由此可知,体育教学目标为学校体育教学评价提供了依据。

(三)体育教学目标设置的依据

1.以人体的发育规律为依据

从我国体育教学的现状来看,受教育对象的人体发育规律对教学的影响非常重要。人体发育有几个敏感期,这些敏感期对体育素质的培养有着非常重要的作用,抓住这几个敏感期进行体育教学可以达到事半功倍的效果。根据近几年的调查研究发现,按照我国国民的个体发育规律,各项素质发展的最高峰的年龄主要集中在学生时期,特别是大学时期。体育教学可以充分满足大学生的身心发展需求。在高校期间,要制订更加系统、合理、科学的体育教学计划,此阶段的教学最有可能会让学生受益终身。这也是体育教学的根本目标。

2.以个体参与体育运动的兴趣与能力为依据

体育教学过程要想取得最佳的教学效果,就必须要吸引学生的关注,提高学生参与体育运动的兴趣。要想提高学生的学习兴趣,就要根据学生生理、心理和智力特点,将体育运动的趣味性、目的性、对抗性等相结合,使学生由浅入深、由易到难地逐渐掌握体育运动知识,从而获得参与体育运动的基本能力。而且教师还要注重学生对体育运动的兴趣,提高其欣赏体育运动以及参与运动的能力。

3.以促进个体综合素质的全面发展目标为依据

体育运动不仅只是提高学生的运动技能,还要发展学生的综合素质。在德育方面,一些体育运动项目要求学生克服内在和外在的双重障碍,培养坚定的意志和顽强的毅力。无论遇到怎样的困难都要遵循道德规范和准则,努力实现自己的目标。在智育方面,很多运动项目都要求运动者具有高速判断、分析、思维、想象的能力,让运动者智力得到良好的开发。在美育方面,体育本身就是健康美、形体美的代名词,无时无刻不在培养学生对美的感受能力、鉴赏能力、表现能力以及创造能力。因此,在设置教学目标时要考虑选择合理的教学内容,使学生的德、智、美的综合素质得到全面发展。

体育教学目标能够把握体育教学的方向,是体育教学研究非常重要的一个部分,对教学改革发展起着至关重要的作用。

(四)体育教学目标的设置

1.体育教学目标设置的步骤

(1)对体育教学对象进行分析

学生的学习需要是指学习者学习成绩、学习态度等的现状与体育教学目标之间的差距。分析学习者能力与条件是指学生在体能、运动技能、体育知识等方面已经具备的能力与条件。在对学生的学习需要与能力条件认真分析的基础上才有可能设置合理有效的学校体育教学目标。

(2)对体育教学内容进行分析

在设置体育教学目标时,要认真分析体育教学内容的特点与功能,这是因为设置具体的体育教学目标终归离不开具体的体育教学内容。教学内容的不同自然带来了不同的特点与功能。无目标的体育教学内容，注定也就没有教学内容的目标。

（3）编制体育教学目标

在分析完体育教学内容后，就要开始着手设置教学目标了。体育教学目标是指导体育教学活动设计、实施和评价的基本依据，它通常在"单元"或"课"的教学计划中按照课程的水平目标基础分别陈述。

2.体育教学目标陈述

通常认为，体育教学目标陈述主要包括以下几个要素：

（1）明确目标的行为主体

体育教学目标注重学生学习产生的变化和结果，而不应是像以往那样单纯以教师的"教"为行为主体的过程。现代，包括未来的教学都要以学生作为行为主体。因此，对于体育教学目标的陈述也就要注意突出体现出这一趋势。

（2）准确使用行为动词

体育教学目标应采用行为动词来描述体验性目标和结果性目标，以区分学习结果的层次性。

（3）规定学习条件

在体育教学目标的陈述中要注意将教学条件一一描述出来。体育教学设计的准备工作和体育资源较多，这些都是体育教学中不可或缺的内容，就教学条件来讲一般包括情景、环境和信息三大条件。

（4）说明预期效果

体育教学目标的陈述中必须要有经过教学活动后预期达到的效果。另外，在对预期效果进行描述时要以学生为主体，且语言通常为肯定句。

3.体育教学目标设置的要求

（1）连续性

体育教学目标是通过若干年级目标、单元目标、课时目标的实现最后加以实现的，在不同年级之间、同一年级前后之间、不同单元之间等既有一定的独立性，又有相互联系与影响。因此，设置体育教学目标，无论是年级、单元，还是课之间都要注意相互之间的连续性。

（2）层次性

无论是体育情感目标、认知目标、运动技能目标，还是增强体能目标，本身都有一个从低到高的层次。各领域目标都有从低到高的层次。

（3）可操作性

体育教学目标的设置应具体、明确，便于操作，有利于给体育教学活动的过程以清楚的导向，并且目标设置得还要便于最终对教学效果的评价；体育教学目标的设置应尽量利于测量和评价。

4. 体育教学目标设置的注意事项

(1)应具有教育价值

体育教学的目标要具有教育价值,在实际的体育教学中,有些体育教师过于强调目标分解和细节,结果设置了一些体育价值并不大,甚至没有价值的目标,这极大地影响了体育教学效果。

(2)应与体育课程目标相关

学校体育课程目标是体育教学目标的上位目标,每一个下位目标都必须与上位目标有机衔接,并与之相一致。

(3)应与学生实际情况相适应

学生的需要、能力、条件等实际是设置体育教学目标的前提与基础,只有体育教学目标与学生实际情况相适应,这个目标才称得上是合理的目标,学生在追求这个目标的过程中才能获得相应的进步和增加对体育运动的兴趣。

(4)目标描述应准确直观

只有当学校体育课程教学实施的人能像目标设置者那样理解其中要达到的结果时,目标才是有效的。

(5)应找到学生与内容的结合点

在设置体育教学目标时,必须考虑体育教学的对象和教学内容两个因素。要使目标符合学生的实际,必须认真考虑学生的需要及要达到的学习结果。

(6)体育教学目标应注意及时调整

无论体育教师考虑得多么周密,体育教学目标设置得多么明确具体,其体育教学过程也不是一成不变的。体育教学应根据实际情况及时调整既定目标。

(五)体育教学目标的实现途径

体育与健康课、课外体育活动与其他体育健身活动等内容是高校体育教学工作的主要内容,同时也是体育教学目标实现的基本方法。

1. 体育与健康课

体育与健康课是必修课,它是以教育部制订的教学计划为依据而开设的。体育与健康课是系统地对学生进行体育教育的课程。高校体育的基本组织形式也是体育与健康课。体育与健康课的基本特征如下:

(1)体育与健康课的课程标准是有一定规定的,授课的班级也是相对固定的。

(2)体育教师是专业的,场地、设备与器材也有较好的保证。

(3)体育与健康课有规定的考评,学生毕业与升学都要进行体育与健康课的测试。

2. 课外体育活动

我国高校体育目标得以实现的重要组织形式之一是课外体育活动。课间操、体育锻炼、早操、课外体育训练、课余体育竞赛以及在校外进行的郊游(夏令营、冬令营)等是课外体育活动的重要形式。课外体育活动具有如下几方面的意义：

(1)课外体育活动能够提高学生学习体育知识和技能的积极性和主动性。

(2)有利于学生运动能力的提高，对学生自觉锻炼身体的意识和习惯具有积极的培养作用。

(3)有利于学生体质的增强，能够发展学生的体育兴趣与爱好。

(4)学生的课余体育生活能够得到丰富，学习和生活的质量等也会有所提高。

3.其他体育健身活动

其他体育健身活动是指在高校教育各个环节中开展的有利于学生增进健康、增强体质的活动。这些健身活动也是实现体育教学目标的主要途径。

二、体育教学的原则

(一)全面发展原则

体育教学应以促进学生的身体锻炼为基础，促进学生身心的全面协调发展。在体育教学中，除了促进学生身体健康外，还应将体育教学与心理学、美学和社会学等学科知识结合起来，全面促进学生智力、心理素质、美育(感)和能力等多方面的发展，以培养社会主义现代化建设需要的人才。

1.体育教学全面发展原则的基本依据

(1)社会主义体育教学目的的需要。我国社会主义的性质，决定了体育教学具有明显的社会主义目的性，这就是为培养身体健壮的全面发展的人才服务。因此，在体育教学中，要使学生身心双修。

(2)实现体育教学基本功能的需要。体育具有健身功能、教养与教育功能、休闲娱乐功能、促进个体社会化功能和美育等多种功能。由此可见，体育教学是集中实现体育多种功能的有效途径。

(3)学生发展的需要。在新的历史发展时期，学生的发展并不仅限于身体的发展，在思想、心理、智力、道德品质与行为、审美及表现美的能力等方面都应得到发展。

2.体育教学全面发展原则的基本要求

(1)体育教师在体育教学中认真学习和领会体育教学大纲(或课程标准)精神，全面贯彻教学大纲(或课程标准)的目标和要求。

(2)体育教师应树立现代体育教学价值观念。用现代体育教学价值观去评价和衡量现代体育教学质量。现代体育教学除了具有一定的生物学价值，还具有心理学、教育学、社会学及美学的价值。

(3)在体育教学的准备、实施、复习、评价等阶段中，通过设置教学任务、选择教学内容和运用各种教学手段和方法,都应注意增强学生体质并促进其全面发展。

(4)体育教师在制订各种体育教学工作计划和编写教案时,应在课堂中给予学生足够的身体练习时间,并在教学中重视学生的心理发展。

(二)合理安排运动负荷原则

1. 体育教学合理安排运动负荷的依据

(1)不同学生生长发育的特殊性。这一点对于儿童青少年的体育教学尤其重要,在针对儿童青少年的体育教学中,大多数学生的身体尚处在生长发育期,并没有真正成年,身体各方面机能的发展还并不完善,对体育教学的安排要既满足学生锻炼身体和掌握运动技能的需要,又不至于使学生体能透支而出现危险情况。因此,体育教师在为学生安排和设计体育教学活动量时,要以学生可以承受的身体负荷为依据。

(2)人体发展的基本规律。学生在参与体育教学时,不管是身体练习还是运动技能的学习,都需要承受一定量的运动负荷。

但人体在体育运动过程中的规律揭示出了任何练习和教学都不是活动量越大越好,运动负荷过大,会对学生的身体健康造成不同程度的损害,运动负荷过小,不利于良好教学效果的取得,运动负荷的安排是否得当,是检验一名体育教师水平高低的标准。

2. 体育教学合理安排运动负荷的基本要求

(1)运动负荷的安排要服从体育教学目标。体育教学目标是培养学生健康体魄和健康的心理素质,因此,基于这个目标可以看出,体育教学不是为了让学生不断超越身体极限的挑战自我,也不是为了增加运动负荷而大运动量训练,竞技体育中单纯为了金牌而无限制地加大运动负荷的方法不适用于各级学校的普通学生的体育教学。

(2)运动负荷的安排要服从学生身体需求。体育教学应为促进学生身体发展而服务,因此,体育教学中,运动负荷的大小应充分考虑学生的身体发展状况与需要,教师要合理地安排运动负荷,就必须了解学生的身体发展情况(包括不同性别学生的生理差异、学生在不同生长发育阶段的特点等),运动负荷安排要体现对学生身体的无伤害性,同时有利于促进学生身体发展。

(3)运动负荷的安排要充分考虑学生之间共性与个性关系。一方面,教师要从学生的整体情况来考虑。这个整体情况主要是指高校大学生的年龄段有相对趋同性,因此他们的身体素质发展有类似的特点。另一方面,教师在整体趋同性的基础上,还要关注一些个人特殊情况,如对伤病学生的运动负荷安排应酌情减少。

(4)运动负荷安排应为逐步提高学生自我控制运动负荷能力服务。体育教育虽主要以使学生参与身体练习为主体,但是也不能忽视对体育理论方面的知识讲授,这种理论教学往往能够让学生更好地理解体育的意义,从而促使他们主动参与到体育锻炼中来,而不是仅仅在课堂中参与。因此,体育教师应加强学生的体育运动理论知识的教育,提高学生自己判断运动负荷是否合理的基本能力,并使学生能在体育活动中自主调节运动负荷。

(5)体育教学中应重视合理休息。运动负荷的安排与休息方式、休息时间有关。科学合理地安排休息方式、休息时间和心理负荷,对于顺利达到理想的体育锻炼效果有着重要作用。

(三)循序渐进原则

1.体育教学循序渐进原则的基本依据

在体育教学过程中,首先要遵循的就是由简到繁、由易到难、由已知到未知、逐步深化的循序渐进的原则,只有循序渐进才能让学生更好地掌握体育方面的知识、技术和技能。

2.体育教学循序渐进原则的基本要求

(1)准备好教学文件、安排好教学内容。在教学文件和教学内容都安排妥当的情况下,才能执行教学工作。因此在进行教学工作之前一定要制订系统科学的教学计划方案。在制订教学计划时,每个运动项目、每次课、每学期的内容和教法,都应前后衔接,逐步提高。教学计划中内容的安排对教学工作的实施效果具有至关重要的影响。因此,教学计划的制订既要考虑该运动项目的由易到难、由简到繁的顺序,又要考虑与其他运动项目之间的关系。项目的安排应遵循循序渐进的原则,以保证前一个项目的学习有利于后一个项目的学习。

(2)不断提高学生生理负荷。学生的生理负荷可以采取波浪式、有节奏地逐步提高,因为机体需要一定的时间适应。

(3)教师要不断提高自身的文化素养,深刻了解学生身心发展的一般规律和特点,了解各项教材的系统性,以及各项教材之间的关系。

(四)巩固提高原则

1.体育教学巩固提高原则的基本依据

根据遗忘规律和运动条件反射建立与消退的理论,学生学到的知识与技能在一段时间内,如不经常复习就会遗忘或消退。另外根据"用进废退"原理,学生对所学习的运动技能进行反复练习时,有助于发展运动能力、身体素质和生理机能,起到强身健体的作用。因此,要注意巩固提高所学到的知识和运动技能。"学习如逆水行舟,不进则退""温故而知新"这些关于学习的语句充分揭示了学习中巩固提高的重要性。体育教学多为身体的练习,一般来讲,如果这种练习不能得到巩固,就会随着时间的延长而消退,因此在体育教学中遵循巩固提高原则是十分必要的。

2.体育教学巩固提高原则的基本要求

(1)在体育教学中,教师应合理安排训练计划。教师应让学生进行反复强化的练习,增加练习的密度,不断巩固运动条件反射,使其获得进一步的巩固和提高。制订合理的训练计划可以让机体在巩固提高的过程中避免出现过度疲劳损伤机体。

(2)体育教师应重视良好体育教学方法和训练方法的选择。教学中,可采用改变教学方式或者改变练习条件来达到巩固提高的目的。

(3)增加运动密度和动作重复的次数,反复强化,不断巩固运动条件反射,提高技术水平、身体素质和体育能力。

(4)教师要给学生布置适量的课外体育作业或家庭体育作业,将课内课外结合起来,达到巩固提高的目的。

(5)不断提出新的学习目标,培养学生进行体育运动的兴趣和进取动机。

(五)因材施教原则

1.体育教学因材施教原则的基本依据

作为体育教学的主体,学生之间具有共性与特性。共性体现在身体年龄阶段发育的稳定性和普遍性;特性则是每位学生受性别、遗传、生长环境、教育水平、认识能力等因素的影响,彼此之间存在差异,身心发展显现出很大区别,而具体到学生具备的体育运动能力的话,这种差异性就可能更加明显。如有些学生的家长喜爱运动,所以从小就培养孩子参与体育运动或参加业余体育训练,这样孩子的运动水平一定超越同年龄段的孩子的平均水平而显得格外突出。因此,体育教学中应重视不同学生及同一学生不同阶段的差异,因材施教。

2.体育教学因材施教原则的基本要求

(1)引导学生正确对待个体上的差异。差异的存在,如果利用得当,还是一个教育鼓励学生之间互相帮助、培养团队意识和集体精神的好方法。学生之间的运动天赋和对体育的了解各有不同,要在体育教学中贯彻个体差异性的原则,教师应充分了解学生个体差异,向学生讲解个体差异的存在,并引导学生正确看待差异。差异的存在是客观的,然而这却不能成为歧视天赋较差的学生的理由,同时教师也不能过分偏爱天赋较好的学生。

(2)深入细致地研究和了解学生之间的差异。一方面,教师要对学生个体的差异进行全面的了解,这是贯彻个体差异性原则的前提条件。为此,教师可以在学期前进行一些测试或座谈交流,弄清不同学生在身体条件、兴趣爱好和运动技能等方面的差异。另一方面,教师应认识到学生个体差异并不是一成不变的,如有些学生在一开始的测评中被认为是没有很好的运动天赋,但是其本人非常热爱体育运动,在平时的课堂上也非常积极地配合教师完成各种教学内容,慢慢地他就会突飞猛进,对此,教师要有长远的眼光,要能发现不同学生在运动方面的天赋。

(3)丰富教学实践,选择适当的教学方法。在体育教学中,有些项目是不能根据"等质分组"的原理来处理区别针对性教学的问题。因此,教师面对这种情况时就要运用其他方法来对待个体差异,如安排"绕杆跑""定点投篮"等教学活动。这些项目的设立是为了能够使那些在某些项目中没有任何特长的学生依旧对体育产生兴趣,不要因为参与某项运动的成绩太差而觉得自己成为体育课堂的"局外人"。体育教师应让每一个学生都能参与到体育教学活动中来,体验运动的快乐。

(4)重视学生个体差异性与统一要求。在体育教学中,提高全体学生的综合素质是每个教师的目标,因此在设置教学目标时,都会考虑到目标的可行性,要满足大部分学生的需求。学生的个体差异是客观存在的,教师应在教学中充分重视这点,但是体育教师也要立足于整个班级的教学,对学生统一要求,以促进学生完成教学任务,达成体育教学目标。

（六）专项教学原则

1.体育教学专项教学原则的基本依据

体育教学内容丰富,种类多样,不同内容的体育教学对学生的要求是不同的,因此,教师应结合体育教学项目的特点和规律开展体育教学,在促进学生基本身体素质提高的基础上,发展运动专项能力,提高运动水平。

2.体育教学专项教学原则的基本要求

体育教学专项教学原则要求体育教师应重视学生专门性知觉的优先发展。体育运动通常是在具体的运动环境中进行的,以篮球为例,篮球运动围绕篮球、篮球场地以及场地上的器材进行,运动过程中,学生对环境和器材的感知是专门性知觉发展的过程,其中手指、手腕对球的控制能力对篮球教学至关重要,因此,教师应重视学生对球控制能力的优先发展。

（七）终身体育原则

1.体育教学终身体育原则的基本依据

通过体育教学长久地影响学生对运动健身重要性的理解,并身体力行地参与其中是体育教学的最终目的。这也是新《体育（与健康）课程标准》对当前体育教学的基本要求。因此,培养学生终身体育思想,促进学生终身体育习惯的养成是体育教学应遵循的基本原则之一。

2.体育教学终身体育原则的基本要求

(1)培养学生的终身体育意识。教学中教师要善于发现学生的体育爱好与技术特长,并加以引导培养,并以此来激发学生对体育学习的兴趣,使其树立终身体育意识,养成体育锻炼的习惯。

(2)在体育教学中充分考虑教学的长、短期效益,体育教师不仅要重视体育教材或某项运动技能的教学成果,还要考虑体育教学的长期效益,这与体育教育总体目标的要求是一致的。

（八）活动安全原则

1.体育教学活动安全原则的基本依据

体育教学不同于其他学术学科教学,在体育教学过程中,由于教学场所的变化和所需体育器材的参与,都给教学安全提出了较高的要求。体育教学既是安全的难点,又是安全教育的重点,在体育教学中要保证学生的基本安全。体育运动的美或多或少都建立在一些冒险中,这也是体育的本质属性和魅力之一。然而在体育教学中,尽管这种安全隐患不能完全避免,但应尽量减少和避免意外伤害事故的发生。

2.体育教学活动安全原则的基本要求

(1)对各种隐患考虑周密并做相应预案。体育教师在长期的教学过程中积攒了足够多的经验和惨痛的教训。教师应将这些内容加以汇总和归纳,并对可能发生的危险做出相应的预案,一旦发生意外,能冷静处理。

(2)加强对学生的安全意识教育。体育教学的安全需要教师和学生的共同参与,因此,不仅需要体育教师的严谨和全面考虑,还要加强学生的安全意识,对此,教师在日常的体育教学中要不断教导,让每个学生都建立起安全运动的意识。在体育课堂中严格按照教师的要求去做,注意课堂纪律,参与体育活动量力而行。

(3)建立运动安全的有关安全制度和安全设备。

第二章 体育教学理论变革

第一节 体育教学观念的转变

本节讨论、揭示中国学校体育教学在不同历史阶段的本质内涵,考察其运动轨迹在不同阶段折射出的不同教育观念,中国学校体育教学兴起和跌落的过程中发人深思的"缺陷",并指出其特殊的时代意义。以史为鉴,促进学校体育教学的思想解放、学术解放,推进学科基本理论研究与时代发展之间的同步。

一、中国学校体育教学诉求

学校体育作为一种社会文化,对其的理解与认识也必须和时代的变革保持一致。正如马克思主义一贯坚持的社会存在决定社会意识一样。马克思指出,"以往的一切哲学不是完全忽视了人的存在的历史的、现实基础,即以物质生产为表现形式的'感性活动',就是把这一基础看成是与历史没有任何联系的'附带因素',人的自我由此像动物一样成了被赋予的先验性存在。""人的思维是否具有客观的真理性,这不是一个理论问题,而是一个实践问题。"所以,以行验知、以行证知,审视学校体育历程的现象与境遇的脉络,可看到中国学校体育的教学需要针对以下两个主要特征进行深入研究。

首先,"现实性"是其研究的主要特征。它主要包括社会转型和社会实践两个方面。我们认为学校体育在中国学校教学登陆的主要原因是民族性与现代性,不是"百姓耳目之实"的经验,也不是"教育格物致知"的理论。一是出于鸦片战争后与西方社会民族性的抗争而兴起,由维持和延续本民族统治催生的。其对象和存在的合法形式,最大的动力来源是国家变革的迫切需求。未能顾及其教育意义和作用,使其走向深入,获得民众的理解,它彰显出在中国是一个时代对一个时代转型的连带反应,体育进入学校教育不是自觉觉醒的产物。这一点和西方学校体育现代性概念的起源和文明顺应式的进化,与社会"内外交相成之道"的建构有着明显的不同。中国学校体育教育烙印着封建社会到新民主主义社会再到社会主义社会的转变痕迹,表现出既有传统文化遗留的问题,又有新民主主义社会阶段文化的雀跃。为此,中国学校体育教育形成了异常纷繁复杂的思想理念和价值目标不明确的冲突。从钦定学堂章程到中国学校体育的发展实践都深深刻上了这一历程的足迹。显然,中国学校体育话语权要用社会进程来解释更有说服力。

其次,表现"学科性"是在社会进程的呼应下被动展开的。为能促进和捍卫学校体育被社会认识,学科必须与时俱进,如不断进行"修正"丰富学说,"扩张"寻求新的交叉契合点,形成新的学科建构,不断深化学科整体走向完善,以满足社会发展的需要。因此对学科的自身认同和教育认同的问题就容易被忽视。

这两大特征形成了中国学校体育教学的本质规定及其路向的逻辑关系,反映出中华人民共和国诞生前学校体育的教育性始终被置于从属的地位,任何一个特征都没有与以人为本的教育愿望衔接。受其羁绊,中华人民共和国成立后的几十年,学校体育的指导理念仍然是贯穿"图强"的经世致用主义。由于国家的意识形态与学校体育的价值观没有解决好,解决了增强民众体质的问题,但却没有使人的精神力量得到丰富。为此学校体育执教为人的教育理念仅是囿于表面。对学生学习的尊重、对学生个体的尊重、对学生自由的尊重没有在学校体育上得到实现。在改革开放的环境下,国家意识形态与学术文化价值观和谐连接,国计民生的思想得以流淌。因而,形成中国学校体育文化三足鼎立的局面,即"形而下"的物质文化——技能特征、"形而上"的精神文化——教化特征以及人的活动后果结晶的符号社会文化——娱乐特征。衍生出既有同自然科学联系紧密的科学知识,又有同人文科学联系紧密的美感知识,还有同社会科学联系紧密的生活视域。它们相互渗透、相互交叉,各具特色,构建具有现代概念体系性的学校体育。

二、中国学校体育百年教学历程

(一)变法自强

鸦片战争失败后,在洋务运动"中体西用"思想以及"强国强种、御侮图存"的爱国精神影响下,引发了体育的兴起。在此背景下,体育作为催化"强国强种"和"复兴民族"的工具应运而生。其研究的对象和存在的合法形式,最大的动力来源是国家变革的迫切需求。虽然其目的只是"采摘淬砺而补之",固护本朝的维系和延续,但其触动了中国先进知识分子的觉醒,发出民主与科学的呐喊,冲破几千年来旧思想教育的禁锢,鼓动西方新式教育占据了学校。学校体育虽然受到传统文化的鄙薄和抵制,但其独特的文化形式和现代教育功能使它势不可挡地进入了学校,从而不但结束了我国两千多年来学校教育尚柔主静,重文轻武,基本没有体育教学的历史,而且结束了我国两千多年来学校教育"天下无不弱书生,无不病书生"的历史,为学校教育注入了新鲜的活力,达到了旧式学堂此前对人的全面发展无法企及的广度和深度,促进学校教学的进步走向更高阶段,给中国带来了"没有身体运动的教育就不能成为教育"的视野,由此拉开了中国现代教育的帷幕。

(二)中华人民共和国成立

为配合现代化中国社会的转型,使旧国民性格适应新的中华民族国家缔造的需要。1956年,毛泽东从一个制度文化的分析视角,提出了"发展体育运动,增强人民体质"的殷切要求与培养国家集体意志主体的渴望。在中国现代性政治制度层面,确立了体育启蒙的价值目标及其教学强身健体的实践。这一伟大的论述,抹去轻薄芜杂,留下厚重精华,为体育在学校教学中找到了位置。同时从新的现代性背景,给予了学校体育一个恰当的解释,为中国学校体育的新里程碑揭开了序幕。这种立足于现代民族国家目标,着眼全体国民素质建设的"体育性"启蒙方案,及其体育改造社会策略的工具性、广泛性、深刻性,对中国社会产生了极大的影响,无疑成为日后中国学校体育的基本特色。

(三)改革开放

随着中国改革开放在经济上的崛起与人民生活水平的快速增长,人民大众对物资与文化生活需求的乘数效应日益高涨。我们应该将"怎样生活"作为时代的主题,这不仅是一个生活智慧问题,也是一个道德认识和文明社会真正来临的标志。为此,这一新生活的诉求,引发生活现代性成为中国社会主义现代化的重要组成部分。它鼓励体育成为衡量国民生活的社会福祉目标之一,成为衡量是否能够造福于一个国家或民族素质的价值观与构建和谐社会的精神力量,成为增进公民与国家关系和谐发展的一个紧迫的社会任务。它推动学校体育理论走向一个新价值的向度,开启了对终身体育进行诉求的讨论、认识与教学实践的一系列变革发生。

三、百年体育教学面临的问题与发展

学校体育思想和学术渊源可以追溯到远古,但直到16和17世纪的启蒙运动,人们才将体育视为求索人性的展现,实现与宗教的诀别。在17和18世纪工业革命中,体育作为近代工业文明的产物成为学校教育的一门正式学科。作为社会科学的一个分支,学校体育学诞生之际是以进化论为指导思想,也是"达尔文的孩子"。和其他学科类似,体育学深深熏染着技术主义的研究范式与思维习惯,以致中国学校体育的教学观遵循着追求客观准确的运动形式,描摹各种运动图式的样子与区别,聚焦于突出个体化、个别化独特的运动现象,为寻求抽象化、普遍化的教学图式积攒规律,以发现和改良运动教授手段和方法为使命。它沉溺、痴迷在传授某种特定运动状态的形成是否映射着某种物理形态验证假设的主要路径上。其结果把给人类带来福祉的体育变为再确证的技术,诉诸"人体技能的有效形成"就成为表现我国学校体育教学的"轴心"延续至今。

受社会思潮的影响,自体育发端中国学校以来,运动技术就被独尊作为学校体育教学的看家本事,以致成为社会对其学科认同的标志——"体育是一种身体运动,不是价值观",是一个运动项目流迁、技能聚集的过程,是一堆形象,而不是"思想"。这促使学校体育教学的操作性走向"技行"功夫——"器"的产物,从体育"器"的实践层面进行"技艺"教学的诠释成为一种主导趋向,但没有为我们揭示出,作为学校体育为人的活动的历史运行和机制的丰富性,遮蔽了学校体育深处的根本目的是育人,而非制器。

其一,在"师夷长技以制夷"思想发展的影响下,学校体育被洋务运动"断章取义"式地借用表达自己的意向,也就是只用它来"鼓民力",未用它来"启民智"。学校体育被限制在中体西用的"用"上,忽略了与"育人"的相互关联。可惜并非对其真实精神的自觉把握,因而就相对忽视了对学校体育本身特征的本体论思考,弱化了对其理性的追求。于是对学校体育的理解就在这里脱节了,沿着工具性的路线展开了。这也正是中国学校体育一开始就先天不足的原因。切入到这个层面,可以加深我们对此种形态的理解,寻找学校体育为什么只能培养出"体育勇士"的症结所在。其游离于教育性就不足为奇了。

其二,由于洋务运动"求富求强""强国强军"思想太迫切,便顾不得学校体育的育人意义与作用,直白"兵式"体操的开展,中断了学校体育完整形态的建立,导致长达19年的学校体育教学内容显得简陋、不全面、不系统、无趣味。这种不足,遮蔽了其文明本质未能轮渡出学校体育教学的特点,反而会导致人们对学校体育得出错误的认识和判断,谴责体育为"进入罪恶之门",产生对学校体育的反对和鄙薄。这种带有美好理想的运动图式,由于忘记了"读书其实就是读自己"的道义,以致后来追求技术为上,忽视了人在运动的意志、自由、灵魂、思想、情感等层面的问题,无疑等于把人视同自然存在物一样是"连续性的、同质性的"存在物。

为改变这种现象,完整阐释与适应21世纪新时期学校体育教学的标新立异。2004年中国学校体育从大社会、大文化、大教育的新视角去认识体育教学的品格,拉开了具有真正新精神与当代品格的体育新课程教学改革的帷幕,使体育教学走出自我领域的演进与繁殖,嵌入多元文化的复归。虽然有"新瓶旧酒"不和谐之处,虽然有相当多的功课还有待于完成,但"删繁就简三秋树,领异标新二月花"。具体的变化主要体现在以下几个方面:

一是在课堂的发展目标上,催生了"教师是主导,学生是主体"的课堂教学新风貌,引发着眼于形成"知识传递"的教学环境,强调关注学习者"潜能"的存在,支援基于学习者自身意义发现而展开的"选项"教学,修正了以凯洛夫教学论为代表的"以书本为中心、以课堂为中心、以教师为中心"的缺陷。二是在维度上扩大了课堂的外延,吸纳了素质教育、终身体育、健康第一的新知识,开始关注人类发展的隐性部分,由重结果向重过程转变,从手段到目的的转变体现了"为学习而设计"的理念。三是学校体育教学进入多元化发展阶段,开始注重竞技性、健身性、休闲性、娱乐性、社会性、生活性,以满足不同学生对知识内容和结构的需求,展现了既能参与又能观赏的文化价值。四是学校体育向追求阶段效益与长远效益相结合的终身体育方向发展,把学校、家庭、社会连接起来,构成大体育的课堂教学理念。

从以上几个方面可以看出,中国学校体育百年教学的本质诉求与变迁也存在着从感性、理性到自觉性的逐层递进、不断深化的关系与时空趋向。"不与历史双向寻根""不与时代相互对话"的研究可能难以长久维持。

从不同角度指出对教学意义的理解并把握这些见解,可优化体育教学整体结构的提升,理解现代社会对体育教学的要求,也揭示出体育教学单纯立足于本学科内的认识来促进学习发展是初步的,还远远不够深入。体育要为促进社会进步做贡献,除了发挥本身作用外,还要有自然而生的社会发展规律和文化演变的自觉,推进体育学习与人的对话。要准确把握体育课程有助于促进身心发展、思想品德教育、文化科学教育、生活与体育技能教育与身体活动的有机结合。因而促进知识取向的教学理解、实践取向的教学理解和解放取向的教学理解三者之间的融合,是作为体育教学目标的认识和判断逻辑的原点。为此,对体育教学之目的的完整理解和准确设定,应是科学建构体育教学的出发点和归宿点,是我们思考的重点。这对于体育教学建设十分重要,对于学校体育发展也十分有意义。

第二节 体育教学形态的变革

教学形态的变革是体育教学的运动表现形式与作用方式,是对体育教学的一种具体化的理性认识活动,烙印着教育的转向和发展。它反映和表现着体育教学发展的可持续指向,验证着教师是传统还是现代教学思想和行为的主导者,可为教师将教与学的策略运用到具体教学活动中提供选择性指向。从系统论来看,任何系统都是一定形态的集合,又在一定的形态中运行、延续、演化,不存在没有形态的系统。因而,教学是体育教学形态构成集合的总称。因此,研究教学必须研究它的系统以及它同形态间相互作用的方式(如图 2-1 教学系统的构成所示)。例如,教学关系着重解决为什么而教的问题,学习方式重点解决机体怎样学的问题,教学方式主要解决怎样影响机体去学的问题。因而教学变革与争鸣是认识教学论的途径、解读教学文本的钥匙。本节从教学变革着手,辨析探讨教学系统和教学关系、教学方式、学习方式的嬗变与发展。目的是理清新旧教学形态的本质、范式、论纲与争鸣,科学把握有效教学的实施。后面章节我们会具体讲到有效教学的研究以及教与学的运用。一旦在教学中缺少变革,教学将失去它的方向性,教学效果将大打折扣。因而,捕捉教学变革中隐含的本质形式、观念表达、逻辑关联性,解析教学关系和方式相互依存、彼此渗透、内在转换和沟通的共性关系十分必要。揭示教学改革的积极变化和努力的方向对体育教学的影响与启示,可促进我们对体育教学的认识从低级走向高级,正确把握教学发展的方向,提升我们的教学水平,为我国体育新课程的实践应用提供参考。

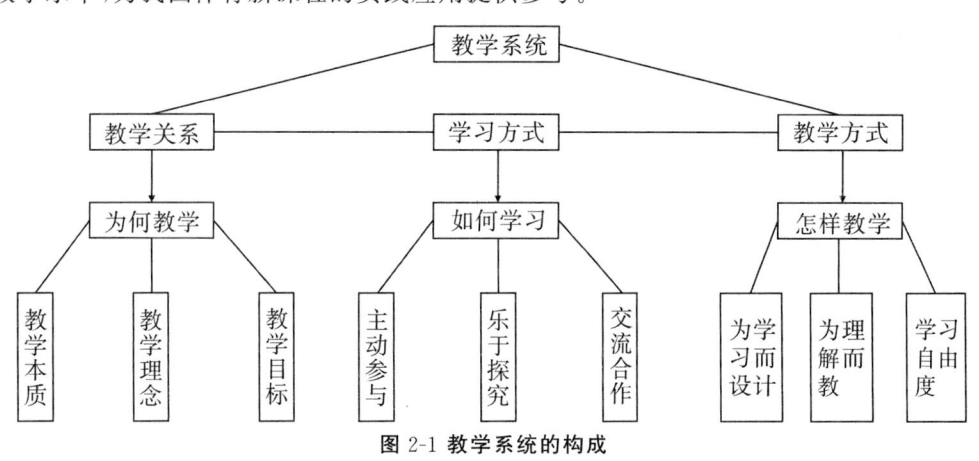

图 2-1 教学系统的构成

一、传统教学论与现代教学论

从教育科学发展的视角来看,传统教学论与现代教学论之间既有联系又有区别,它们之间呈现出批判与继承的关系,它们对当代教学理论的发展以及教学实践都产生着重要的影响。对传统教学论与现代教学论的探讨不仅是体育教学论体系研究的重要课题,也是当今教育研究的重要课题。因为它不仅有利于增强教学理论的科学性,而且有助于广大体育教师更好地认识教学,利用合乎时宜的理论来指导教学实践,提高教学质量。对于传统教学论和现代教学论的含义,目前在教育理论界还没形成统一的认识,区分的标准也不尽一致。因为"传统"与"现代"本来就是一对相对的概念。在我们今天看来,夸美纽斯的教学论属于"传统教学论",但相对于中世纪乃至启蒙时期来说,则是"现代教学论"。因此,区别"传统"与"现代"应以是否反映某一时代社会变革和科学技术的最新成果为标准。凡是自觉地反映那一时代社会变革和社会科技成果的都是"现代"的,而未曾反映的则属于"传统"的。

(一)传统教学论

根据"本质——观念——存在"的逻辑结构,通过对传统教学论基本范畴的梳理和比较、归纳和概括、研究和确认,我们可以从中发现传统教学论基本范畴以"教授之术"为出发点,统摄"教学""教和学""教学原则""教学方法""教学组织形式"等概念范畴。因而,传统教学论的逻辑起点为教学。而基本概念范畴则为"教学""教学过程""教学目的与任务""教学内容""教学原则""教学方法"等,并以这些基本范畴演绎和构建其教学论体系。在运用基本范畴的逻辑展开体系结构,传统教学论遵循了这样的顺序,即教学的概念、意义、任务、教学过程的本质、特征,最后是对实践的可操作性的理论阐述,包括教学内容、教学方法、教学原则、教学组织形式、教学评价等。教学过程的实践便有著名的"明了——联想——系统——方法"的四段教学法和"感知——理解——巩固——应用"的教学过程。为此,传统教学的最大特征就是授—受,教学方式以教为中心。从自身角度出发,以下论纲与表现:第一,主要根据给定的内容进行教学,把教学内容看作传授的最终目的或者是塑造学生的一种工具。第二,上课时,强调循序渐进的认知组织教学。第三,要求学生熟记知识点,因为掌握知识点是学生学习任务所在。第四,强调学生的模仿能力,模仿能力的高低是评价学生学习好坏的指标。第五,强调教师的言语强化作用。第六,强调权威,主要包括教师的权威和班级制度的权威,其着力点是教师对学生的控制。其操作模式为,教师—学生的单向交流,主要关心教师如何教,甚少涉及学生如何学。第七,传统教学方法的封闭式还体现为:知识内容的封闭式——仅限于教材;人际关系的封闭式——仅限于教师与学生之间的单向交流,忽视了师生、生生之间的多边交流;课堂气氛的封闭式——强调权威和井然有序。

传统教学论已走向成熟,也加强了对学生生理、心理的研究。不可否认,上述教学过程的阶段理论一定程度上反映了知识教授过程的规律。但由于受研究者世界观和时代发展的局限,传统教学论从一形成就带着先天的不足和缺陷。随着社会的发展和教学目标的扩展,对信息时代知识与智力、个性之间内在联系及人格不同侧面形成规律的不断揭示,它愈益显现出弊端和不适应。单一的教学过程阶段理论"知识就是力量""把一切知识教给一切人",是几百年来人们一直信奉和遵循的教育理想与实践指南。这种以"知识教育"为核心的教育理念及其实践,逐渐暴露了它的不适应性和局限性。最突出的问题就是,它导致我们的基础教育包括课程、教学和评价体系,逐渐演变为一种以"应试升学""智育至上"为主要价值取向的教育模式。

教学管理一切依从于教师,教师的角色是知识的传授者,学生是被动的接受者,使学生从话语权到学习行为,再到学习思维都拘泥于"唯师是从",缺少独立能力和创新能力,趋于保守,结果是难以适应社会发展对能力的要求。如有一位老师问学生,雪融化了以后是什么,很多学生回答是水,但有一位学生回答是春天,这位老师不仅没有赞扬这位学生,反而评判他的答案是错误的,因为答案是雪化了以后变成水,这种知识权威性压抑了学生个性的发挥。其二是权威者意识。自古以来,老师在学生心中是神圣的,老师怎么说,学生就怎么做,学生无条件地服从老师,天经地义,从而严重忽视建立民主和谐的师生关系,不能给学生个性自由发挥的氛围,不能给学生智慧成长的自由空间。其三是强调统一。教师为完成统一的教学目标,常常以"标准化"的方法试图按统一的要求培养学生。受传统教学论的影响与制约,传统体育课程与课堂教学存在的问题有:一是过分注重体育教师的表演;二是过分要求学生的整齐划一;三是过分注重教学设计的统一;四是忽视学生的感受与尊严;五是忽视体育课堂中的情感活动;六是过分注重体能与技能的结果,忽视过程与方法;七是在教学方面,统一进度、统一标准、统一负荷、统一要求。

传统教学论凝聚了夸美纽斯、赫尔巴特、凯洛夫等几代教育人的努力与心血,其体系相当完备并有深厚的实践基础。首先,传统教学论关注的是教师的"教",即课堂知识的传授,在教学内容上重视按照学科逻辑顺序组织教材,强调以教材为中心,实行分科教学;在教学方法上,主张教师的课堂讲授和学生的接受学习;在教学组织形式上,强调课堂统一教学。因此,传统教学论遵从教的过程和顺序来构建其理论体系。其次,在师生关系及地位方面,传统教学论强调教师权威至上,教师在教学中起主导作用,学生必须服从教师,崇尚对学生的惩罚。最后,传统教学论强调对教学的概念、意义、任务、教学过程的本质、特征以及教学论的学科性质等理论性问题进行探讨,以及对实践的可操作性的理论进行阐释。总的来说,传统教学论与教学实践之间是存在一定差距的。

基于这一视域,传统体育教学论的体系特点与表现有如下几点:第一,学校体育教学中由于受传统体育教学思想影响,在教学内容安排上,仍存在着内容狭窄、陈旧、脱离实际等问题,过于注重运动技术和生物体的改造,忽视了为终身体育服务的宗旨。第二,体育教学理论单一在方法论上趋向极端。过去在学习苏联的过程中,未能很好地结合自己的国情加以创新,以致造成学校体育教学思想和教学实践发展的单一模式。第三,体育教学在指导思想上突出三个中心——教师、课堂、教材,只是向学生传播和灌输体育知识和技能,忽视了学生个性的发展。体育教学程序化、成人化、训练化,学生成为教学中的被动主体。这种教学思想严重影响了体育教学质量和人才培养质量。第四,在确定体育教学目标的任务上,过分强调社会政治的需要,把学生作为工具。难以给其他教学目标更多的空间和时间,忽视了学生的全面发展,未能体现我国体育教学的特点。第五,体育教学过程突出强调以学习掌握运动技术为主要内容,并通过技术练习进行体质教育的方法论。由于注重运动技术的学习,形成以传习技术为中心的模式,限制了学生个体需要和自主学习的积极性,教学效果较差。第六,在教学方式上,单纯依靠条件反射形成,过于强调讲解、示范单一的灌输式教学模式。在教学方法上,推崇"统一进度""统一负荷""统一要求",以"增强体质为中心"。客观上将增强体质与传授运动技术、传播体育文化等对立起来,这是极不可取的。

(二)现代教学论

传统教学论的立足点是"教学",逻辑点是"教会",终点是"知识",缺乏对其"为什么学"的深层分析与价值澄清,其贯穿的是教学压倒一切,系统知识的传授是教学唯一的任务。教学方法的尝试与改革,教学原则的完善和普遍运用就是向学生传授更多的知识,把积累知识看作是检验真理的标准。与传统教学论相反,现代教学论的立足点是"会学",逻辑点是"能力",终点是"发展"。把知道"知识是什么"改变为"知识是为什么、做什么"。认为教育不应仅限于给予学习者坚实的知识基础和培养他们对学习的兴趣,更要培养人的行为和能力并深入精神生活,把学会认知、学会做人、学会做事、学会生活作为检验真理的标准。

首先,否定传统教学观。教师们的职责是教授教材的内容,以知识积累为导向;以"统一内容""统一进度""统一要求"为指导,把学生当作"标准件";教师不仅是教学过程的控制者、教学活动的组织者、教学内容的设计者和学生成绩的评判者,而且是绝对的权威。其次,倡导现代教学观。现代教学是人的教学,是教人的;学生是有生命的、有个别差异的,要重视个性化教学;教学过程也是教师生命成长的过程;教师是教学活动的设计者、组织者、管理者,起主导作用,但是"导演"不是"主演";人的成长是有个别差异的,要善待、允许个别差异的存在,要给予学生不同的选择;现代教学提倡多一把尺子,多一批人才,"不拘一格降人才";面向全体学生,让每一个学生都抬起头来走路。

为此,对现代体育教学的理解是体育教学不仅要重视运动技能的传授,更要关注对运动技能的应用体验和顿悟。也就是要把学生知识、思想、感受、情绪等融合在一起,不要陷入传统低水平的事实知识的传授,流于片段性了解与机械记忆。要体现教学是发现、体验、领悟,而不是约束、强制、命令。因而,体育教师的教学行为将发生这样一些变化:首先,要由体育教学的固定化向个性化转变;要由齐步走向差异性教育发展;从过去被动的执行者,变成主动参与课程设计的决策者。其次,要由重传授向重发展转变;要由重体育教师的教向重学生的学转变;要由重结果向重过程转变;在对体育与健康课程目标的认识上,从只关注学生的运动能力表现,变成全面关注学生的发展。最后,要由居高临下向平等融洽转变;在对自身角色的认识上,从等同于一个从事运动技术教学的教练员,转变为促进学生全面发展的、真正意义上的教师。

这一背景将促使体育教学方法发生这样一些变化:首先,从过于强调接受学习、机械训练,到引导学生主动学习;从强调"教"转为强调"学","教"的目的是为了最终"不教"或"少教",是为了学生能自主学习。其次,在师生关系方面,从决定学生应该学什么、怎样学,转变为与学生合作学习的朋友。最后,在学习进度方面,由过去教师统一设置的进度,转变为学生可以根据自己的程度选择教学进度。在运动项目的选择上,从规定的几个项目转变为学生可以根据自己的兴趣、爱好选择体育运动进行学习。

为此体育教师教学方式将发生这样一些变化:体育教师应与学生积极互动、共同发展,注重学生的独立性和自主性,在实践中学习。体育教师要创设丰富的教学情境,营造轻松的课堂气氛,教学活动具有创造性,因势利导。教师不仅要关注学生群体,而且要关注学生个体;不仅要关注学生的知识技能与体能,还要关注学生的态度、情感和价值观;不仅要关注学生的现在,而且要关注学生的未来;不仅要关注体育课程内容与学生生活及社会发展需要的联系,而且要关注学生的学习兴趣和经验;不仅要倡导学生主动参与,乐于探究,而且要培养分析与解决问题以及交流、合作的能力。

现代教学论是在对传统教学论反思批判的基础上产生的,其理论体系表现出一些新的特征。首先,与传统教学论不同,现代教学论首先关注的是学生的"学",关注学生的自主探索与积极参与知识的建构;强调学生的个体差异,主张按照学生的认知特点和兴趣爱好进行教学;关注学生认知的整体性特点和学生的生活实际,强调综合课程;在教学组织形式上,主张小组活动和学生间合作学习。因此现代教学论是以学生的"学"为逻辑起点,构建起"以学为本"的现代教学论体系。其次,在师生关系及地位方面,现代教学论强调学生在教学活动中的主体地位,一切以学生的"学"为中心;教师不再是知识的权威,而是学生学习的合作者、帮助者和促进者。学生有对权威质疑的权利和自由。因此,现代教学论的最大特征就是关注学生的个性、生命、情感。最后,现代教学论以"教学人—存在"的逻辑为起点,以教学实践中的"学习解决"为目的,以可持续发展为"价值"基础,以学习、教学活动联结的"自觉"为范畴,把教学目的、任务和教学过程、教学方法与"人的存在"构成为理论体系。这一体系使现代教学论永远"为学习而设计",充满"为理解而教"的生命活力。

基于这一视域,现代体育教学论的体系有以下几个特征:第一,以基于人的自由、充分的全面发展为基本价值取向,体育教学目标向多元化方向发展,体育竞技性、健身性、休闲性、娱乐性、社会性、生活性将更进一步地显现加强,以适应社会发展对人才培养的需要,体现出学校体育以人为本和人文性的回归。第二,以健康第一为指向,以三维目标为框架,体育教学向整体化、效益化、科学化的综合方向发展,提倡向科学要质量,向方法要效益,为体育新时期教学改革与持续发展提供存在的基础和意义。第三,以尊重并提升人的主体性为出发点,体育教学向多层次性方向发展,满足不同学生对知识内容和结构的需求,以展现既能参与又能观赏的文化价值。第四,以实现个性化、社会化为基本立足点,体育教学向多水平性方向发展,根据不同学生的水平,分别制订出教学的不同选择标准、不同模式的评价标准,由重结果向重过程转变。第五,以掌握体育科学知识和终身体育为主,学校体育向开放性方向发展,把学校、家庭、社会连接起来,构成大体育的课堂理念。

二、传统与现代体育教学的关系

教与学的关系问题,是教学论形成和发展的逻辑起点,是对教学活动中要素基本构成的认识和确立。对其的研究一直是教学理论研究中的一个重要课题。教学是教师通过一系列认知、判断和推理获得的客观教学实践活动。教学实践活动无论在何时、何地都是以观念为先导的。可以说,对教与学的关系有多少种理解,就会有多少种不同的教学理论体系。在教学理论发展的历史上,由于人们对教与学关系问题的认识不同,对"教学"这一概念的理解不同,以此为基础所建立起的教学方法理论体系对教学对象的行为不同,以致引起很大的应用差异。如受赫尔巴特为代表的"认知主义""教师中心论"和凯洛夫的"教师为中心、教材为中心、课堂为中心"的影响,过去我国体育教学单纯以运动技能掌握的多少为评价尺度,因而在教学方法上呈现统一式、填鸭式、灌输式特征,使学生走向被动、机械的学习道路,湮灭了学生对体育运动的爱好。因此,如何科学、正确地认识和理解教与学的关系,就成为教学方法应用的逻辑起点。这不仅是教学理论发展的需要,而且也是体育新课程得以有效实施的要求。明确回答这个问题对于体育教师专业化的提升与发展有着积极的意义和作用。

教学,作为人类社会实践之一,一直具有鲜明的现实针对性。从教学论发展的历史来看,教与学的关系本质存在两个问题,即"为什么教学"和"怎样教学"的反映。换言之,即教学的合目的性和教学的合规律性的指向问题。其核心是辨析对教学目的的认识,其落脚点是对课程内容及教学方法的选择和确定上。例如,从先秦儒家开始,我国古代教育家就已经开始认识到教与学之间有一定的联系,提出了"教学相长"的思想。孔子把学习过程概括为"学——思——习——行",提出"学而知之""学思结合""知行一致""温故知新"等命题;《中庸》进一步把教学过程具体化为"博学之——审问之——慎思之——明辨之——笃行之",总结出诸如"因材施教""启发诱导""循序渐进"等教学原则和教学方法。需要指出的是,我国古代教育家从学生学习的角度进行教学活动的认识,这与现代意义上的教和学的辩证统一是趋向一致的。遗憾的是,我们学习了理论、应用了理论,却没有贡献理论。

同样在西方,古希腊哲学家苏格拉底认为,知识是一切人德行完美的基础,知识不是通过教师直接传授给学生的,而是通过一系列有技巧的对话,是教师帮助学生接受正确知识的过程。为此,苏格拉底主张用"产婆术"的启发式对话法引导学生自己思索,自己得出结论。还有柏拉图提出的"知识即回忆",即教师的作用就是要调动学生内在因素的教学思想。昆体良提出要培养学生的自学能力。他们都点出了教与学关系的指向性。

三、传统与现代体育教学的方式

学习方式折射着社会的存在和认知取向,烙印着教育的转向和发展,体现着教师对教育本质的理解,表现着人发展的可持续指向,验证着教师是传统还是现代教学思想和行为的主导者,揭示了学习的本质特征——学习既是意识活动,也是实践活动。学习方式的变革实质上是社会和人类发展对教育缺失生存论的追问。因而,学习方式不仅反映着新课程的存在,也呈现着人本体论的意义。为此自20世纪90年代以来,世界各国为了适应未来社会发展的需要,都不约而同地对本国教育进行改革,而且都把学习方式的转变视为一项重要内容。我国当前体育课程改革强调学习方式的转变,提倡不同学习方式的学习程序和学习情境的设计,为教学的教育性提供了依据,反映了时代的发展需求,顺应了世界课程改革的发展趋势。但来自一线体育教学的大量信息表明,长期以来,造成我国体育学习实效差的原因虽然是多方面的,但不能正确把握学习方式与教学机制是最需要被解决的。因而本部分以传统与现代教与学方式的变革与构建为主题,从历史演进的角度探讨传统教与学方式走向现代教与学方式变革的本质、区别与特征,深化其在新课程的认识和实践,为教与学方式在体育新课程的应用提供支撑。

(一)新旧学习方式的转变与思辨

学习方式是教会学生学习的显著标志,是新课程三维目标之二"过程与方法"的任务。

对它的理解与否影响与制约着新课程的推进。当前新旧学习方式在教学中的冲突，引发了广大教师对此的积极关注。但综合分析研究成果，作者发现探讨者少、成果寡，仅有的部分研究大多停留在生存论宽泛的说教方面，缺乏其对体育新课程实践应用根源的认识分析。为此，以下从实践论出发寻找学习方式形成、发展及其特点，评价、比较传统与现代学习方式的本质、特征与区别，试图围绕并通过这些方面的探讨考察、理清学习方式的问题所在，以期为学习方式的正确把握与运用提供借鉴和启示。

1. 学习方式的构成

学习方式即学习范式，这一术语最早由美国学者赫伯特·西伦于1954年提出，随着对学习范式研究的不断深入，其内涵也日益丰富起来，综述国内外比较有影响的观点，学习范式的定义大致可归纳为三种看法。首先，美国纽约圣·约翰大学的邓恩夫妇是最早研究学习方式的权威。他们认为，学习方式是学生集中注意力并试图掌握和记住新的或困难的知识技能，受周围环境、自身情感特征、社会性需要、生理特征以及心理倾向的影响。其次，我国学者张春兴认为，学习方式是指学生在变化不居的环境中从事学习活动时，经由其知觉、记忆、思维等心理历程，在外显行为上表现出带有认知、情意、生理三种性质的习惯性特征。最后，我国学者陈琦认为，学习方式简单地讲就是人们在学习时所具有或偏爱的方式，学习者在研究解决其学习任务时所表现出来的具有个人特色的方式。

上述揭示学习方式概念的观点，存有三个层次的理解：一是把学习方式当作学习者有倾向性的策略、方法和技术，认为学习方式是个体进行学习的首选方法。学习方式决定着学习者个体学习的存在方式，是指个人学习的自然的、习惯的、有倾向性的学习方法选择。二是把学习方式当作学习者有倾向性的学习动机、情感、态度等精神品质的表征，认为学习方式的变革，是学习者行为、情感、认知等方面整体参与方式的领悟。三是学习方式具有稳定性、情境性、差异性和独特性，不同的人具有不同的学习方式。例如，有的学生喜欢独立学习，有的学生则偏爱合作学习，有的学生善于操作学习，有的学生则喜欢内隐学习等。学习方式本身无好坏之分，只有适合不适合某一特定的教学或学习情境之别，每一种学习方式都可能在具体的学习情境中成为最有效的方式。

以上从不同角度表述与细化了学习方式的特征，这对深入理解学习方式的内涵及丰富的概念有积极借鉴的作用。学习方式就是指学生在完成学习任务时偏爱的基本行为和认知取向，它是学习者连续表现出来的学习策略和学习倾向的总和。与学习策略、学习方法既有联系又有区别，共存于一体，互动互渗、相互制约、相互影响，互为条件、相辅相成、共同发展。这三个概念的逻辑关系是：学习方式——学习策略——学习方法。相对而言，学习策略则是指学习者为完成特定学习任务或学习目标而采取的途径、方法和手段体系，通常表现为一系列步骤或一系列行为。学习方式比较概括、稳定一些；学习方法则比较具体、灵活、多样一些；学习方式更多地涉及学习习惯、学习意识、学习态度、学习品质等内在心理因素和心理力量，而学习方法则多表现出外显的动作体系。因此，学习方式的转变对促进学生发展更具有可持续性意义。对其的研究与探讨既是体育新课程实施亟待解决的问题，也是关涉学科理论体系建设的根本问题。

2.传统学习方式的形成

随着19世纪工业革命的大规模展开,科学价值观的影响在不断扩张,整个社会文化氛围中弥漫着人们对于科学价值和科学活动的崇拜。人们开始相信通过运用科学的程序和计算的方法,可以对各种过程和活动进行预测和目标控制,更好地造福人类。从认识论上说,这一思维模式塑造了一个时代,强烈地影响了人们思考问题的方式和选择解决问题的策略。从方法论上说,这就意味着借助于科学的方法和分析,可对社会进行观察、表征、假设以及检验等。再复杂的问题,都可以转化为简单的可以解决的问题。

这一新的认识论的出现和形成奠定了促进社会变革的基础,泰罗科学效率管理的原理之说应运而生。他以生产为中心,以效率为导向,提出科学管理要控制"工作"和"工人",认为通过对时间和组织的研究,工作可以分解成许多微小的运作单位,并可以制订出每一运作单位的效率标准,由此改善工作效率以达成生产目的。很快,对社会效率的追求和对泰罗原理的信奉被社会各界竞相效仿。教育也不例外,很快影响到学校领域并成为金科玉律。有以下嬗变与启示、经验和教训可供我们研究把握。

第一,受科学主义影响,行为主义和认知主义强烈地冲击着学校教育实践。行为主义学习理论把学习者看作是被控制的有机体,把人的丰富学习简单地认为是对外部刺激的应答,教学只要设计好反应—强化的程序就能学好知识。认知学习理论则把学习者看作是一块白板,认为人的物质肉体不能产生思维,把学习抽象为认知的技术体,只要控制好教学的认知设计就能学好知识。为此,赫尔巴特把学生的学习归结为"教师、课堂、教材"三个中心。他们追求科学化的方法,创建了教学体系。但这一控制取向的学习方式,否认了学生的存在,把丰富的学习变成了简单的外部或内部的教学设计,是偏颇的。这一背景深深地影响与制约着学习方式形成的环境与思维取向,统治学校达数十年之久。

第二,受泰勒管理影响,博比特等追求科学化的课程设计强烈地冲击着学校教育研究。博比特率先将当时的泰勒科学管理模式扩展到课程研究领域。他提出,教育是一个塑造的过程,如同钢轨的制造一样,通过教育,人格被塑造成所需的形态。教育要达到最高效率,教育家应充当"工程师"的角色,而非哲学家的角色,课程必须有效管理,减少教育浪费,并精确预测其产品。他把学校比作工厂,把理想的成人比作生产过程的产品,儿童则是原料,教师是操作员,生产何种类型和素质的教育产品需由使用教育产品的人确定。随后这一效率信条影响了学校的一切科目,布鲁纳、施瓦布等代表成为其后的重要呼应者。他们以追求科学化方法为主的课程研究,侧重寻求科学化的内容,创建了课程认知技术取向的模式。这一认知思想规范了学习方式的样式——教师为教而教,学生为教而学,使之成为半个世纪以来难以磨灭的烙印。

第三,受智力测试影响,单一智力测试成为学习方式的标准。在19世纪80年代,英国生物学家高尔顿首创智力测试后,更进一步推进了这一学习方式的形态;1905年,比奈与西蒙编制出世界上第一个智力测验量表——比奈—西蒙量表;1916年,美国心理学家推孟修订出斯坦福—比奈量表等。从此,智力测验被学校广泛使用,智商也逐渐成为学校度量评定学生学习方式的依据与分类筛选各种不同等级学生的重要指标。这种侧重语言、数理逻辑的智力测验使得学生的学习方式严重单一。学生的学习方式局限于书本知识和科学实验，学生的学习风格局限于听、说、读、写的训练，局限于概念的推理演绎。而且由于频繁考试的压力，使得这种单一性的学习方式成为一种制度，长期占据着学校教育目标的主导地位。学校以测验为本的学习方式，使得学生只能够大量接受与语言逻辑相关的学习，局限于纸笔的学习方式，造成有其他非语言逻辑优势的优秀学生的才华无法得到很好的发展。这种智力测试不仅仅在外在的形式上造成才华被埋没，还可能大大影响非语言逻辑优势学生的自信，进而影响他们的学习动机与态度，使得他们产生挫败感，从而厌弃学习、厌弃生活，造成无法弥补的负面影响。这种单一测验标准使学习方式成为被动接受知识、记忆知识的循环，给学习又增添了危机。

这三种影响的崇拜至今尚存，使学对教保持着一种被动的状态，学习方式就是遵循教所设计、规定的道路行进，按照教所提供的"模子"塑形。教的功能发生了僭越，成为对学的代替和控制，致使学校教学出现了为达成学习目的同时便于控制"人"，把学生划分为三六九等或快班和慢班。学校以过度的复述、过度的练习、过度的作业记忆作为教学的图式，以统一进度、统一要求、统一练习、统一负荷作为课堂主导原则，结果学习方式成为接受知识、记忆知识的论纲。学习方式的存在被看成是说明、复演、应用知识的实质目的、机械的形式和学习记忆的过程。人的发展和个性的发展被消解了。学生不再是一个个活生生的人，而是一个个大小相同的"容器"。需要注意的是，不能以传统学习方式的缺陷而否定其存在的贡献。传统学习方式并不完全是谬误，只是它在传授科学知识的同时，掩盖了人的主体性和能动性。

传统学习方式这一尚未完成的过程，具有开发性，远未终结。它呼唤着现代学习方式春天的到来。我国今天提倡素质教育改革就折射着这一论证，学习方式终有一天能回归实现其根本表征，解放人的个性和尊严。

3. 现代学习方式的形成

自20世纪60年代开始，现代性的进步日益反映了用这种理性规划一切、整合一切的传统信念。这是对科学与人文结合的进一步发展，融合了科学的精确性和人文精神的引领性。人类对教育实践活动的性质、方式、手段等有了更加全面的认识，逐渐摆脱了科学描述的唯一性，而趋于向人性的教育价值真理回归。信念引发的学习危机日渐平淡，改变教学就是改变传授和灌输知识的单一取向，学习就是对真理性的知识不加怀疑地接受和记忆。这一社会思潮不断绵延衍生，多种思想和理论为其激浊扬清，也为传统学习方式的变革提供了必然基础。我们可以通过以下三个方面进行研究：

第一，是终身教育观的建立和学习型社会的提出，改变了学校教育的价值观。21世纪人类的实践活动由外向度，即"改造外部世界的实践"，主要包括物质生产、物质交换、管理和社会变革等形式，开始迈向内向度，即"改变主观世界的实践"，主要包括终身教育观、学习型社会等。在工业文明时代，人依附于物，人的内向度实践的每一次进步总是需要靠外向度实践的前进拉动，外向度实践是主宰时代进步的先锋和决定力量，带有主导性。然而，当时代跨越工业文明步入信息时代，一切都发生了意想不到的变化。"内向度的实践在历史上第一次摆脱了被动适应的地位,开始以一种超越现实的姿态,引导和'提携'外向度的实践",即"人类的自我挑战,改造自己的主观世界,变为改造客观世界的前提"。这样,学习在社会发展中的地位和作用愈加重要和突出,甚至一跃而成为信息时代"最富革命性、创造性、主导性的生产力,成为拉动世界飞速发展的火车头。"这一巨大变革不仅确立了学习方式至高无上的地位,更为重要的是它从根本上改变了人类旧有的学习方式,意味着学习方式从接受式到发现式的转变已成为时代的要求。

第二,是建构主义等多维教育思潮把"教"推向"学",更新了学校教育的学习方式观。20世纪60年代以后,多元文化论作为一种全球化思潮,其态势日趋高涨,对社会、经济、文化不断产生深刻影响。这一深刻的嬗变启迪催生了建构主义、人本主义、后现代主义、多元智力理论等多种教育形态,不断对以教为主的教育理论进行批判扬弃和改造重构,促使学校把"教"推向"学",以适应新时代的要求。在教育领域扬起了新的目标:强调学习与情感、态度、价值观的培养,情感、态度与认知的结合,情感、态度与技能的结合,学习方式与个人素质和社会效用结合,迫使学校体育的教育目标、课程与教学不断被调整和改革,为学习方式的再生长提供了动力和支持。其倡导把"教"建立在"学"上的新教育主张,支援学习者基于发现自身而展开的学习方式,超越了传统体育教学机械重复的"授—受"行为,为当前学校体育新课程开启了为学习而设计的教学观,彰显了为每一个学生提供满意的教学环境,指导学生学习方式的改善,已成为当前体育新课程的重要理念。这些思想和理念为新学习方式的构建提供了坚实的理论依托。建构主义针对"学习的目的就是接受""学习就是知识积累",执着于"控制性教学的表现,学生在场的教学行为"这一弊端。它力求以"新认识论"的视角,对仍然误导着教育的以"教"为主的认识论做出深刻反思,试图把学校变成一个愉快的场所,为学习发现更多的联合因素。教师应从"教"转移到对"学"的方式的关注,推动追求意义理解的学习方式。其强调的"情境""协作""会话"和"意义建构"等新颖的教学观点,摆脱了传统学习方式的弊端,使传统教学走出知识论、工具论的误区。如多元智力的心理学发现了人的聪明存在,意味着每个学生都有更适合其发展的个性化学习方式。多元智力的提出为学习方式的变革奠定了基石,使我们破除了"IQ式思维",跳出了传统教学只有共性没有个性的思维定式,使得学习的发展空间不再局限于传统的语言逻辑领域,运动的、艺术的、音乐的、人际的多个领域都成为学生发展的广阔天地,使得每个学生都能寻找到最适合其发展的学习方式。如人本主义认为,学习不是一种异己的外在的力量控制,而是一种发自内在的精神解放运动。人生来就有学习的潜能,学生是学习的主体,应弘扬个性学习的培养。它倡导学习就是解放,学习就是自因而不是控制。现代社会中最有用的学习方式是了解学习的过程,促进认知和情感的统一,以便培养出完整的人。坚持发展每个学生自主的学习方式,而不是用统一的学习方式促进学生的发展。如后现代主义反省,批判传统学习理论造就的负面影响和结果,着力弘扬主观、个体、多元的学习方式,倡导学生不是分数的奴隶,学习是学习者对自身经验的不断认识、反省,因而教学应是个性的、多元的、开放的。用唯一的标准答案去评价学生,只能扼杀其积极性和创造性。教学不是"跑道",学生不是机器。教学不应是控制,而应是解放,是师生平等的对话。教师是学生的引路者和共同成长的伙伴。

第三,是"以生为本"的科学发展观和素质教育的理念成为学习方式的新标准。人们不断发现旧学习方式的滞后,大大削弱了"学习打造新时代"的革命性力量,造成了人力资源的滞后,阻塞了人类社会发展进步的速度,已成为影响社会进步与发展的屏障。正如国际著名学术团体——罗马俱乐部在1979年对学习问题的研究报告《学无止境》中所说,"一个不容忽视的事实是:当代学习的不足,导致了人类状况的恶化和人类差距的扩大。我们的学习方法令人震惊的落后,这种状况使个人和社会应对全球问题所提出的挑战,都未能做好准备。这种学习上的失败,意味着人类在准备方面,仍处于全世界都不发达的水平。学习上的失败从根本上说是我们一切问题的问题,这是因为这种失败限制了我们应对每个全球问题的能力。"面对这一困境,随着社会的发展和人类对时代认识的不断提高,世界各国都相继进行了教育改革,设置了"以生为本、学会学习、全面发展"的目标。如我国根据人类发展的要求和时代前进的趋势,重新审视教育培养目标,提出了素质教育和科学发展观等作用于教育和社会的改进,从而把握了时代变革对教育的要求,这一政治构建从思想高度为开启新的学习方式营造了社会环境。

上述多元思潮和理念对传统教育形态的批判大体是中肯的。它指出了传统教学把丰富的学习方式变为机械的、单一的接受知识和记忆知识方式的滥觞,为建构新的学习方式做出了贡献。

4. 传统与现代学习方式的思辨

上述研究论指出,学习方式的变革是由传统学习方式转到现代学习方式,就是要把被动的学习方式转换为主动的学习方式,把单一性的学习方式转换为多样性的学习方式。那么传统与现代学习方式的论纲是什么呢?归结上述理论与思想,我们可总结出以下特征与区别:首先,传统学习方式以接受知识、记忆知识为论纲。学习方式单一、狭窄、片面,属于低认知机械记忆的层次。它只构建了个体的基本认知心理结构,遏制了高层次发散思维与非认知心理结构的统一发展,没有把学习看成是培养智力和发展个性的统一。它认为传统学习方式有点像盲人摸象,抓住学习的某一方面误当成整体,似乎有道理,但其实是局部之理,不能臻于全面发展。其次,现代学习方式以"主动参与、乐于探究、交流合作"为特征,以发现知识、学会学习为论纲。

现代学习方式以多元素质的发展方式打破了传统的以单一智力为依据的接受式学习方式,鲜明指出学习方式的目标是终身学习。只有学会了学习,才能够在各种条件下灵活地适应新的环境和新的工作。知识时代对个人而言,最重要的不再是固定知识的获得,而是获得知识和处理知识的能力。为此学者钟启泉、崔允漷等在《普通高中新课程方案导读》一书中指出,教育部基础教育司调查组的调查表明,我国义务教育目前教与学的方式,以被动接受式为主要特征。长期以来,我国基础教育过于强调以接受学习、死记硬背、机械训练为特征的被动接受式学习方式,他们提出要对这种状况进行改革,建立新的学习观和学习方式。

需要强调的是,一是新课程对现代学习方式的描述虽然进了一大步,但也没有能够进一步分清层次与维度。作者认为,针对传统学习方式的被动性与单一性的两大特征,我们的学习方式变革的目标就是要追求学习方式的主动性与多样性,即现代学习方式应当具备主动性与多样性两大特征。主动性特征对应于学习方式的第一层逻辑分类维度,学习方式的动机、情感、态度的层面;而多样性特征相对于学习方式的第二层逻辑分类维度,是学习方式的策略方法层面,即学习方式的变革是要变学习方法策略的单一记忆性为多样性,变学习动机、态度、情感的被动性为主动性,最终在技术层面和精神层面上实现现代化的转变。二是学习方式尽管具有稳定性特征,但由于受到社会、家庭、学校教育方式的影响,它不是固定僵化、一成不变的,而是可以改变的。在体育教学中,我们不能整齐划一地要求所有的学生都要采取某种专家们自认为最有效的学习方式,而要根据具体的教学和学习情境,指导学生采用最适合或比较适合的学习方式。因地制宜,与时俱进,没有最好,只有适宜是选择学习方式的最好态度。体育新课程要求转变学生的学习方式,是十分可行也是十分必要的,其意义深刻而久远。三是学习方式不是学生拿来就用的"学具"。它是以学生个体的身心发展为基础,并潜移默化地受学生所处的学习环境的影响,在教师指导和训练下,逐步形成和完善起来的。所以,不能片面地仅把学习方式看作是完成特定学习任务的工具或手段,更不能把学习方式的转型看作如汽车调头般简单的事情。要充分认识学生的个体特征、环境及教师的有效指导对学生学习方式形成与转变的影响,加以有效迁移方可顺利实现学习方式的建立与完善,促进学习能力的形成。

综上而述,我们认为对传统与现代学习方式的研究,如不从普遍性的必然对学习方式变迁的背景、构成思想的情境进行分析和探讨,就去对学习方式品头论足是毫无益处的。如美国学者斯蒂文·贝斯特理性所说,"反思不能只限于所见到的那些概念或陈述,还应包括使这些概念或陈述得以诞生的背景。"他从文化现象和知识的地位考察了传统学习方式走向现代学习方式的历史嬗变,指出了时代是奠定学习方式变革的应然性基础;从反对两元对立的角度解释了新旧学习方式的关系与构建;提出了学习方式犹如一个可以随时代迈进多次擦去字迹的黑板,它渗透在过去、现在、未来的时间之中;主张学习方式是一种历时兼共时的建构,这两个视角既相辅相成又各踞一隅,对其的理解与认识需要兼顾连续的历时态和间歇的共时态两方面。因而,对于"学习方式"的看法,不要简单地看待,应有前事是后事之师的辩证观点,应通过对传统学习方式走向现代学习方式的历史重建来把握学习方式的材料意义,而且要整体理解其内在意义才是可取的。

(二)体育学习方式的种类

从理论上讲,把握学习方式的前提之一,是对其科学的性质有一个正确理解与合理设定。人们恰恰在此问题上分歧最大。它分别代表着传统教育与现代教育的不同理解。以往由于我们对其相互的关联重视不够,致使体育新课程虽有新主张和新理论,却难以连接与确立。反思其中缘由,问题的症结还是"思"的超越不深。概括而言,学习方式的本质具有三重规定性,即共约性、工具性和可解释性。三种属性对应着三种基本关系,即"学习方式——教学方式"的关系、"学习方式——社会发展"的关系、"学习方式——人"的关系。以下沿着学习方式的分类,作者将这一框架主体性、应然性、实然性与已然性的"注解——论证""批判——前导""建构——更新"进行批判与诠释,将真理尺度与价值尺度有机统一。

1. 根据学习内容分类

作为一种基础的学习方式,接受学习是一种古老的学习方式,随着人类社会的发展,已积淀成人类学习的本性,成为人类主导的学习方式。由于人类社会早期生产力低下及认识能力不足,其反映的本质是模仿、记忆的内部加工、复制和再现的这一直观的思维方式。正如日本学者佐藤正夫所言,"在启蒙期以前,教学方法专注于死记硬背。教师原封不动地向学生灌输现成的知识,学生机械地背诵书本的方法沿袭下来了。"因而在接受学习中,学习的内容往往是以现成的、定论的形式提供给学生,它不要求学生通过独立的探索去发现知识。如果长期发展下去,接受学习就变成了既缺乏生气又没有热情的刻板程序。接受学习受到以美国哲学家、教育家杜威为代表的新教育的抨击。一时间接受式学习成了"老鼠过街人人喊打"。几乎同时,美国另一位心理学家奥苏贝尔对接受学习展开了探讨,澄清了人们过去的一些模糊认识,如接受学习与发现学习的关系,接受学习与有意义学习的关系,从理论上有力论证了接受学习不一定就等于机械被动的学习,并为有意义的接受学习提供了理论支持和实践指导,也为多种学习的融合奠定了基础。当代教学实践表明,接受学习并没有退出历史舞台,而是以改造的状态和更强的态势与其他学习方式融为一体,共同为学生发展服务。

由奥苏贝尔的研究可知,发现学习是在接受学习的基础上发展起来的一种新型学习方式,学生通过自主探索、实验、思考,在原有知识的基础上建构新的知识。其整合了"知性"与"经验"的关系,能够使学习过程最大限度地展开,为从根本上改变接受式学习的单极方式找到了可行之路,为每个学生富有个性的发展奠定了更为坚实的基础,有利于培养学生创新意识和实践能力,成为21世纪教育与改革中最大的亮点。但如果我们把其视为学习的唯一标准加以过分强调,就会走向绝对,难以把握其给教与学的关系带来的新认识,就会走入唯一的客观主义"认知论"的泥淖。因为,学生的探究与发现是在一定的知识经验基础上进行的,缺乏必要的知识基础就进行探究,易陷入盲目和浪费时间,发现的成果也微乎其微。可见接受学习能使学生在较短时间内获得最多的知识经验的优点是不容否定的。因此,我们不能武断地认定体育(刺激—反应)接受学习就是机械学习或被动学习,这不利于学习的发展,因为人类的认知是由低级走向高级的,二者缺一不可,二者各有利弊,要互为基础,相辅相成。

2. 根据学习形式的品质分类

自主学习是建立在"人是有主观能动性的,能积极地与客观事物相互作用"的认识基础上的,是学习的最高境界。自主学习是指学生个体在教师的引导下,自主确定学习目标、制订学习计划、选择学习方法、监控学习过程、评价学习结果的学习。以弗拉维尔为代表的认知建构主义学派认为,自主学习实际上是元认知监控的学习,是学习者根据自己的学习能力、学习任务的要求,积极主动地调整自己的学习策略和努力程度的过程。他主学习则是建立在"人是被动地、消极地适应客观世界"的认识基础上的。在他主学习中,学生过多地依靠外界的力量,需要别人不断督促,一旦少了外界的管束学习就容易处于放任状态。不过他主学习是迈向自主学习的阶梯,我们不能片面地否定他主学习。

所以,在体育教学中,教师要引导与培养学生对为什么学习、能否学习、学习什么、如何学习等问题有自觉的意识和反思,适时帮助和引导学生自己选择学习内容,由"要我学"变成"我要学"。终身体育特别强调学生体育自主学习的重要性,就是要改变长期以来大多数学生的体育学习属于他主学习的状况,促进全体学生终身体育能力的发展,实现学生自主学习方式的形成。作者对其梳理发现,学生自主学习受以下特征的影响与制约(如图2-2所示):

学习策略与方法	人格特征	学习品德与水平
学习能力	主体素质结构	成就动机
知识结构	智力发展	身体素质

图 2-2 学生自主学习的特点

3. 根据学习的组织分类

合作学习是指学生在小组或团队中为了完成共同的学习任务,有明确的责任分工的互助性学习。合作学习以学习小组为基本的组织形式,体现了体育集体教学的生生互动促进学习的优良特征。教师要在学生相互帮助共同达成教学目标的过程中,促进学生完整的认知行为的同时,把体育新课程提倡的"三维目标"有机整合起来。

独立学习强调的是学生自己思考、自己计划,独自完成学习任务。独立学习是合作学习的基础,两者之间是一种相辅相成、互相促进的关系。假如合作学习中每个成员都有较强的独立学习能力,对每个问题都能提出自己独到的见解,那么这样的合作学习就会在一个很高的平台上运行,这样的合作才是有效的、有意义的。否则,合作学习很可能会流于形式。同理,有效的合作学习也会促使学习者在相互合作、相互学习、互相砥砺中不断加深对问题的认识,久而久之,个人解决问题的能力也会不断提高,最终提高学生独立学习的能力。

所以,教师在体育教学中要将单个练习和综合练习、自主练习和合作练习等有机整合,使学生能够适应不同的学习方式,避免只用一种学习方式而忽视了其他学习能力的培养。

4. 根据学习实质的联系分类

奥苏伯尔的有意义学习理论对我国教育心理学的理论发展和教学改革也产生了重要影响(如表2-1所示)。有意义学习是体育新课程关注的一种学习方式。有意义学习要求学习者原有的认知结构中必须有适当的知识与新知识产生联系。新的内容或知识的观念与学习者认知结构中已有的事物表象,与已经被理解的知识产生联系,那么就会产生有意义学习。如果新知识不能和旧知识产生实质性联系,那么这种学习就是机械的。对此,认知学习理论有一个很重要的方法,即"先行者组织"策略,可以帮助解决新旧知识衔接的问题。如教师在教学篮球课时,针对学生不易理解的内容,可课前运用"先行者组织策略"要求学生提前进行资料准备,通过查询与收集有关材料,帮助学生形成原有知识和新知识的联系。这也恰同我们传统教学的课前"预习",遗憾的是我们没有对此办法形成明确实施的意图与具体的教学操作步骤与策略,导致其仅仅成为教学程序的机械运行,没有带来更多的教学效果。

表 2-1 奥苏伯尔的学习分类理论

学习的种类	接受学习	发现学习
有意义学习	有意义接受学习	有意义发现学习
机械学习	机械接受学习	机械发现学习

奥苏伯尔学习理论的意义不仅在于他主张有意义接受学习,构建了课堂学习的四种类型。更重要的是他指出了如何建立学习者良好的认知结构与特征,使我们理解了产生有意义学习必须具备三个条件:第一,在学习者的认知结构中,是否有吸收并固着新观念的上位观念;第二,在学习者的认知结构中,起固着作用的观念是否清晰;第三,在学习者的认知结构中,起固着作用的观念是否巩固。奥苏伯尔的学习分类理论,对教师教学目标决策至少有三方面的意义:一是教师在确定目标时应考虑如何帮助学习者进行有意义学习而不是机械学习;二是根据不同学习类型的关系确定教学目标的层次;三是根据影响学习的认知结构的三个特征,选择有助于学习者形成良好认知结构的教学目标。

5.根据学生对所学内容的感受程度分类

体育的课堂学习大多是间接学习体育知识与技能,在短时间内要学习大量的知识和技能,其学习过程是以模仿性和反复练习为特征。由于体育学习属于逆向建构,学习者的高峰体验必须在技能熟练应用的基础上才能感受、理解体育,发现体育与自我的关联而生成情感反应,并由此产生丰富的联想和深刻的领悟。由于反复练习是体育技能学习的必经之路,这些单调、乏味、艰苦、不断重复的技能练习易使学习者身心疲惫,继而产生厌烦的情绪影响学习活动。因此,在体育教学设计中,教师要灵活运用多种教学模式与同质的学习方法以克服这一不足。如挖掘教材内容的情趣美,实施快乐体育学习;在教学组织形式上,采用"低起点、小步子、多形式、快反馈"的形式;在教学方法上,巧用降低难度法、层次学习法、游戏法、趣味练习法等不断变化的方法吸引学生的注意力,从易到难,层层推进完成身体练习,改变部分教材学习的枯燥性,从而使学生在兴趣盎然的练习中体验学习,提高教学质量。

上述对学习方式不同维度进行的区分,可以帮助我们发现,它们之间存在着相互关联、相互渗透、彼此融合的关系,启示我们应当用一种全新的思维对待学习方式,要用"关系性思维"将任何一种学习方式看成是"学习方式群"或"学习方式体系"中的一种,而不是孤立地认识它们。这样,我们就会有一种整体的、深刻的教学思路。如将"接受学习和发现学习"与"有意义学习和机械学习"组合时,便会得到有意义接受学习、有意义发现学习、机械接受学习、机械发现学习;将"有意义学习和机械学习"与"合作学习和独立学习"组合,便会得到有意义合作学习、有意义独立学习、机械合作学习、机械独立学习;将"合作学习和独立学习"与"间接学习和体验学习"组合,能得到合作式间接学习、合作式体验学习、独立式间接学习、独立式体验学习。这样的组合能使我们全方位、立体地对某一种学习方式有全新的认识,有利于我们更好地运用学习范式推进体育新课程的实施。

(三)体育学习方式的设计应用

研究表明,教师教的方式决定学生学的方式。例如,教师采用"满堂灌"的教学方式,学生接受知识的方式就必然是被动的、机械的。另外,学的方式也影响教的方式。为了达到预期的学习效果,教师必须把教的方式与学生学的方式相匹配。国外学者在讨论学习方式与教学方式的关系时指出,教师的教学方式并不是要完全依据学生的表现来教学,而是要在教学方法与学习类型之间争取某种平衡。平衡状态便是教学在某种程度上以学生偏爱的方式进行,教师应该识别并帮助学生客观地认识自己所偏好的学习方式。对于学习方式不同的学生,教师应均衡地实施匹配策略,以使每一类学生都有机会按自己偏爱的方式接受教学的影响,避免只对一种学生实施过度的匹配而忽视其他学生的需要。为此,体育学习方式的构建要实现下列三个方面的转变:一是学习方式上,从接受式学习向以自主体验、互助交往为主要特征的学习转变;二是教学方式上,从以规范动作的讲解示范为主要形式的直接呈现向以学生体验、感悟为主要形式的间接呈现方式转变;三是师生互动方式上,由传统的教师教、学生学的单向传递活动转变为师生双方相互交流,相互沟通,教学相长,共同发展。

1. 创建有利于学习方式转变的教学结构

这种设计突破传统以教为主的体系,它建立以学生学习和发展为中心的新体系。它不仅传授知识与技能,还善于把实践、体验、自主探究等教学方式结合起来,重视挖掘创设学生"学中做""做中学"的途径与方法,把学习的过程还给学生,把教学过程变成学生学会学习、主动建构知识的过程,从根本上实现学生学习方式的转变(如图2-3所示)。如领会式教学模式,在快速跑学习中,教师首先让学生带着问题练习,然后提出为什么有的同学跑得快,有的同学跑得慢,让同学们进行总结。紧接着让同学们再练习,再总结,在做中不断改进与提高,完成学习目标,从而激发学生主动学习的积极性,提高学习效率。

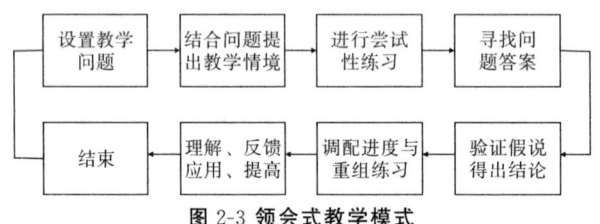

图 2-3 领会式教学模式

2. 引导教学方式和学习方式变革

这种设计通过设置多样化的学习过程和练习方法,以连续不断的排列与衔接层层促进学习驱动力,激发学生学习的主动性和学习兴趣。

3. 激发学生自主学习

好的学习情境设计,具有吸引学生主动学习的"磁力",促进学生形成学习策略的体验,进而做到学会学习。借用学生先前的认知结构进行迁移,对促进技能建构有着积极的意义。老师教一种动作组合,要求每组学生思考总结,创编出新的组合,交流展示。上述练习设计的结构特点,体现了教学情境服务于以学生为主体的教学活动功能,让学生经历知识的产生、发展及运用过程,使得有意义接受学习、探究学习、合作学习等方式得以有机结合,有效促进与改变传统教学单一接受的学习方式。

4.促进学习方式的变革

耐力跑是学生比较厌烦的一项练习。作为体育教师,采用何种练习手段来调动学生的练习兴趣和积极性,是颇费神思的。例如,采用"蛇尾追蛇头""两蛇相争""火车挂箱""分段接力"等教学设计就可以较好地解决此问题,促进学生学习方式的变革。以下教材拓展的程序与方法有助于实现学习途径多样化、问题设计开放化、练习内容生活化(如图2-4所示)。

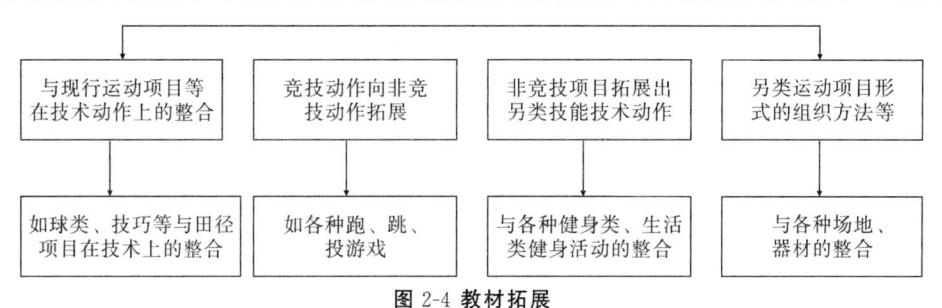

```
┌─────────────┬─────────────┬─────────────┬─────────────┐
│与现行运动项目等│竞技动作向非竞│非竞技项目拓展出│另类运动项目形│
│在技术动作上的整合│技动作拓展  │另类技能技术动作│式的组织方法等│
└──────┬──────┴──────┬──────┴──────┬──────┴──────┬──────┘
       │             │             │             │
┌──────┴──────┬──────┴──────┬──────┴──────┬──────┴──────┐
│如球类、技巧等与田径│如各种跑、跳、│与各种健身类、生活│与各种场地、│
│项目在技术上的整合│投游戏      │类健身活动的整合│器材的整合  │
└─────────────┴─────────────┴─────────────┴─────────────┘
```

图2-4 教材拓展

综上所述,学习方式的变革是体育基础教育课程改革的重点所在。学习方式包含着策略方法的技术性和情感态度的精神性两个层面,有着丰富的内涵。

5.体育学习方式的应用

第一阶段,体育的特点是习得性、重练习、重形态、重经验,初始学习易枯燥。围绕这一特点,该阶段体育教学的方法与手段要为学生提供多样化的练习,从多角度、多方式改变单一的学习模式,多方面、多层次营造学习环境,激发学生运动兴趣,促进学习能力的形成。教师要让不同练习的刺激性与新颖性使学生遗忘学习过程中的枯燥性,为促进体育认知和情感的培养等奠定基础。现在我们在体育学习中常常只强调学生完成体育学习的任务,而很少追问学生的情感反应,是不会获得成功的。

第二阶段,《论语·学而》中说:"学而时习之,不亦说乎!"这不仅指出了学习过程中知与行的统一,更强调了由此所获得的愉悦的情感体验。为此,该阶段体育教学的组织形式应重视挖掘学习内容的情趣美和教学组织过程的快乐享受,努力利用教学资源启发学生对学习快乐的理解,促进和激发学生体验运动的乐趣和成功进步的感觉。在教学中我们要落实"个性学习"的教育思想,建立自由学习的度,释放自主学习的力量,着眼于形成"知识传递"的教学环境,关注学习者"潜能"的存在,支持基于学习者自身意义发现而展开的"选项"教学、分层教学等。

第三阶段,体育学习方式需要重视依靠情感整体协同机制的支持、运用、培育,尽量制造有助于大脑支持体育习惯形成的条件,以帮助学生养成终身体育意识和积极的人生态度。如帮助学生理解"健康工作五十年,幸福生活一辈子"的含义;如提供"学习意义"的体验,复现知识多维面孔,让学生"享有"懂、会、乐的全过程。促进学生天生运动本能地生长,学生爱学,教学才有意义。为此,该阶段体育教学的模式应"授人以渔",采取扩充和补救等教学措施,使教学方式适应学生学习的个别差异,帮助学生学会学习,教会学生在课外享受运动,体验运动快乐。实践证明,没有养成运动习惯,就不会产生对体育的热爱。

目前正在进行的体育新课程改革将促进学生学习方式的变革作为教学改革的重中之重,力图以学生学习方式的变革为着眼点,发起一场教学领域彻底而深刻的变革,最终促成学生学习方式的变革,使学生得以健康地发展。同时这也深刻地反映了现代教学论研究思维方式的转变。因此,作为一名体育教师,不应囿于传统的圈子故步自封,而应借着体育新课程改革的契机,转变自己的研究思路,研究学生学习方式变革的背景、特征,并以此为基点对教学价值观、教学功能观、教学关系及教学方式等诸多方面的建构进行探讨,以便更好地帮助、引导学生,实现学生学习方式的真正变革。

四、传统与现代体育教学方式

作者经文献检索、资料查询后发现,多年来我国学者没有对"教学方式"的研究,只有拓展性的话语"实现教学方式和学习方式的转变"。这一缺失阻碍了对"教学方式"科学性的完整认识,导致我们只能从一些只言片语来把握它的存在,难以从它的理论发展和实践逻辑为教学活动提供指导。日常用语"方式"是指说话做事所采取的方法和形式,只要约定俗成就可以了,但"教学方式"作为教育教学专业的一个科学概念,必须要有明确的内涵与外延方可指导我们的教学活动。科学和哲学告诉我们,任何一门学科,都必须存在已然、应然、实然三个递进的学说才是完善的。因此,教学方式不再是一个可有可无的范畴,必须对其区分考察,厘清它的准确内涵与理论形态,才可为课堂教学提供完备的理论支撑。

(一)体育教学方式的构成与实施

1. 教学方式解析

一般说来,涉及定义的方法问题,常采用"种概念+属差"的方法。首先要确定它的上位概念(种概念),其所属的概念系统;其次,要明确它的内涵,即这个事物区别于同一系统中其他事物的属性(属差);最后,划定其外延,即包含哪些具体的东西。其中,如何揭示概念的内涵是关键所在。作者依据这一思路尝试对教学方式给出以下解释与定义。

第一,作者认为,教学方式首先是一种价值观。它可以唤起某种预期,传递一种信息,如果以某种方式做出反应,就可以得到某种效果。它是教师对教学活动认识的客观表现,隐含折射着一种教育理念。如具有现代教育价值观的教师就会采用"以学为主"的教学方法和形式。反之,如具有传统教育价值观的教师就会采用"以教为主"的教学方法和形式。第二,教学方式是选择教学方法与手段的形式表述与细化,是衡量教与学要素、功能和关系的尺度。其上位承接理念的归属与界定,下位对接实践应用的效力与实现。第三,教学方式是教育的基本活动形式。它支配着教师怎样教,对教师的教学行为具有引导作用,是教师依据自己所追求的目标,以及教学的实际状况,对教学形态选择与运用、重组或再造的认知。在一定程度上,上述概括说明了教学方式含有三种属性关系,突出了教学方式存在着两个特点:一是,教学方式具有指向性和集中性,可以鉴别教学行为、方法的选择。二是,支配着教师怎样教的取向,对教师的教学行为具有引导作用。

研究认为,教学方式属中位教学观,介于教育理念与教学策略之间,与教学模式一样同属于中位教学观,但教学方式与教学模式是有实质区别的。教学模式是从策略上支配着教师怎样教的取向,对教师的教学组织与方法具有指导作用。教学方式则是从教学指向和形式上引导着教师怎样教的设计,对教师的教学行为具有导向作用。诚然,两者都对教师的教学行为发生作用,存在着千丝万缕的联系与具体行为的重叠、交叉,均可属于中位教学观念的范畴,可视为一体,但在逻辑上却是一体两面。教学方式是立足于指向上引导教学,教学模式则具体于实践应用上构建教学。为此,教学方式的外延是一个很宽泛的概念,它是反映一定教育理念在教学上的表现形式与作用方式。而教学模式的外延却没有那么宽泛,它本身的设置或选择受教学模式指导思想的规范与制约。

据此,我们认为教学方式的内容构成是可以明确的,它既是一定教育理念的表现形式与作用方式,又是编织教与学关系的理性认识,可为教师将教与学的策略运用到具体教与学活动中提供选择性指向。因此我们可给出如下的定义:教学方式是在一定的价值观指引下,有目的、有计划地对教学形态进行作用的理性认识。它以教学形态为落脚点,以学习理论、教学理论和教育传播学理论为基础,为教师把教与学的策略选择运用到具体教与学活动中提供行为性指向。简言之,教学方式的定义回答了在教学设计之前"我要带领学生去哪里的问题",对教学过程、方法或技术的选择具有导教、导学的制约作用。依据教学方式的属性与含义,我们认为教学方式的功能不仅大大地影响着教学效率,也深深地左右着教育者行为的发生与改变,并制约着教学活动的组织与教学行为的产生,可为教学活动提供预期的决策。

教学实践表明,一个完整的教学过程应包括课前、课中和课后三个阶段。教学方式的任务应为教学前确定教与学的形式、选择教学媒介、组织协作活动、形成教学形态、达成课程目标提供决策。即为教师将教与学的策略运用到具体教与学活动中,提供理性和直觉思维的认知图式分析。为此,教学方式的应用体现了三个准则:一是有价值规定性。它蕴含有规定性的教学判断,能反映出一定教育理念的倾向、主张、态度等系统观点的取向。二是有原理性。能为消除教与学设计的矛盾性、预期教学设计方案的假设提供理论解释。三是有逻辑性。这是指它具有组织要素的属性,能明确教师将做些什么、学生做些什么,可为教学活动组织形式的建立提供预期决策。

2. 体育教学方式的构成

由于教学方式是一个广泛使用但含义又不明确的教育教学用语,作者将先对体育教学方式构成的内涵与外延进行梳理分析,接着分别概括教学方式的宏观水平与微观水平的构建与实施,最后以具体的教学案例加以说明,以促进对教学方式的理解与把握。

体育"教学方式"是一种具体化的理性认识活动,是联结教学设计的一座桥梁,可为理解教学、设计教学和加工教学提供实践指南。研究表明,教育理念属于上位概念,教学方式属于中位概念,教学设计属于下位概念。教学方式本身并不研究教学的本质、规律、方法与手段,它只是引导教育理念,为教师的教学设计提供具体的意向性选择。系统论指出,世界上一切事物、现象和过程都是由不同元素的层次构成的。按照这种观点,我们认为教学方式是个体认知的表达,可由低到高区分为三个层次与三个成分。其一,教学方式是一种内部认知的准备状态,它可使某些行为的出现成为可能。例如,一位具备现代教育理念的教师,在一般情况下总能够以学生为主体进行教学设计。同样一位学习态度认真的学生总会认真按时完成作业。其二,教学方式的形成不是先天的,而是通过与环境的相互作用而形成改变的。其三,教学方式的形成受个体自我意识的组织与监控,包含认识、情感、意志三种成分与顺从、认同和内化的社会模式。

依据皮亚杰的同化理论,"主体对客体的认识程度完全取决于主体具有什么样的认知结构。"我们认为,教学方式受个体自我意识的组织与监控可包含三种成分。一是认识成分。教师对现代教育理念的认知度决定着他的教学方式的偏向。二是情感成分。教师对教学方式认知体验的成功,可强化其对该教学方式选择的自爱、自尊和自豪感等。三是意志成分。成就感的产生,可激励教师对该教学方式进行自我检查、自我监督和自我追求的整体性概括,形成牢固的行为模式。因此,教学方式的发展存在着个体从客观自我意识向主观自我意识的过渡,从他律向自律的过渡,从无性意识向有性意识的过渡。它不但能影响个体对自我的调控,还可以对同一群体的发展产生顺从、认同和内化的社会模式或榜样。这一命题应引起我们的关注。教学方式伴随着相应的教学理解,教学实践活动及其结果是教师主体观意向对教学方式的投射。对其的理解有助于促进发展,能够帮助每位教师在普通教学条件下提高教学水平。

3. 体育教学方式的实施

由此可见,教学方式是一种有计划、有目的的理性认识,是一种目标导向的系列活动。在实施教学方式之前,教师需进行必要的准备,即确定教学意向,选择教学方式,找到实施教学活动的思路与目标。诚如教育家杜威的观点,知识不仅包括"知什么",而且包括"知如何",不仅包括客观事物属性与联系所反映的认识结果,而且还包括知道怎样去操作和行动。教学方式的研究不仅包含理论的启蒙,也应有实践的行动,只有把教学方式的研究与教学实践结合起来才是完美的教学方式。因此,我们应科学地概括教学方式的实施与运用,以助广大教师深入理解,建立既深入实际又可超越其上的教学计划,分析教学方式适配的内外条件、组织层次、建构模式等,帮助教师深刻理解教学方式实施的基本思路。

首先,是体育教学方式实施的路向。根据系统论和分类学两者在知识学习方面的具体规律,对其概括、组织,可以抽象出更具体的类型,促进教学方式的自我解释。基于此,赖格卢斯提出了行为主体、行为动作、行为条件和行为程度的分析因素。教学方式的实施可分为两种模式：一是"目的—目标计划"模式；二是"目标—手段计划"模式。第一种模式的组织思路，是从目的到目标的取向。按照目的与目标之间是一般与特殊、普遍要求与具体结果的关系，来表明教学方式这种行为在一定的框架内所要达到的程度。以"教学总目标、课程目标、单元目标、课的目标"为水平描述，依据教育理念或理论进行阶梯式的探寻，选择与之相匹配的教学方式，推进教学形态的展开（如图 2-5 所示）。由于该模式从关注课程外在方案的进行到注重教学方式实施的情景，试图通过指明在何种情景下以何种方式来描述教育方式的选择，教学方式的产生是"文本"与解释者之间通过对话创造出来的，这样可使教学方式更贴近目标，但对设置者提出了较高的要求。因此，对这一模式的运用要求理论结合实践，适合对现代教育理念具有整体概括能力的教师。第二种模式的组织思路则不同，是从行为目标的形式到策略技术的取向。按照从具体到抽象，从个别到一般，它先把宽泛的目的一步一步分解为具体目标，然后根据教育理念或理论的解说，选择合适的教学行为。以教育理念、教学目标、教学方式、教学行为、教学组织为水平描述，引导教学方式展开（如图 2-6 所示）。因此，这一模式的运用体现了更加具体的教学行为，适合对现代教育理念尚不具备整体概括能力的教师。不足之处是，由于一系列的设计没有经过理论处理，教学方式难以确定范围，不能保证教学形态的设计符合教学结果的预测。

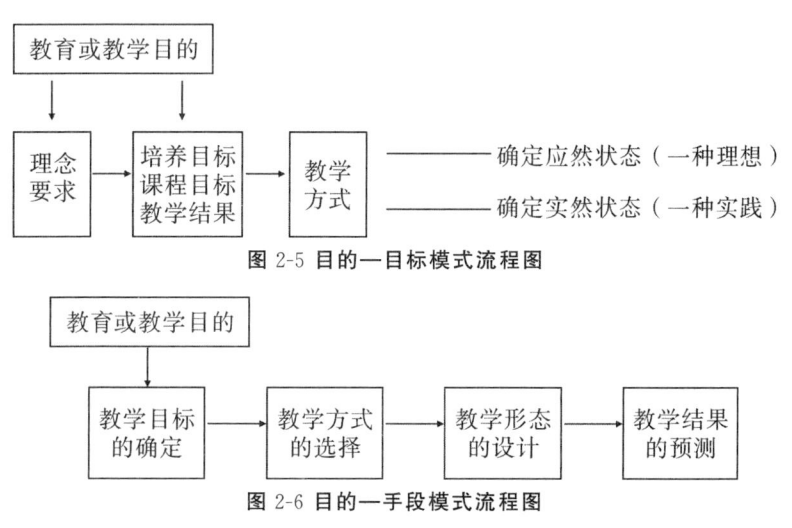

图 2-5 目的—目标模式流程图

图 2-6 目的—手段模式流程图

其次，是体育教学方式的实施策略。教学方式作为一种意向活动，尽管前面在理论逻辑上对其进行了一定程度的宏观阐释，但如果没有微观实践条件的帮助和支持也难以获得成功。由此而知，教学方式是关注教学设计在宏观水平上对教学内容的范围、组织和排序的预期决策，可为我们在教学前对教学结果的假设提供解释情境和行为导引，对教师备课时的认知控制有积极的效应。掌握这些原理后，可显著促进教师教学设计水平的提高。教学方式的揭示不是让老师成为一种机械的人，而是让教师成为有足够余地施展才华和个性的人。为此，对其驻足与讨论的目的是帮助教师进一步考察并加深对课堂教学的认识，解释和预测课堂教学现象及其发展,拓宽我们思考的视野,启蒙孕育教学方式的新视域、新行为来指导实践,便于我们把体育课堂教学认识得更为透彻,把体育教学理解得更加彻底。

(二)传统体育教学方式的讨论与特点

1.传统体育教学方式的讨论

所谓传统体育教学论,是指20世纪50年代以来以凯洛夫为代表的苏联教学论在中国建构的基本理论框架。中华人民共和国成立后,我国教育理论"一穷二白",我们不得不囫囵吞枣地接受苏联的示范模式发展自己的教学理论。受其影响和制约,我们以"实践—认识—实践"的唯物主义认识论为论纲,以行为主义为教学理论,以三个中心为教学主导,机械套用泰勒原理。学校应达到什么教育目标?要提供什么经验以便达到这些目标?如何有效地总结这些教育经验?我们如何确定这些目标是否达到?在教学中强调形式化,着眼于严密的逻辑,重视形式演绎系统,忽视了人文精神;沉迷于"授—受"的狭隘认识,滞后于"为什么教""教什么"和"怎么教"的设计,忽视了学的关系存在。其结果是,我们未能摆脱"知性制式""先验预设""学理至上"的理论范式,而是"纠缠"其中,以致几十年未能走出"应试教育——以知识积累为导向"的模式,形成了"以教育化人为特点"的教学模式。

2.传统体育教学方式的特点

从哲学立论审视,传统教学论是一种旧唯物主义认识论,沿袭套用了"实践——认识——实践"的公式,在实践中执行的是逻辑经验主义。这种思维使得教学理论在应用过程中出现取其"形"而舍其"义",陷入形而上学与形式主义的泥淖。德国文学家恩斯特·卡西尔指出,"如果没有把握它的核心实质和本真形式的意愿或能力,充其量不过是从表面借取一些个别因素,那么这些因素不可能转化成真正的能力或动力。"这一批判命题指出,传统教学方式思考的不是人的发展,而是强调学科体系的形式化。从概念出发,着眼于逻辑上的严密,重视形式演绎和系统推理,遗忘了教学方式是为了人的发展。因此,长期以来,在教学方式的研究中存在着机械唯物论研究方法的影响,具体表现在:一是将教与学、师与生、主与导、知与行、文与道等二元对立,往往强调一面排斥另一面;二是将教学看作一个孤立的静止的线性系统,是所有属性与要素的不同组合;三是盲目寻求"上所施下所效"的教学真理。

传统体育教学方式有以下几个特点:首先,把教学方式理解为"教师为中心、教材为中心、课堂为中心"。传统的体育教学方式所对应的教学目标是对知识完整的累积和储存。它并不关注学生学习方式、学习能力、学习品质及习惯的改善和提高,即只关注"学什么",而忽视"养成什么"。这也就意味着,教师的教学方式就是把握教学实施进度的方式。因此,在传统体育教学中,最常听到的一句话是"老师怎么教,你就怎么学","教学方式"被理解为传递知识文本的控制方式。传统的体育教学方式遗忘了教学方式表现着人发展的可持续指向,更验证了教师是传统还是现代教学思想的持有者。其次,传统教学方式把学看成教的"应答"关系。传统教学方式将学定位于教,教师是既定方式的阐述者和传递者,学生是既定方式的接受者和吸收者。教学就是教师负责教,学生负责复制教师讲授的内容的单向"培养"活动,将教学方式刻板化为单纯的传授和接受。传统教学方式的职能是系统地传授知识,规定的任务是接受、领会和牢固地记住教师所传授的知识。教学方式成为一种主动传授与被动接受、控制与服从的不平等关系。把学看作是依附于教的"应答性"行为,而较少从学入手研究学生学的特点与规律,以便使教更好地服务于学,加强教与学的联系,遗忘了教学方式的本质以及学生在学习活动中的主体地位。最后,这形成了重结果轻过程的教学。传统体育教学重结果轻过程,以反复操练和精雕细刻为主要方法,把体育知识形成的生动过程变成了单调刻板的技能传授,致使教学方式太机械、沉闷和程式化,缺乏生气、乐趣和对好奇心的刺激。这样的教学方式重视的是学生学会了什么,强调的是接受知识、积累知识,注重教学效率。这样的教学方式虽然有利于学生按计划完成学习任务,但难以培养学生对运动的热爱,容易抑制学习体育的主动性发展,导致学生只能以模仿和机械记忆的方式进行学习。

(三)现代体育教学方式的讨论与特点

1. 现代体育教学方式的讨论

现代体育教学方式以"教师主导、学生主体"的关系进行教学活动。它组织开发"为学习而设计""为理解而教"与"最近发展区"的教学活动,促进学生学习内隐情感的生发和外显技能的融合。它以知情意行为导向,创立有效的体育教学模式。如快乐体育教学模式,强调激发主动性、强化感受性,着眼发展性,渗透快乐性和贯彻情感性。如成功体育教学模式,利用低起点、小步子、多成功、快反馈等,实现三个方面的转变。首先,正确认识和发挥教师主导作用,注重引导全体学生全面发展与主动发展;充分发挥学生学习的主体性,激发、维持并强化学生学习的主动性、积极性和创造性,让其享受学习成功的喜悦;发扬教学民主,处理好师生关系,促进师生和生生间的沟通、接触与相互作用。其次,引发和培养学生主体意识,促使他们自觉投入学习,主动开展学习活动,在不断进步的活动中获得充分发展。最后,依据马克思关于人的活动与环境相一致的理论,借鉴现代心理学的研究成果,构建"选项教学""分层施教""情感驱动""合作对话""意义建构"等教学方式,将知识的系统性、活动性、审美性与愉悦性融为一体,克服传统体育教学方式重讲、重练、无情境的缺陷,凸显现代体育教学方式不仅重视客观目标的实现,而且也重视潜在的、主观的心理教学效果。

体育教学力求产生四个方面的体验:一是充分的运动,在生理上获得快感;二是学到新知识,明白新道理;三是技术上有所提高,收获成功的体验;四是在运动中与同伴相处和睦、愉快。由此更好地实现体育教学的价值。讨论的目标包含以下几个方面:

首先,教学方式是实现学生学会学习的有效途径。现代教学方式不只是传递"文本课程"——课程计划、课程标准和教科书的知识,还是体验课程——感受、领悟、思考课程的作用方式。它实现了知识传授与学会学习的统一,遵循课程标准变革的"为学习而设计"的理念,践行学生"学会学习"的目标取向,转变传统教学单纯满足知识的传递与价值观的接受,回到以学生主体健全发展为旨归的价值取向。

其次,教学方式是师生交往、积极互动、共同发展的过程。"体育新课标"强调,教学是教师的教与学生的学的统一。为此,教学方式要创设师生、生生交往的互动,情感体验与知识分享的共同发展过程,构建以探究、合作为基本特征的"体育学习共同体",共享、共创师生、生生互动,全面健康发展的教学方式。

再次,教学方式重结果更重过程。教学方式是为了达到教学目的,所以必须重结果。同时,基于学生学习存在的客观差异,以及同一个学生在不同方面也存在差异的事实,为此,"新课程标准"强调重结果更重过程的教学。在向体育教学要求结果的同时充分尊重学生客观存在的差异,因材施教,实施多层次、多组合的选项学习、自主学习。在教学方式上力求做到整体推进与个别学习相结合,既要有对个别资优学生创设高于同级目标的教学方式,又要有对学习困难者的特别指导。现代教学方式努力改变传统教学统一进度、统一负荷、统一标准、统一要求的不足,使每个学生都能各得其所、各展其长。

最后,教学方式要着眼于学生成长,"一切为了每个学生的发展"是体育新课程标准的核心理念。教学方式既要重视学生认知领域水平的提高,又要重视学生在情意领域的发展。教学方式的选用要发展学生特长,扬长带短,促进学生发展,减轻学生担心失败的心理负担,让学生获得成功的体验,获得学习乐趣,变厌学为乐学,使学生热爱体育,终身体育。

2. 现代体育教学方式的特点

第一,科学化特征。它提倡向科学要质量,向方法要效益。第二,教育化特征。它更加重视教学活动中"育"的因素,从而使"教学"演化为"教育"。第三,心理化特征。它更加注重培养以健全人格为核心的心理素质,使体育活动进入学生的内心世界。第四,社会化特征。体育教学内容与方法要全方位体现出学校体育既是体育又是文化,既是锻炼又是娱乐,既是运动又是教育,既能参与又能观赏的社会文化特征。第五,人文化特征。它让学生理解体育是人类文化的载体、文明进步的阶梯、触摸社会的舞台,通过体育学习发现人在文化和文明中人的自觉意识,使学生认识到体育能使人树立信心,重塑人的价值。第六,终身化特征。它教育学生关怀生命、保护生命,要将体育贯穿人的一生,提高人的健康水平,为人的生命健康服务。

3. 体育教学方式的发展

现代体育教学方式的发展要拓宽教学空间,追求整体效益,缩短教育者与受教育者的心理距离,缩短教学内容与学习者的需求距离。现代体育教学方式有以下发展趋势:第一,教学对象——发展人的概念,教育的核心是教做人。第二,教学目的——唤醒健康意识,弘扬体育精神。第三,教学模式——追求多元,把握目的,满足需求。第四,教学内容——拓展运动外延,充实健康空间。第五,教学过程——突破模仿,指导创新,重在参与。第六,教学方法——尊重差异,启发内化,和谐愉悦。基于这一视域,现代体育教学方式要在以下几个方面进行转变:第一,从单纯为教学服务到为学生成长与发展服务的转变。第二,从人为的教育到为人的教育的转变。第三,从重结果到重过程的转变。第四,从重"三基"到重全面发展的转变。第五,从与感情无关到与感情相关的转变。第六,从教学的统一性到"三自"多样性的转变。第七,沟通"课堂"和"生活"两个世界,催化体育教学向生活乐趣转变。

4. 新旧体育教学方式的思辨

揭示传统的体育教学方式,本质上是对传统教学认识观的再认识。教学活动是一种特殊技能的认识过程,教学方式的任务就是捕捉自然世界的生物本质和真理的认识过程。历史表明,我们在教学方式的使用与选择中有一个缺陷,只关注如何学习知识学得更快、更多,而对"为什么教学"和"怎样教学"这样一个目的论、价值论问题并不关心。教学指导思想如果仅停留在物质和有形的层面来理解,体育教学只重视形而下的东西,而看不到形而上的东西,这样的教学无疑是走不远的。

为此,从教学论的高度看,体育教学方式要牢牢把握两个维度:一是打好技术基础的维度;二是发展文化的维度。当前我们只关注打好技术基础的维度是不够的。因为,人类社会之所以需要体育活动,不仅是因为社会个体要受到先天不可抗拒的同化和异化规律制约,也因为人类需要活动以促进健康。另外,人类个体的文化意识不是先天遗传,而是后天习得的结果。人的这种反应特性,决定了人需要选择一种特殊的传递形式——体育。这就决定了体育教学方式既具有指向个体生命结构与功能存在的属性,也有"人化"的养育职能。为使这条"规律"永不停息地起作用,体育教学不能没有促进人类"人化"的发展功能。

康德从哲学的高度把教育分为两种:自然的教育和实践的教育。"自然的教育"视人为自然存在物,教人保养和训练,使人按自然规律生长发育;与此不同,"实践的教育"把人作为理性存在物,旨在教人遵循理性的法则即道德规范,促使人从自由王国走向必然王国。这一命题表明体育教学不能单纯关注学科自然状态,要从自然中走出来。如果仅仅立足于本学科内的认识来促进社会发展,还远远不够深入。体育要为促进社会进步做贡献,除了发挥本身作用外,还要有文化演变的自觉,扩大自己的教育领域,帮助社会实现与人的对话,对人的培养。

因此,当我们以"生命生活观"审视体育教学方式的时候,教学方式就不再是那种简单意义上的、没有人的生成与生命意义的、抽象的教学方式,而是一种人的生命得以展开、生命领会与精神自觉的生成过程。"体育新课程标准"倡导把教学方式指向于"现实的生活世界",在精神实质上与人的可持续发展理念是统一的。因此,我们应促进传统教学方式向现代教学方式转变,改变传统教学方式中学生被动记忆、重复练习的程序,走以对话、互动、合作和共同成长为核心的全新教学方式,在所有的教学之中,进行最广义的"对话"。不管哪一种教学方式占支配地位,这种相互作用的对话都是优秀教学的本质标识。

从上述对教学方式的分析讨论可知,传统体育教学方式给我们带来一个误区,那就是把技能标准作为唯一评判体育教学发展的依据。其结果是体育教学没有给人带来拓展文化理解的启示,这一命题使我们认识教学方式的转变对于体育新课程意义重大。因此,体育教学方式变革究竟是什么,它有什么特征,具有哪些类型,受到哪些因素影响,在当代发展的趋势如何等,值得我们进一步辨析与讨论。

第三章 体育教学工作组织与管理的基本理论

良好的体育教学工作的组织与管理是体育教学质量的重要保证,也是对体育教师的能力要求。体育教学工作的组织与管理涉及多方面内容,各方面都应得到妥善的处理。

第一节 体育教学组织与管理概述

一、学校体育组织与管理的基本原理

学校体育组织与管理的基本原理有多种,如人本原理、系统原理、责任原理、动态原理等。充分认识这些原理对体育教学组织与管理具有重要的促进作用。

(一)人本原理

1.人本原理概述

人本原理注重人的积极性的调动,在体育教学组织与管理中,应注重以人为本。它要求在管理过程中,注重人的各方面需要的满足,促进人的全面发展。

高校体育教学改革要充分体现人本主义观念,即以人为本,要对每一个学生的需求都表示足够的尊重,要对学生的兴趣和动机选择给予充分满足,并实施分层教学,具体要以学生运动技术能力的个体差异为依据进行,鼓励学生坚持学习自己感兴趣的体育课程,对学生的体育潜能不断挖掘,从而不断实现更高的体育教学目标。

在管理系统中,人是管理活动的核心,各种管理手段的运用最终会作用于人,通过人来发挥其相应的作用。因此,在体育教学中,应注重人的能动性的发挥。

2.人本原理在学校体育教学组织与管理中的应用

在学校体育教学组织与管理系统中,人本管理原理的应用就是研究和解决如何体现以人为本的思想,使人性得到最完善的发展的问题。具体来说,人本原理在学校体育教学组织与管理中的应用主要通过以下管理原则表现出来:

(1)行为原则

行为是人们思想、感情、动机、思维能力等因素的综合反映和外在表现。意识是人们的内在行为,动作是人们的外在行为。人的动机支配着人的行为,而人的需要又决定着人的动机。行为原则,就是对人的需要与动机进行了解,以人的行为规律为根据来进行管理。我们要对行为原则进行贯彻,就必须对人的心理反应进行了解,使人的动机得到激发,以便人的

心理适应性得到提高。

(2)动力原则

在体育教学组织与管理中,应运用各种动力,激发学生进行体育的学习。动力有很多种,包括精神上的和物质上的。物质方面的动力,最常见的就是奖学金,通过发放奖学金来激励学生进行学习;精神动力则是指运用精神的力量来激发人的积极性,保持对学生的尊重和关心,帮助其树立远大的理想等。

(二)系统原理

1.系统原理概述

系统原理的重要理论基础是整体效应观点。所谓的系统原理就是通过对系统理论的运用,细致地系统分析管理对象,从而使现代科学管理的优化目标得以实现。因为新的有机整体的形成是系统各要素合理排列组合的结果,伴随着新整体的构成,新的功能、特性和行为等得以出现,即具备了各要素在孤立状态下所没有的性质,产生了放大的功能,即产生了"1+1>2"的效果,因此系统的整体功能之和可以大于各要素在孤立状态之和,且功能的放大程度与系统的规模成正比,即系统规模越大,结构越复杂,系统功能就可能越大。

2.系统原理在学校体育教学组织与管理中的应用

系统原理要求管理者在学校体育教学组织与管理中必须遵循以下管理原则,以促进学校体育教学组织与管理工作的顺利、高效完成。

(1)"整——分——合"原则

"整——分——合"原则可以简单地概括为整体把握、科学分解、组织综合。遵循"整——分——合"原则要求管理者做到以下几点:

第一,要树立整体观点。扩大整体效应,实现整体目标是最终目的,但其大前提是整体观点。

第二,正确分解,要明确分解的对象。分解是对管理工作的分解,分解要围绕着目标进行。管理功能要求人、财、物等要素统一,因此必须抓住分解这一关键。

第三,重视分工与协作。分工是非常重要的,还必须进行强有力的组织管理,使各环节同步协调,有计划按比例地综合平衡,既分工又协作才能提高功效。分工要搞好,协作也要搞好,这是对"整——分——合"原则进行贯彻的要求。

(2)相对封闭原则

相对封闭原则是指任何一个系统内的管理手段必须形成一个由连续的相对封闭的回路构成的完整的管理系统,才能形成有效的管理运动。一般来说,管理系统存在着两大基本方面的关系,一是本系统内部各要素之间的关系,二是它与外部相关系统之间的关系。学校体育教学组织与管理系统要在内部形成有效的管理运动,就必须使系统内的管理手段、措施构成一个连续的封闭回路。

（三）动态原理

1.动态原理概述

动态原理是对管理对象的变化情况进行及时把握，对各个环节进行不断调节，以使整体目标得以实现的规律概括。任何一个管理目标的实现都是不易的，因为人、财、物、时间、信息等管理对象是不断变化的，处在不断发展的过程中，随着管理对象的变化，计划、组织、控制、协调等各个环节也必须相应地进行变化，以对管理对象的变化进行动态地适应，从而使管理目标的实现得到保证。

2.动态原理在学校体育教学组织与管理中的应用

(1)保持弹性

管理系统受多种因素的影响，各因素之间的关系也具有复杂性，在管理中对所有问题的各种细节进行正确把握是很困难的，因此在管理过程中必须留有余地，保持一定的弹性，以适应客观事物各种可能的变化，保证管理活动的正常进行，这就是弹性原则。在管理中如果弹性较小，其原则性就较强，适应能力就相对较弱；如果弹性较大，其适应能力就较强，适应环境就较快。因此，弹性大小的确定没有一个绝对的标准，要以不同的管理层次要求、不同的管理对象和不同的管理目标为主要根据。一般来说，管理弹性可以分为局部弹性和整体弹性，也可以分为消极弹性和积极弹性。在学校体育教学组织与管理实践中，既要注意局部弹性，又要注意整体弹性，要采取遇事"多一手"的积极弹性，避免遇事"留一手"的消极弹性。

(2)重视反馈

系统把信息输送出去，又将其作用结果返送回来，并对信息的再输出起到调节控制的作用，这就是反馈。重视通过反馈来控制管理的过程具体是指通过信息的反馈，对管理者未来行为进行控制，使行为不断逼近管理目标的过程。只有通过不断反馈，才能促成管理目标的实现。

（四）竞争原理

现代社会竞争无处不在，在竞争的过程中，人们自身不断取得进步。对于体育运动来说，竞争更是其突出特征。在体育教学组织与管理中，处处有竞争，时时有竞争。有竞争就有压力，有压力就要奋斗，就要拼搏。实践证明，竞争可以激发个体的工作热情，激发个体的进取精神，挖掘个体的潜能，从而能够促使个体创造性地工作，去克服各式各样的困难。此外，竞争还可以使组织集体充满生机和活力，促进内部团结，增强团队凝聚力。

在学校体育教学组织与管理过程中，应用竞争原理时应注意以下几个问题：

第一，竞争的同时应相互交流、提高。竞争原理强调竞争过程中的互相交流和互相提高。增进参与人员之间的友谊、团结与合作，并培养其团队精神是任何体育竞争行为的目的。

第二，评价或制裁要公平、公正。评价、制裁是同时存在的。评价或制裁的标准应采用定性和定量相结合的方法,尽量采用定量,标准要做到公平、公正,只有这样才能保持竞争的良性循环。

二、体育教学工作组织与管理的具体内容

(一)体育教学过程管理

体育教学组织与管理的目的在于提高教学质量,保证体育教学目标的实现。合理的体育教学组织与管理有利于教学秩序的稳定和教学质量的提高。体育教学组织与管理主要包括以下内容:

1. 体育教学计划的组织与管理

体育教学计划是体育教师根据相应的体育教学文件以及学校的体育教学工作而制订的准确的体育教学文件。体育教学计划主要包括学年教学计划、学期教学计划、单元教学计划和课时教学计划。体育教学计划是体育教师根据国家的教育方针和《体育(与健康)课程标准》,结合本校的实际制订的体育教学工作文件。学校的体育教学计划是教师开展各项教学活动的重要依据,一般对其的管理包括三个方面:对制订体育教学计划的管理、对实施体育教学计划的监督和调控、对体育教学计划的执行状况进行考评。

2. 体育课堂教学的管理

体育课堂教学中,教学组织形态的选择对教学效果具有重要的影响。良好的体育教学组织形态能够促进学生的人际交流,激发学生的学习心理,并符合教材的特性。

各项体育教学活动多是以课堂教学的形式开展起来的,课堂教学是体育教学工作的重要组织形式。对体育课堂教学的管理是学校体育教学组织与管理的中心环节,对其管理的主要内容包括:确定班级形式、编制教学课表、制定课堂常规、备课与上课、体育课成绩的管理等方面。

(1)确定班级形式

在体育教学过程中,班级是其基本组织形式,各项体育教学活动都是以班级为单位开展的。编班和班额对于保证体育课的教学质量具有十分重要的作用。编班方式应根据学校的体育设施条件和师资力量情况决定,还可采用俱乐部教学形式,根据具体的项目特点来确定班额。体育教学的班级编制多种多样,可把一个年级的学生编制为若干个班级,也可将两个班级编制为一个复合式班级。另外,可根据学生的运动水平、运动兴趣以及性别等标准来划分班级。

除了班级教学的教学组织形式之外,分组教学也是重要的教学形式。分组教学是将班级分为若干个小组,教师根据小组的特点进行相应的教学指导。分组教学又可分为同质分组和异质分组。所谓同质分组是在分组之后,同一小组内的学生在体能、技能和兴趣爱好等方面大致相同。所谓异质分组则是将不同体质、运动水平的学生分为一组,便于两组之间开

展竞争。

(2)编制教学课表

编制教学课表对提高教学质量和教学效果具有重要的意义,在编制教学课表时,应注意体育课之间的时间间隔,并合理分配相应的场地和器材。在教学实践过程中,为了弥补教学场地和器材的不足,可将同一进度的班级分别排到不同的时间进行相应的教学活动。

(3)制定课堂常规

课堂常规是体育教学组织与管理的重要依据,对于师生的教学活动具有一定的约束和规范的作用。良好、规范的课堂常规有助于形成良好的课堂教学秩序,对于教学活动的开展以及学生良好的思想品德的形成等都具有良好的促进作用。课堂常规是多方面的,包括道德常规、秩序常规、人际常规、安全常规和学习常规等内容。

制定规章制度是体育课堂教学组织与管理的重要手段,对体育课堂纪律的维持具有重要的作用,它可以维护体育教学的和谐关系,也可以保证体育场地器材的正确使用,并为每个人提供体育教学日常的行为规范。

规章制度的合理制定是前提,严格执行是根本。这就要求规章制度在制定完成后要将制度中规定的要求在课堂教学中严格对照实行。所以,在制定规章制度时,应特别注意以下几个方面的要求:

①规章制度应具有合理性。在制定规章制度时要考虑到学生的年龄和能力,要能被学生理解和接受。在体育课中,安全制度的制定是最重要的。

②规章制度应具有可实施性。制定的规章制度必须是可操作的,能够贯彻和执行的。

③规章制度应具有一致性。体育教学中的每项规定必须明确。

④制定的规章制度要力求简洁明了。规章制度不能模棱两可,而应该清楚地说明做什么、该如何做。

(4)维护课堂秩序

①体育课应建立明确的规范和学习常规。为保证体育课堂教学的有效性,体育教师应该给学生建立一个明确的规范和学习常规。体育教学常规必须要符合学生和学校的实际,并具有教育性。

②学生应严格遵守课堂常规。体育规章制度制定后,学生应严格遵守教师制定的课堂常规。体育教师应注意不能意气用事,而应根据规范采取行动。在体育课堂上,体育教师应合理使用指导与指令,能够明确地指导学生应该做什么、不应该做什么。体育教师能够清晰准确地为学生提供体育学习的具体目标、内容、方法等方面的信息,使学生对学习什么、如何学习等都有一个较为清楚的认识和了解。

③体育教师应善于集中学生的注意力。在体育课堂教学中,体育教师能够将学生的注意力集中在相关的学习内容上。在体育教学活动转换的过程中,体育教师能够及时准确地

发出信息,使学生能够更好地明确体育教师的意图,跟上体育教学的进度和安排。

(5)体育课成绩的管理

在对体育课的成绩进行管理时,体育教师应对体育成绩的考核形成正确的认识,将相应的考核作为提高教学效果的重要手段,并设置科学、合理的考核体系,对学生的学习进行客观的考核。在考核中应重视对学生平时学习态度的评价;处理好病伤学生的缓考与补考以及残疾学生的免考;做好及时登记、计算、汇报成绩等方面的工作;为改进考核内容、标准、办法提出意见或建议。

3.体育教学质量评估

在对教学质量进行评估时,应根据一定的质量标准对体育教学的质量及其优劣进行评估。通过对教学质量和教学效果进行评估,体育教学的管理者能更加科学、全面地了解体育教学工作开展的实际状况,对于教学质量的提升并为相应的方针政策的制定提供了科学合理的依据。针对体育教学质量的评估是多方面的,具体可分为领导评估、专家评估、校际评估、自我评估和受教育者评估等多种类型。

4.意外伤害事故管理

在现代体育教学实践中建立风险处理机制,能使体育教学始终维持在安全的基础上进行,具体来说,学校应根据风险可能发生的概率和严重程度做出不同程度的判断,建立可靠的风险处理机制,将可能发生风险的概率降到最低。

一般来说,风险由客观事物和人为主体构成,具体如下:

(1)客观事物构成的风险

这主要是指体育教学周边环境所带来安全隐患的风险。例如,在每堂体育课开始之前,体育教师、场地或器材的管理人员要对所用器材进行全方位的检查,如篮球架是否牢固、单双杠是否结实、场地周边是否有障碍物或利器等。

(2)人为主体构成的风险

这主要是指由于学生安全意识不强、身体不适、对于所学运动技能的掌握不扎实等导致的运动中出现错误动作而引发受伤等安全隐患的风险。例如,学生在体操课上练习倒立动作,由于没有掌握正确的保护动作而使颈部重重着地,造成严重的颈部伤病,或在足球运动中铲球动作不正确导致手腿部损伤等。

在对人为伤害进行管理时,应强化"预防为主,安全第一"的思想意识,在此基础上采取各种有效措施,确保将各种安全事故的发生率降到最低。另外,在相应的事故发生时,还应做好意外伤害事故的现场处理及管理。和其他学科的教学内容不同,体育教学的主要授课内容几乎全部是以身体运动为主。因此,在体育教学过程中,应加强对学生的安全管理,对学生的每一种行为都要严格观察,随时排除风险隐患。

体育教学活动中的意外伤害事故的预防措施主要包括:确保教学活动的各项场地设施

和设备符合国家相应的安全标准;学校应采取相应的监督措施,确保教职工能够采取相应的措施预防和消除可能造成学生人身伤害的危险;学校还应建立健全各项管理和保护学生安全的规章制度,并且应保证各项规章制度能够得到严格的执行;另外,在开展相应的体育运动竞赛时,还应制定严格的安全检查流程,确保各个环节的安全。

在发生意外事故时,应进行正确的判断,并做出及时的应对和抢救措施,还应做好相应的通报和信息发布工作,稳定师生和家长的情绪,并从源头上消除谣言传播的可能性。

(二)体育教学的课程管理

我国的体育课程管理实施三级管理体制,即国家、地区和学校三级管理。三级管理体制不仅有助于国家对体育教学工作的宏观筹划和管理指导,还能够更好地发挥地方和学校的自主性、积极性和灵活性。

1.国家对体育课程的管理

国家对体育课程教学的管理表现为:教育部对体育教学的基础教学课程进行规划、确定相应的课程内容标准、并制定相应的课程管理政策。具体而言,教育部制定的《体育(与健康)课程标准》对课程的内容提出了总体的要求,但是并没有做出明确的、具体的要求,这给地方和学校留下了可供选择的空间。

2.地方对体育课程的管理

地方一级管理部门对体育课程的管理如下:地方教育行政部门以国家课程管理政策和本地实际情况为依据,制定本省(自治区、直辖市)课程计划和标准。地方教育行政部门根据《体育(与健康)课程标准》与本地区的具体情况,制定出本地区的课程实施方案,报教育部备案,并在本地学校中组织实施。

3.学校对体育课程的管理

学校根据国家相应的体育教学的规定以及地方的要求,结合本校教学水平以及学生的实际情况来确定相应的体育教学的内容,合理开发和选择多种体育教学的课程。其对自身的体育教学课程的管理内容为:学校根据上级的课程方案,结合本校实际,选编符合本校实际的体育课程教学方案并组织实施。

(三)教学信息的组织与管理

教学信息的管理需要教学得到高质量的评价,教师并且能够得到相应的反馈。教师应在充分发挥学生的主体地位的基础上,优化信息传播的结构,使得教学信息能够快速得到传递,并且能够及时得到反馈,师生之间形成良好的协调配合关系。因此,在体育教学中,应注重教学信息的科学管理。

在课程的开始部分,教师首先应简明扼要地向学生说明本次课的基本任务,并根据课程目标来安排相应的准备活动。在课程的基本部分,尤其是基本部分的前半段,教师的讲解较为重要;在课程的后半部分,讲解要有针对性,练习较为重要。在课程的结束部分,教师对学生进行相应的点评。

(四)学生体质与健康管理

增强学生的体质和健康水平是学校体育教学的重要任务之一,对学生体质与健康管理的基本要求包括如下几个方面:

1. 建立健全组织机构

学校应建立健全学生体质与健康检测的组织机构,定期对学生的体质健康状况进行检测,并将其纳入具体的体育工作计划之中。一般对学生的体质健康状况进行检查的内容包括:学生的身体形态发育状况、生理机能以及身体素质与运动能力水平。

2. 建立各项管理制度

对学生体质健康状况进行管理,学校应建立相应的学生健康管理制度和伤残、体弱学生的体育活动管理制度,切实增强学生的体质和健康水平。在体育教学过程中,教师应严格按照相应的管理制度开展相应的活动。另外,学校还应建立学生健康档案,进行编写、登记,便于随时查阅。

3. 加强对学生健康教育

学校应加强学生体质与健康方面的宣传和教育工作,如卫生与生活习惯教育、心理卫生教育、性教育等,通过丰富多彩的形式进行健康教育,吸引学生参与其中。

4. 开展检查评估

学校要对学生的体质与健康状况进行经常性的检查与评估,并进行深入的分析和研究。针对研究的结果开展相应的宣传教育,并制定有针对性的措施,改善和增强学生的体质健康水平。

(五)运动负荷的组织与管理

体能与身体健康状况具有重要的关系。在体育教学过程中,可通过各种体育游戏、身体素质练习以及技能练习等来促进学生体能的发展。通过对人体施加一定的运动负荷,能够促进人体的适应性改变,从而促进人体体能的增强。体能的发展并不是一朝一夕能够完成的,需要学生积极主动地进行锻炼。

体育教师应调动学生参与体育运动的积极性,组织学生进行身体锻炼,使得学生在承受相应的运动负荷的同时,真正体验到运动的乐趣。体育教师应根据学生的具体情况,选择合适的练习内容,确定符合学生生理状况的运动负荷,促进学生体能素质的发展。

(六)体育教学的财物、环境的管理

财物是体育教学顺利开展的重要保证,对其进行管理包括对体育经费的管理和对场馆器材的管理两方面。

1. 体育经费管理

在体育教学过程中,应对经费进行合理计划、使用,进行科学监督,加强经费的经济核

算,提高管理水平,为学校发展提供必要的经济保障。

2.场馆器材管理

对场馆器材的管理要做到计划配置、合理保管、充分利用、科学保养,保证体育教学过程中场地器材的使用。具体而言,包括场地设施管理以及器材设备的管理两方面内容。

(1)对场地器材设施的管理应建立相应的管理制度和使用计划,体育场地设施的管理制度包括场地使用规定、场地管理人员岗位责任制、场地目标管理条例等。使用计划包括训练、教学、竞赛、维修等方面的计划。

(2)对体育器材进行管理时,应对相应的器材设备进行登记保管,并注意定期保养和补充,在使用时应按照规章制度进行领用或借用。

三、体育教学组织与管理的基本要求

(一)明确体育教学的目标

1.为学生确立明确目标

在体育教学中,一旦学生确立了目标,就会更加主动地去实现它,这会激起学生强烈的学习动机。因此,为学生确立明确的学习目标对提高学生学习的积极能动性是至关重要的。

2.确保目标的实现

体育教师在确立学习目标时,应确保目标能够实现,并使学生相信目标是可以达到的。虽然不一定很容易就能达到目的,但是学生应该有机会和潜力实现。

3.为目标确立具体的步骤

在确立学习目标时,体育教师要帮助学生为目标制订小的、可以实现的具体步骤。长期的目标需要被分成一系列更小的短期目标,每个小目标的实现可以被看作是学生向整体目标迈进的一步。当目标被划分为可以完成的小目标时,似乎更容易达到。

4.为目标确立切合实际的实现时间

体育教师在设置实现目标的具体时间时,要以能促进体育教师和学生进行计划和组织为标准进行设置。实现时间也可以被看作成功地实现短期和长期目标的参考,同时是评价学生是否按时实现目标的标准之一。

5.为实现目标做好详细记录

在实现目标的过程中,应对实现目标做好详细的记录。这样可以使目标更清楚易懂,易于让学生对目标进行组织、安排。这样做有利于学生将目标内在化,成为其主观意识。这一目标应该贴在学生能够看到的地方(在保证安全的情况下),并将已实现的短期目标划掉,这样做会收到意想不到的教学效果。

(二)促进学生自我认识能力的培养

培养学生正确认识自我的能力是激发学生取得成功的关键。体育教师应提高学生的自我期待值。学生自我期待值的提高有利于促进学生体育学习,增强学生自信心。体育教师要为学生提供指导和鼓励,在给学生提供的信息中,首先是自我意识,即提高学生的自信心、自我期待值,充分激发与调动学习热情;其次为学生提供与运动技能认知概念相关的信息。体育教师通过这种方式,激发与调动学生学习体育的积极性和自信心。

教师应根据学生的实际能力,调整学习目标,了解学生的身心准备,帮助学生设定具体、合理的体育学习目标,给学生充足的学习与练习时间,合理安排时间,设定具体时间段,使学生有可供利用、做自己事情的时间,建构鼓励、支持学生体育学习的身心环境。当学生身心发展都达到一定程度时,帮助他们再进一步,为学生准备各种情景训练,以使他们在遇到突发或特殊情况时能应对自如。

(三)促进体育教学水平的提高

现代体育教育是教育的一个重要组成部分,因此,现代体育教学的组织与管理也必然具有一定的教育性。我国体育教育教学的总体目标是"以人为本",因此,现代体育教学组织与管理也应突出"育人"的特点,在育人的基础上去调动学生的积极性、主动性。

为获得优质的教学效果,体育教师需要用系统的思想和方法,综合、分析和研究体育教学的各个组成因素以及它们之间的关系。体育教学的组织与管理活动应促进体育教学实践的开展,为教学目标的实现、教学任务的完成以及教学过程的顺利实施提供前提和保障。

第二节 体育教学组织与管理的方法

一、宣传教育方法

宣传教育方法是通过宣传和教育等方式,使人们围绕着共同目标而采取行动的一种方法。宣传教育方法的客观依据就是人们对思想活动发展规律的正确认识。在现代体育教学组织与管理中,采用灌输、疏导和对比等教育工作方法是使管理目标得以实现的有效方式,这些方法可有效激发行政管理人员、教练员和运动员的工作热情,是各项工作开展的前提。另外,宣传教育方法对其他管理方法的综合运用起着传播、解释的优化作用。

宣传教育方法的特点与作用主要体现在以下几个方面:

(一)注重疏导性

宣传教育方法的疏导性主要表现为通过宣传教育的方式,动之以情、晓之以理,启发人们的自觉性。针对被管理者的思想问题,必须正视,不能回避,需要因势利导,才能达到教育的实效。

(二)宣传教育的先行性

宣传教育的先行性主要体现在两个方面:一是通过宣传教育,被管理者可以对管理方法和决策有充分的了解,同时可以思考自己如何配合行动;二是在管理过程中各项决策实施之前,通过宣传和教育,可事先预测到人们可能产生的各种反应,制定相应的宣传教育措施予以预防,从而强化其正面效应,抑制可能产生的不良效应。

(三)宣传手段和方法的灵活性

宣传教育的灵活性主要体现为:由于时期和管理对象不同,思想基础、性格类型、价值观念和需求等方面也存在着差异,宣传教育工作需要依据不同的时期和不同的管理对象,对宣传教育的内容和重点、形式和手段进行确定,保持灵活性和针对性。

(四)宣传教育具有一定的滞后性

由于人们的认识和思想是对客观事物的反映,所以只有在事情发生之后或有些苗头的时候,才能对被管理者进行一些思想教育工作。宣传教育的滞后性对管理者提出了一定的要求,管理者要从实际出发,科学地、正确地分析已经发生的问题,做到以理服人,这样才能使思想教育真正落到实处,使人们的动机从根本上得到激发。

通过宣传教育,既可激发学生参加体育活动的热情,指导学生自觉、主动地参加运动锻炼,又可调动学生体育工作各方面的积极性,从而推动学生体育工作的广泛开展。实践证明,对有关学生体育的方针、政策、规章制度等执行的好坏,与对其所做的宣传是否得力有关。尤其对正处于受教育期的学生来说,只有加强对他们的体育宣传教育,才能取得更好的效果。因此,要通过班会、周会、板报、墙报、电视、广播、期刊报纸以及各种类型的体育娱乐、竞赛与表演活动等方式,大力进行体育宣传,教育学生积极参加体育运动锻炼,促使学校相关领导、管理人员和广大体育教师重视学生所参加的体育活动或工作,这样不仅能提高教学管理的水平,对学生自身的发展也有重要的意义。

二、行政方法

所谓行政方法,是指依靠各级管理机构和领导者的权力,运用行政手段,按照行政系统规范进行管理活动的方法。行政方法是由行政管理系统采用命令、指示、规定、指令性计划和职责条例等行政手段,对其各子系统进行调节与控制的一种方法。由于该方法上下级之间的关系非常清晰,上级发布命令,下级服从上级,因此,行政方法的运用应遵循本部门的实际和管理活动的规律。同时,行政方法的运用也对上级领导者的领导素质提出了较高要求,不仅要求领导者具备较高的理论政策水平,而且还应具备较强的组织管理能力,以有利于提高体育教学组织与管理质量,增强组织与管理的功效,促进体育教学目标的实现。

行政方法的特点主要表现在以下几个方面:

(一)权威性

在体育教学组织与管理过程中,行政方法是否有效,所发出指令的接受率以及上下级之间的沟通,在很大程度上取决于管理者的权威。因此,不断地完善和健全各级体育教学组织与管理机构,强化职、资、权、利的有机统一,努力提高各级管理组织和管理者的权威性,是行政方法得以有效运用的基本条件。

(二)纵向性

行政命令的传达执行通常是通过垂直纵向逐层进行的,很多时候,下一层次只听上一层次的指挥,对横向传来的命令、规定等,基本上可以不予理会。因此,行政方法的运用通常表现为上级对下级的指挥和控制,其强调纵向的自上而下,反对通过横向传达命令。

(三)强制性

行政方法具有一定的强制性,这主要是因为行政方法是通过各种行政指令来对管理对象进行指挥和控制,这些指令是上级组织行使权力的标志,下级必须贯彻执行。

(四)针对性

在运用行政方法时,应依据不同的管理对象、目的和实践进行有针对性的改变,其针对性主要体现在实施的具体方式、方法上。由此可以看出,行政方法也有一定的局限性,往往只对某一特定时间和对象有用。由此,我们可以得出结论,在运用行政方法进行管理活动时,既不能把它看成是唯一的方法,也不能不顾对象、目的和时间的不同而滥用。

(五)稳定性

行政方法具有相对稳定的特点,这主要是因为行政管理系统具有严密的组织结构、统一的目标、统一的行动、强有力的调节和控制,对于外部因素的干扰具有较强的抵抗能力。

三、现代管理方法

(一)奖惩法

奖惩法是指在体育教学中运用表扬、奖励先进学生,批评、惩罚落后学生的方式来管理学生的方法。奖惩法如果运用得当,能很好地提高教学的质量和水平。正确地运用奖惩法应注意以下两点:

1.要全面实行表彰和奖励

第一,要表彰和奖励在课堂上表现突出或在各种竞赛中获奖,以及成绩进步显著的学生。第二,要表彰和奖励积极参加体育运动锻炼的学生。

2.奖励与惩罚相结合

要做到赏罚分明,学生取得成绩时要受到表扬和奖励,学生犯错时要给予批评和惩罚。

(二)隐性管理法

隐性管理法是指教师依据课时计划进行教学目标控制、教学过程控制和教学效果控制之外,间接影响学生心理状态和行为的控制方法。在体育教学中,如果隐性管理运用得当,会对学生起到潜移默化的作用,从而提高教学的质量和水平。隐性管理主要包括以下几种方法:

1.动作启发法

在体育教学的过程中,体育教师的手势、走动以及各种表情动作等都传递出一定的信息,学生接收到这些信号,就会做出改变。体育教师的手势具有一定的引导作用,手势动作成为辅助体育教师课堂管理的语言的外部表现形式。体育教师的面部表情也有一定的潜在的调控作用,如表现理解的微笑和思考式的点头表示教师对学生的鼓励和期待;表示满意的微笑和赞许式的点头表示教师对学生所做行为的肯定,师生之间的这种默契的互动能形成良好的教学氛围,提高教学的质量。

2.情感交流法

在体育教学中,有一部分学生经常会出现一定的负面情绪,如怕学、厌学等。这些负面情绪对教学质量的提高将产生直接的不良影响。这些负面情绪的产生,原因有很多,但最主要的原因还是教师讲课缺乏生动性和趣味性,难以引起学生学习的兴趣,也就是说教学缺乏情感,师生间的互动不够。因此,作为一名优秀的体育教师,在课堂上必须要善于通过情感交流,去完成教学计划,从而达到既定的教学目标。

3.语气引导法

语气引导法是体育教学中教师常用的方法之一。在体育教学过程中,教师把声音的音质、音量、声调、语速和节奏等加以组合变换,融声、色、情为一体,并运用到语气上,能对学生产生一定的诱导性影响,帮助学生将注意力集中在技术动作学习上。

在教学过程中,体育教师主要通过身体行为和有声语言来传递自己的思想和信息,通过情感、动作、语气等的运用,能及时纠正课堂上出现的各种偏离现象,从而保证教学活动的顺利进行。

(三)柔性管理法

柔性管理法是一种现代管理的方法,它是相对于刚性管理法而言的,倡导采用非强制性方式,对人的心理施加潜在的影响,管理者的主要职能表现为协调、激励和互补等。柔性管理法更加人性化,便于组织和管理。柔性管理法在体育教学中主要表现为以下几方面:

1.个体重于群体

学生个体具有很大的差异性,这就要求在体育教学中应区别对待。"一刀切"的教学方法不可能实现因材施教,促进学生的共同发展,而柔性管理法的运用,能很好地解决这一问题。

2.肯定重于否定

心理学认为,"尊重"是人的基本需求,包括别人对自己的尊重,如支持、赞美、接受等。如果人在这方面的需求得不到满足,就会产生自卑、软弱心理。在教师对学生进行管理时,特别是在对其进行评价时,应注重对其进行积极的肯定,使其心理得到一定的满足。具体而言,在进行柔性管理法时应注意以下几个方面:

(1)注意刚柔互补

刚性管理法强调规范性和强制性,这种管理方法可以确保教学过程有章可循,目标明确,可操作性较强。但是思想过于保守,传统守旧,容易陷入机械化和简单化,而柔性管理法则能弥补这方面的不足。二者配合使用,能收到良好的效果。

(2)注意柔性管理效果的滞后性

在刚性管理中,管理者的意志与被管理者的执行是同步的。而在柔性管理中,被管理者的执行明显落后于管理者的意志。

(四)其他管理方法

1. 加强学生自身的管理,让学生管理学生

让学生进行自我管理是一种良好的方法,通过建立相应的学生自我管理体制,不仅能够实现学生能力的发展,还能够减轻教师的工作量。这种管理方式还能够在学生之间形成良好的氛围,并且相对自由灵活,更加易于管理。学生通过自我管理,能够发挥积极性,并且能够充分发展其在管理方面的能力,这对于学生的全面发展具有重要的意义。

2. 加强家庭、学校、社会的全方位管理

体育教育管理需要学校、社会、家庭等各方面的积极配合,这样才能够实现更好的管理。因此,在体育教学组织与管理过程中,学校的相关管理部门应积极联系家长,保持良好的沟通和交流,使得家长能够了解学生的学习动态,并且能够对体育教学提出相应的意见和建议,从而促进体育教学组织与管理的优化发展。在体育教学组织与管理过程中,还应积极听取专家和学者的意见和建议,对教学组织与管理进行科学的改进。

3. 进行感情交流,实行感情管理

热爱体育运动的学生,其性格大多乐观开朗,能够与他人建立良好的关系。因此,这类学生和体育教学之间很容易形成良好的关系。在进行体育教学组织与管理时,教师可与学生进行主动沟通和交流,解决学生的现实问题,从而能够有的放矢地开展管理工作。

第三节 体育教学组织与管理的基本内容

一、体育教学组织与管理的总体要求

体育教学组织与管理的过程是一个复杂的过程,需要进行周密的安排,并且要求各方面之间进行密切的配合,这样才能够保证体育教学活动的正常开展。一般我们可将体育教学组织与管理的过程概括为"制订计划——安排实施——再制订计划——再实施"这样连续发展的过程。

(一)加强体育教学的全面质量管理

体育教学活动管理的最终目的,就是不断提高体育教学的质量,加强体育教学的全面质

量管理,不仅需要落实到体育教学活动的全过程中,还要落实到学校教学组织与管理的所有环节中。具体而言,就是要强化体育教学活动的全过程的质量管理和加强体育教学的全员性质量管理。

(二)突出体育教学活动的专业化特征

体育教学活动具有很强的专业性,这就要求我们能够把握体育教学的机制,进行渗透化管理,并经常检查管理的效果,从而建立科学、有效的教学组织与管理制度。与此同时,学校还应使体育教师的管理主体作用得到有效的发挥,同时控制好其他的教学因素,并注重教学活动的各种信息反馈,保证体育教学活动能够正常、顺利开展。

(三)形成体育教学组织与管理的方法特色

经过不断研究与实践,当前我国已经基本形成了一些体育教学组织与管理的特色,如在指导思想的管理上,把育体与育心、社会需要与学生需要、校内体育教育与社会终身体育结合起来;在教学内容的管理上,将民族性与国际性、健身性与文化性、实践性与知识性、统一性与灵活性结合起来;在教学的宏观控制上,把行政管理与业务督导、统一要求与分类指导、基本评价与专题及特色评价结合起来;在教学过程的管理上,把教师主导作用与学生主体作用、以理施教与以情导教、教学的实效性与多样化、严密的课堂纪律与活泼的教学气氛、激发学生兴趣与培养刻苦精神结合起来,这些都体现了我国体育教学活动管理的总体要求,即形成体育教学组织与管理的方法特色。

二、体育教学组织与管理的计划

在制订相应的体育教学组织与管理计划时,应对学校体育教学的各项工作进行科学考虑、合理安排。各项管理计划的制订,既要保证能够充分调动各方面的积极性,又要能够促进教学质量的逐步提高。具体而言,学校体育教学组织与管理的计划包括以下几个方面:

(一)体育教学计划

1.体育教学工作计划

体育教学工作计划是贯彻国家制定的体育教学大纲和教材、科学地安排整个教学工作、顺利完成教学工作目标不可缺少的文件,是体育教师进行体育教学的主要依据。它包括全年教学工作计划、单元教学计划和课时计划等。

2.学年体育工作计划

学年体育工作计划是在长期规划的基础上,概括国家的教育和体育方针、上级领导机关的指示精神、学校工作的中心任务及要求,在总结上学年或上学期体育工作的基础上,结合学校体育工作的实际情况制订的。

3.课外体育工作计划

课外体育工作计划是学校体育工作计划的一个重要组成部分。它包括全校课外体育工作计划、班级体育锻炼计划和个人锻炼计划等。学校应结合本校实际与学生的具体情况来安排相应的课外体育工作计划。

(二)业余运动训练计划

学校业余运动训练是学校体育的一项重要任务,积极开展业余训练可以增强学生体质,提高运动技术水平。它可以分为个人训练计划、集体训练计划、学年训练计划、阶段训练计划、周训练计划、课时训练计划等。业余训练计划是增强大学生运动员专项素质的重要保证,应针对大学生运动员的运动特点合理制订计划。

(三)运动竞赛计划

运动竞赛计划是检查教学质量、衡量运动训练水平、选拔优秀体育人才的重要手段。它包括年度竞赛计划、学期竞赛计划。制订运动竞赛计划时应考虑和上级竞赛计划相吻合,在时间安排上要尽量利用节假日时间,在项目安排上除考虑竞技体育项目外,还要考虑学生喜闻乐见的项目。

(四)教师培训计划

时代总是处于不断发展变化之中,这就要求教师在教学过程中不断学习新的知识,不断提高自身的素质。在制订教师培训计划时,要考虑到每个教师的业务水平及学校体育的发展水平、年龄层次,要结合教学的实际情况,在不影响教学的情况下轮流培训。教师培训计划是提高教师素质的重要形式,同时,还应加强教师思想意识的发展,促进其自我提升。

(五)场馆、器材使用计划

制订场馆建设、维护和器材购买、维修计划,应考虑到学校体育的发展情况,同时要考虑实际情况,合理地配置有限的财力、物力资源。场馆、器材计划制订的最低限度是保证各项教学活动能够正常开展。

三、体育教学组织与管理的检查与评价

学校体育教学组织与管理的目标能否实现,以及相应的体育教学计划能否正常执行,在很大程度上决定着能否对体育教学组织与管理的过程进行有效的控制。在高校体育教学过程中,经常会出现原有的工作计划与现实情况发生矛盾的情况,这时就需要采取相应的措施保证体育教学组织与管理目标的实现。如果无法发现其中的问题,并且不能及时进行必要的信息反馈,就无法消除问题,以致影响体育教学效果,不利于体育教学目标的实现。学校体育教学组织与管理的检查与评价,是全面贯彻党的教育方针,实现学校体育教学目标的重要措施。

在对体育教学组织与管理工作进行评价时,其具体步骤如下:

(一)明确体育教学组织与管理评价的目的

解决为什么要进行评价是进行体育教学组织与管理评价的首要环节。任何一项体育教

学组织与管理评价活动,都是在一定的目的指导下进行的。体育教学组织与管理评价的具体目的不同,评价的内容、组织形式和方法也不同。

(二)成立评价小组或评价机构

体育教学评价小组或评价机构是体育教学组织与管理评价的主体。成立体育教学组织与管理的评价小组或评价机构时,要依据具体的情况确定小组或机构的性质、规模及其人员组成。体育教学组织与管理的评价小组或评价机构可以是具有长期的连续性和稳定性的,也可以是临时性的。但是,无论是什么样的评价小组或评价机构,都必须要具有权威性。体育教学组织与管理的评价小组或评价机构一般由分管领导和专家组成。

(三)制定评价标准和指标体系

确定体育教学组织与管理的评价目的之后,就需要解决评价什么的问题了,也就是对体育教学组织与管理的评价目标进行分析并使之具体化。体育教学组织与管理的评价者要对评价指标进行认真研究,并尽量通过试评获取典型或实例,以便统一尺度,进而制定合理的体育教学组织与管理的评价标准和指标体系。

(四)收集体育教学组织与管理的评价信息

收集信息也是实施体育教学组织与管理评价的一个重要环节。在高校体育教学评价过程中,收集信息的方法主要有以下几种:

1. 观察法

评价者依据指标内涵的要求和评价对象的特点,有目的、有计划地直接进行自然状态下或控制条件下的观察进而获取评价信息资料。

2. 问卷法

评价者通过书面调查来了解评价对象,从而获取评价信息。

3. 访谈法

评价者依照访谈提纲,通过和评价对象面对面谈话或者是小组座谈会的方式直接搜集信息。

4. 测验法

评价者依据评价内容编制一定的等级量表和标准的试题,用以收集评价信息。

5. 文献法

评价者通过查阅与评价对象有关的文字记载的材料,进而收集评价资料。

(五)判断体育教学组织与管理的评价结果

在收集到了有关评价对象的资料后,就要对其进行加工处理。只有依靠对评价资料的加工处理(反馈评价结论、意见或建议),才能做出科学的、正确的判断。同时,指出评价对象的优点及其存在的问题,并分析原因,进而提供改进办法和措施。在实施评价的过程中如发现方案有缺陷,必须及时修正。

第四章 体育教学的主导与主体

第一节 体育教学中的体育教师

体育教育作为五育之一,是增强人的体质、促进健康、传播体育文化的根本所在,是培养全面发展的人的重要途径。体育教学又是体育教育最基本、最重要的一部分,其中涉及体育教师和学生两个基本要素。体育教育在增强青少年体质方面发挥着重要作用,而开展体育教学、振兴体育教育的希望在体育教师,他们是人体的"雕塑师",为发展学生体能、技能、传播体育文化、塑造学生灵魂而默默奉献着。体育教师的职业精神和职业能力直接关系到体育教学的成败。体育教师应该具有开拓意识、创新精神与创新能力,在教学过程中要充分发挥主导作用,有效控制教学环节,促进学生的全面发展。

在传统体育教学中,教师的角色可以用"教书匠"来概括,教师仅仅是通过讲解、示范向学生传授体育知识和技能。而在新课程理念指导下的体育教师应该是学生学习与成长的引路人,是学生自主学习、自主发展的组织者、指导者、参与者、研究者、服务者,是教学全过程的管理者。

一、体育教师的主导性

体育教师和学生是体育教学活动的主要承担者,是体育教学系统中两个最基本的要素。其中,体育教师是负责体育教学的专门人员,承担着传播体育文化、传授体育知识、技术与技能、促进身体健康、提高民族素质的使命。相对于处于不成熟生长时期的学生而言,教师闻道在先,在体育教学中起主导作用。这种主导作用主要体现在:教师要先于学生认真钻研教材,研究学生的个体差异,在此基础上设计教学,优化教学过程,启发学生的学习主体性,引导他们掌握知识,学会学习。所以正确理解教师主导性对于提高教学质量是至关重要的。

二、体育教师主导性的内容

综观国内外课程改革的历史,教师往往成为课程改革的关键因素。教师在教学中的地位和作用对教学效果有着决定性的影响。新一轮的体育课程与教学改革中,要求体育教师在教学中充分发挥自己的主导作用,主要体现在以下五个方面:

(一)贯彻体育教学指导思想

不同时代有着不同的体育教学,从五四运动到20世纪30年代,推行的是欧美的自然主义和实用主义体育;从抗战到解放战争,推行的是一种战时体育思想,实际上是一种民主主义体育;中华人民共和国成立后,出现了"运动技能教育""体质教育"等体育教育思想;新体育课程改革中,又树立了"健康第一"的指导思想。指导思想的更迭体现的是不同时期人们对体育教学的不同认识。而体育教学的指导思想总是体现在体育教材中,更体现在教学实践中,体育教师的重要任务之一就是在教学过程中贯彻先进的体育教学指导思想,以先进的、正确的教学思想作指导,才可能产生先进的、科学的、合理的体育教学实践。

(二)对体育教学活动的总体设计

体育教学是一种集体活动,只有进行精心的教学安排设计才可能全面实现体育教学的整体目标和功能。首先,体育教师是教学活动的设计者。好的体育教学设计可以充分调动学生学习的积极性、主动性,使学生参与到教学活动中,全面完成教学任务。要精心进行教学设计,就要求教师全面把握体育教学的任务、教学内容的特点和学生的个性等要素。其次,体育教师是教学活动的组织者。一节体育课,如果时间安排合理,活动安排紧凑,内容安排恰当,负荷安排适当,就能激发学生的思维和学习的动力。再次,体育教师是教学活动的管理者。体育教学是在开放的环境中进行的,这就对教学管理提出了更高的要求。作为管理者的体育教师是通过对教学活动的调控来实现其管理功能的,如对教学环节、教学节奏、教学环境的调控等。

(三)对教学内容、方法和手段的选择

体育教学的培养目标不同,就决定了体育教学内容、教学方法和手段的不同。在体育课程中,教学内容的选择既要考虑当前的体育教学思想、体育教学目标,又要考虑学生的身体素质和已有的技能水平。教学内容的选择应该体现时代性、民族性、世界性、文化性、健身性、知识性,应该根据实践灵活选择和安排。

体育教学方法和手段是为实现教学目标和提高教学质量服务的。教学方法和手段的选择应综合考虑体育教学的目标、教学内容的特点、学生的差异等因素,坚持以理施教与以情施教相结合、教师的主导作用和学生的主体作用相结合、严密的课堂组织纪律与生动活泼的教学氛围相结合、激发学生的练习兴趣与培养学生刻苦锻炼的精神相结合,这就要求体育教师掌握一定的体育教育学、教学论方面的理论知识,运用系统的观点,综合考虑体育教学过程的各个要素,合理地进行统筹安排。

(四)引导学生的学习,激发学生的积极情感

学生是学习活动主要的执行者,教师的主导作用就体现在如何影响、引导学生的学习。一方面,教师需要帮助学生将所学的零散的体育知识串联起来,形成与认知能力相联结的"知识板块",并能灵活地、有创造性地运用到生活实践中;另一方面,就是引导学生学会学习。在这个知识激增的时代,知识的广博性与学生有限的学习时间和精力之间的矛盾决定了培养学生的学习能力是至关重要的,只有掌握了一定的学习方法,才能更自主、灵活、有创

造性地进行学习。体育教师的职责就是深入到学生的学习过程中,让学生在明确学习目标的基础上,掌握科学的学习方法和思维方法。

另外,体育学习不是机械的活动,情感对于学生来说是非常重要的。是苦涩低效的学习还是愉悦高效的学习关键要看学习者本身对所学内容的情感如何,愉悦的学习气氛关键在于教师的情感诱导,体育教师应该努力使学习充满无拘无束的气氛,使学生能够"呼吸自由的空气"。

(五)创造适合学生学习的体育教学环境

任何体育教学都离不开教学环境,较其他学科教学环境而言,体育教学环境往往具有特殊性。这个环境是开放的,具有挑战性。体育教师应该是良好的、安全的体育教学环境的创造者,能够通过创造优质的体育教学环境,帮助学生掌握体育技能,发展对体育的兴趣。

良好的教学环境的创设要求教师热爱学生,充分了解学生,也就是说,师生之间应该有心灵的沟通和交流。安妮·福莱斯特和玛格丽特·莱茵哈德在她们的著作《学习者的方法》中谈到,在每个学校的班级里要"创造一种轻松的气氛",教师就需要从下面几个方面努力:①师生平等、相互尊重、相互关心,相互合作,这种新型人际关系将成为动力,促进学习主动性的发展。②营造民主的课堂氛围,让学生敢于发表不同见解。③掌握沟通的艺术,善于通过目光和表情与学生沟通。

三、正确发挥体育教师主导性的条件

在体育教学中,教师是闻道在先、知之较多者,教师的主导作用能否充分发挥决定着教学的成败。正确发挥体育教师的主导性应具备以下三个条件:

(一)更新教育教学观念

作为一名体育教师,只有对当前的体育教育改革的理论背景、教育思潮动向等宏观形势把握得比较清楚,在了解教育发展的大趋势下,才能够更确切地知道自己在微观领域、在自己的岗位上应该具备什么样的能力和知识,从而改进自己的工作。不少基层体育教师对于体育教育改革指导思想和教学模式的变化并不了解或一知半解,导致了行动上的盲目甚至错误,比如把快乐体育误解为"放任学生""放羊式"教学,把体质教育误解为训练运动员式的枯燥的教学。因此,体育教师一方面应该明确当前社会对体育教学的要求和期待,如增强体质、促进健康、终身体育等理念,同时了解教育教学领域有关知识观、学生观、人才观等的更新;另一方面,要明白体育学科的本质和时代使命,要能够把社会的需要同学生的学习有机地联合起来,只有这样,才能在发挥教师主导作用时保持正确的方向。

(二)丰富的教育科学知识和精深的体育专业知识

教学是一门科学,它有自己内在的规律,违背规律的教学必然是低效的甚至是失败的教学。所以,体育教师应该通晓学生身心发展规律,熟知教育教学规律,掌握体育教学的原则、方法,这样才能唤起学生学习的兴趣和积极性,提高教学质量。

专业知识是体育教师承担体育课程必备的有关知识,是体育教师专业能力的基础,包括体育科学基础理论(例如运动解剖学、运动生理学、运动生物力学、运动生物化学等)、体育专业技术与理论(各体育专项动作技术及其原理)、体育专业教育技术与理论(体育保健知识、运动技术教学训练方法学、体育竞赛学、体育健身方法等)以及体育教学论等。教师在教学的过程中不能仅局限于动作技能的传授,而应该渗透一些运动解剖、生理、体育健身、保健知识,帮助学生学会锻炼、学会如何维持健康的生活方式。

（三）熟悉学生

作为体育教师,必须熟悉自己所要主导和培养的对象。因此,在教学活动开展以前,教师就应该了解学生的统一特征,如同一年龄阶段的身体和心理发育特征、体育学习的兴趣、期望等,更要注重学生的个体差异,了解不同学生的体育学习的经验,在体育学习中的困难、身心发展中的个性等,建立详细的有关学生身体状况和锻炼情况的档案,做到在教学中心中有数。只有这样,教师才能熟悉学生,才能把运动技能教学与学生的自身条件很好地结合起来,做到因材施教。

第二节　体育教学中的学生

体育教学活动的另一个基本要素是学生,是指在教师的指导下从事体育学习的人。在教学过程中,学生既是认识的客体,又是认识的主体。相对于客观知识本身而言,学生是客体,即相对于社会的要求、新的教学内容和教师的认识而言,学生处于一种被动的状态,需要教师有目的、有计划、有组织地引导,将一定教学要求转化为学生内部需要,将新的教学内容转化为学生的素质。充分认识学生的客体性和客体地位,有利于体育教师发挥其主导作用。

然而,相对于客观知识的学习而言,学生又是主体。因为学生是活生生的、具有主观能动性的人,是学习的主人,外界的一切影响只有也必须经过学生主体的主动吸收、转化才能真正产生教育影响。教师的引导只是外因,任何体育知识技能的传授都必须通过学生独立自主的学习才能掌握。因此,处于教学过程中的学生同时处于主体和客体地位,是主体和客体的统一。

一、学生学习的主体性

所谓主体性是指学生在教学中的主观能动性。具体包括以下几点：

一是独立性,它是指每个学生都是一个独立的个体,他们是多样化的,因此对于同样的教学影响,他们的发展过程不同,发展结果也存在差异。发挥学生主体性首先应该认识到学生的独立性。

二是选择性,它是指学生对于任何教学影响不是盲目地、无条件地接受,而是根据自身主观兴趣、爱好、能力有意或无意地进行选择。

三是调控性,它是指学生在学习过程中可以根据自己的状态进行自我管理、监督和激励。

四是创造性,它是主体性的最高体现形式,是指学生在教学活动中有自己独特的学习方法,或者是形成与众不同的观点、见解等。

五是自我意识性,它是指学生在学习过程的自我认识,包括自己在教学过程中的地位、状态、情感、行为等。学生认识自己越全面、越客观,主体性也就越强;反之亦然。

二、学生学习主体性的内容

体育教学活动以学生为主体,学生是通过自己的能动性、自主性而自觉地参与到教学过程中,从而对教学产生影响。

(一)学生对体育教学内容的选择性

学生在体育学习过程中的主体性主要表现在选择性上,亦即对学习内容、学习方式的选择。尽管这种选择是在体育教师进行内容筛选后进行的"有限选择",但是它对于满足学生学习的兴趣和需求的个性差异有着重要作用,是学生主体性发挥的重要体现。

(二)学生在体育学习过程中的自主性

学生在体育学习中的自主性可以表现在:学生可以根据自身状况安排学习进度、选择学习内容和学习方法、进行自我调节和控制、挖掘自身潜能等。

(三)学生在体育学习过程中的能动性

学生在学习过程中的能动性主要表现在以下两点:一是他们对体育教学活动、课外体育锻炼的积极参与,二是他们根据自己已有的体育知识经验、体育态度主动同化外界的教育影响,并进行吸收、改造、加工,或加以排斥,使新、旧体育知识不断地进行新的整合。

三、充分发挥学生主体性的条件

课堂教学中必须培养学生的主体性,这是提高课堂教学质量和素质教育的必然要求。在教学中弘扬学生的主体性,并不是说要排斥教师的主导作用,而是坚持"教师主导和学生主体相结合"的原则。在学生主体性培养的过程中,教师应注意以下几方面:

(一)确立现代学生观

现代学生观是相对于"应试教育"下,把学生看作是"知识的容器"这种观点形成的。现代学生观认为,学生是独立的个体,每一个学生就是一个独立的世界,具有独特的人格特点和价值,不能幻想用统一的标准要求个性千差万别的学生群体,而应该尊重学生的个性,因势利导,促进其自我价值的实现。教师应该确立现代学生观,把学生当作活生生的生命主体,尊重学生的主体性,发挥学生的主观能动性,在教学活动中努力激发、引导学生主体性的形成。

(二)发挥教师的主导性和创造性

学生主体性的发挥有赖于教师的主导性。新课程改革后,体育教师有了一定的自主设计空间,有选择教学内容、教学方法的自由,有利于创设优化的教学管理机制,发挥自己作为主体的创造性,同时培养学生的主动性。

(三)营造民主、和谐、愉悦的课堂教学气氛

真正民主的教学应该是和谐的、融洽的,是学生主体性培养必不可少的条件之一。无论是教育管理者,还是体育教师、学生,都应该充分认识到,领导者、教师、学生虽然在知识、经验方面有差异,但是在人格上都是平等的,应该相互尊重。在体育教学中,教师要通过问题设计引导学生积极思考,并鼓励学生敢于发表不同的见解,从而充分调动学生的主观能动性。面对学生的个体差异,教师应该因材施教,尤其注重激发后进生的自信心和主动性。总之,民主和谐的课堂气氛有利于教师获得学生的尊重和爱戴,学生因"亲其师而信其道"。

(四)尽可能为学生提供主动参与教学活动的机会

参与意识是学生对体育教学活动积极投入的意愿。学生有了参与意识才会有强烈的投入欲望,才会有积极的参与行为。学生的参与意识必须依靠教师的启发诱导。因此,在体育教学设计中,教师应该以高超的教学能力和精湛的教学艺术进行有效指导,增强学生的参与意识,端正参与动机,提高参与能力,从而体现学生的主体作用。

(五)注重学习方法的指导

良好的学习方法是学生进行自主学习的前提条件,是提高学生学习效率的重要保障。学生学习成绩的差异,在很大程度上表现为学习效率的差异,而学习效率的差异,又往往表现为学习方法的差异。教师在体育教学中要进行学习方法的渗透,要让学生学会求知、学会观察、学会思维、学会操作,形成较强的学习能力,掌握必要的学习方法,只有这样,学生的自主学习活动才能顺利进行,自我发展能力才能得到提高。

(六)善于培养和调动学生的非智力因素

对于学生来说,非智力因素是直接影响认知效果的意向因素,它包括动机、兴趣、情感、意志和性格诸方面。非智力因素对学生素质发展有着巨大的促进作用,直接影响学生智力因素的发展。智力因素决定一个人能不能干的问题,而非智力因素决定一个人想不想干的问题,因此,在教学中应有目的地培养学生的非智力因素,增强学生学习的自主性,研究如何提高学习兴趣、启发情感、引起学习动机、增强意志等非智力因素对学生的影响。

第三节 体育教学中主导性与主体性的关系

新型的师生关系是真正确立学生主体地位的根本保证,即在生活上要尊重学生,做学生的朋友,在教学中和学生处在平等的地位,教师从知识的传授者、占有者的权威地位切实转变为学生学习的引导者、指导者,变"授之以鱼"为"授之以渔",把学生当成学习的主人,传授学生探求知识的方法。

一、体育教师主导性与学生主体性相辅相成

教师的主导性是指教师在学生整个学习过程中表现出来的指导性;而学生的主体性是指学生在学习过程中的自我定位、自我调控和自觉行为。教师主导性和学生主体性的连接

点是"学习过程",即教师是针对学生的学习过程进行有效指导,学生的主体性主要是"在学习过程中的主体性"。

教师的主导性和学生的主体性是统一的、相辅相成的。发挥教师的主导性就是为了更好地发挥学生的主体性学习;学生的学习离不开教师的指导,学生主体性发挥得越充分,越需要接受教师的指导。正确的"导"和主动积极的"学"融为一体,才是有效的教学过程。教师的主导性主要在于谙悉教学大纲,明确教学目标,创设教学情境,了解学生兴趣和需求,并在此基础上设计教学过程,激发学生的学习积极性,使师生融洽、互相配合地达到教学目标。学生的主体性表现在参与教学过程中的自主性、能动性和自觉性。因此,在体育教学中,教师的主导性和学生的主体性是相辅相成和相互促进的关系,是一个事物的两个方面。

二、正确发挥体育教师主导性是充分发挥学生主体性的前提

素质教育强调学生是学习和发展的主体,在体育教学中要重视弘扬学生的主体性,要让学生主动地、生动活泼地进行体育学习。学生的主体意识越强,教师越应该进行积极有效的指导。学生的主体性是在教师的主导下一步步发挥的。因此,正确发挥体育教师的主导性是充分发挥学生主体性的前提。

教学中,充分发挥教师的主导作用,是发挥学生主体性的前提条件,教师的主导性发挥得越充分,学生的主体性就越可能得到体现。具有良好素养的教师都会注重对教材和对学生的研究、把握,把自己独到的理解和较新的视点融于教学方案中,使学习的主客体的知识、文化的内存被充分地激活,从而为学生主体性发挥创造条件。

(一)体育教师的职业特征和素养决定了教师的主导作用

教师的社会特征是"知识的源泉""伦理的化身""社会价值的代表",在教学过程中的具体体现就是教师按照社会的要求,以及反映社会需要的教育目标来设计、组织、实施教学活动,指导和帮助学生通过积极主动的学习掌握知识、技能,发展各种能力,并形成一定的思想观点、价值准则和个性品质。作为体育教师,都接受过专门的教育和训练,"闻道有先后,术业有专攻",他们在思想、知识、能力等方面都要高于作为教育对象的学生,这就使他们能够胜任对学生的指导和帮助工作。

(二)教师主导要着眼于学生的主动

新体育课程强调在体育教学中调动学生的学习主动性,将课堂还给学生,这是指教师为学生发挥主动性创设情境并加以引导。所以我们应该辩证地看待教师的主导性和学生的主体性,使二者都得到适度发挥。

第五章　体育教学内容与方法的科学探究与创新发展

内容与方法是体育教学的重要组成部分,也是影响体育教学效果的关键因素。要想提高体育教学效果,完善体育教学体系,就必须对体育教学内容与方法进行科学探究和创新。

第一节　体育教学内容与方法概述

一、体育教学内容概述

体育教学内容是以体育教育任务和目的为前提,将各种身体练习、运动技能学习和教学比赛等进行加工后,以教学形态的方式呈现在课堂中的总称。

(一)现代体育教学内容的产生

现代体育教学内容是近代以来逐步形成和发展起来的,而我国最早的体育教学内容可追溯到春秋战国时期,当时孔子兴私学,其教学内容"六艺"中的"射""御"就是体育教学的内容。在人类社会漫长的发展历史中,不同的文明都存在类似的体育教学内容的痕迹,而这些传统的体育教学内容也对现代体育教学内容的发展产生了潜移默化的影响。因此,有必要对近代体育教学内容的来源进行探讨。

1. 体操与兵式体操

公元前7世纪,古希腊就出现了指导青少年和市民参加竞技的职业。而在公元前5世纪,体操化已经实际分为了三类,分别为:竞技体操、医疗体操和教育体操。在18世纪,欧洲开始出现运用于青少年的教育和军事训练的"兵式体操",其是对原有的体操项目的继承和发展。近现代学校体育教学中的体操类部分大都源于"兵式体操"。

2. 游戏和竞技运动

很多学者认为,游戏是原始体育教学的基本形式,原始人类各种生存技能的掌握和学习都是通过"游戏"的形式来实现的。早在近代学校出现之前,很多学校中都有相应的游戏内容,随着市民体育的不断发展,一些"游戏"逐渐成为正规的竞技运动。随着资本主义在西方各国的先后确立以及工业革命的开展,竞技体育运动得到了迅速的发展。现代竞技体育运动伴随着殖民扩张逐渐传播到世界各地,经学校的传播逐渐发展成为各国体育课的重要内容。

3. 武术与武道

在古代体育教学中,很多体育教学的内容是一些实用的军事性技能,如我国的"射""御",以及欧洲的"射箭""剑术",这些内容成了现代体育教学中"武术"和"武道"内容的基础。随着冷兵器时代的结束,这些内容逐渐失去了其作为军事手段的意义,并向着健身和精神历练方面发展,在很多国家的体育教学中占有了一定的位置。

4. 舞蹈

舞蹈是各国民族文化中的重要组成部分,伴随着人类社会的发展而逐渐完善。舞蹈起源于人们的生产、日常生活、宗教祭祀等,是人类智慧的结晶。在近代学校中,很早就有了舞蹈的内容,一些韵律性体操类项目也随着瑞典体操的发展而逐渐兴起。在韵律体操的基础上,艺术体操、健美操等也逐渐兴起。

(二)与竞技体育训练内容和一般教学内容之间的区别

1. 体育教学内容与一般学校教学内容的差异

体育教学内容的选择和加工需要以学校体育教学的目标作为基础,并且主要通过身体的运动来进行教学。其主要目的是提高学生的身体素质和运动能力等。

而体育教学内容相比于一般的学校教学内容,其区别还是非常明显的。例如,语文、数学等一般教育内容,他们并不是以体育运动为主要知识媒介,其教学的形式并不是身体的运动,其目的也并不是为了学生运动技能的形成。对于一些同样是在室外进行的学科,如军训、劳技等学科而言,由于它们的教学形式和内容同身体活动有密切关系,其中还伴有大肌肉群运动,有的主要目标也是技能形成,因此容易与体育教学内容相混淆。可是通过认真的分析,我们还是能够发现这些教学形式和内容与体育教学内容的不同。它们之所以不属于体育教学的内容,主要是因为它们有的不是以形成运动技能为培养目标,或者不是在体育教学环境下进行的活动。

2. 体育教学的内容与竞技体育训练的内容的差异

体育教学的内容与竞技体育训练的内容具有一定的差异性。竞技体育训练的内容的目的主要是为了促进运动员竞技水平的提高,它是以竞技运动为手段,来达到娱乐和竞赛的目的。现代体育教学的内容主要是以学校体育需要和学生的体育需求为依据,促进学生的全面发展。

在竞技运动训练中,各种训练内容的主要目的是为了在比赛中取得胜利,它不需要按照一定的教学目标和任务对其内容做出适应性调整,也没有必要从教学的角度做出调整。而作为教育内容的篮球运动,它需要对学校的阶段教学目标进行充分考虑,并根据学生心理和生理的发展特点,弄清学校篮球运动场地器材的实际情况,在合理安排教学课时和教学计划的情况下进行。

在现代教学中,体育教学是其重要的组成部分,而体育教学的内容是现代教学内容的重要组成部分。体育教学内容具有独特的性质,在教育内容中具有独特位置,其加工和选择具有鲜明的个性。

(三)体育教学内容的主要特征

1. 教育性

体育教学内容可以作为一种教育媒介,对受教育者进行相关的教育活动。因此当人们决定将这些身体活动作为体育教育内容之前,首先会对其本身是否具有教育性进行考虑。在体育教学内容中,其教育性可以通过以下几个方面体现:

(1)对受教育者身心发展的帮助。

(2)对落后、危害活动的摒弃。

(3)活动过程中冒险性和安全性共存。

(4)广泛的适应性。

(5)避免过于功利性。

2. 健身性

体育教学内容的学习过程,实际上也是学生从事身体练习的过程。在这一过程中,学生必然承受一定的运动负荷,这为增强体能、增进健康提供了可能性。合理安排身体练习的负荷,对增进健康的作用是其他课程无法相比的。

3. 系统性

体育教学内容的系统性主要表现在以下两个方面:

(1)体育教学内容本身所具有的系统性,即由于体育运动中所存在的内在的规律使得项目与项目、技术与技术、内容与内容之间存在着一定的联系和制约因素,从而进一步形成了体育教学内容内在的结构。在编制学校体育教材时,这一内在的结构能够提供很好的理论依据。

(2)根据学校的教育目标、教学条件和教学环境,以及各个年龄阶段学生不同的生长发育特点,对体育教学内容中存在的规律性特点进行认识,并对各个学校、各个年级的教学内容进行系统的、有逻辑的安排,同时还要处理好它们之间的相互关系。这些方面也综合体现出了体育教学内容的系统性。

4. 娱乐性

体育运动项目是体育教学内容的重要来源,而大多数的体育运动项目都是从各种各样的游戏中发展与演变来的。娱乐性和趣味性是运动性游戏的主要特征。学生在进行运动学习、训练与竞赛的过程中会经历合作与竞争,体验到成功与失败,这会对学生的情绪和情感产生深刻而丰富的影响。

5. 实践性

在体育教学内容中,最为突出的应该就是运动的实践性。因为在体育教学内容中,绝大部分都是以身体练习形式来进行的。在体育教学内容的实施过程中,始终是与体育实践活动紧密联系的,学生也只有通过实践,从事这些以大肌肉群运动为特点的运动,才能对所学内容有真正的理解。如果学生仅仅是通过语言的传递,光靠看、想、听是很难达到体育教学内容所要求的水平的。当然对于许多教学知识和道德培养的内容,也会存在于体育教学内容中,但这些知识的学习和道德的培养,也都需要学生在运动实践中才能真正掌握。这一点与其他学科的教育内容形成了鲜明的对比。

6. 开放性

集体活动是现代体育教学中进行运动学习和比赛的主要的内容活动形式,而运动是通过位置的改变来实现的,并且人的交流与交往在运动学习、训练和比赛中非常频繁,所以与其他的教育教学内容相比,人际交流的开放性在体育教学内容中表现得更为明显。正是将这种人际交流的开放性作为基础,体育教学内容才具备了培养学生竞争、协同、集体精神的独特功能,使得教师与学生、学生与学生在学习体育教学内容的过程中,关系变得更加开放、密切,以小组形式进行的教学活动使得小组内有了更加明确的分工。

7. 非阶梯性

相比于一般学科知识内容,体育教学内容还有一个较为突出的特点,即它没有那种由简到繁、由易到难的较为清晰的阶梯性结构,也没有较为明显的由基础到提高的逻辑结构体系。体育教学内容更多的是由众多相互平行的竞技运动项目和身体练习组成,并且还包括繁多的理论知识素材,都为体育教学内容的选择增加了难度。

8. 空间约定性

体育教学内容还有一个"空间约定性"的特点。其原因是大多数的运动都是在固定的场地上进行的,有的甚至是以场地来进行命名,如"沙滩排球""田径""郊游"等。换句话说,如果不受特定空间的束缚与制约,这些内容就会发生质的改变,甚至一些内容本身就不存在了。由于体育教学内容的空间制约性,使其对场地器材具有很大的依赖性,而且使得场地、器材、规则本身也成为体育教学内容的重要组成部分。

(四)体育教学内容的构成

在各年级的课程中都会有一定的体育类课程,其教学内容丰富多彩。随着经济社会的发展,人们也越发重视体育对于身心健康的作用,所以体育课程在未来将发挥越来越重要的作用。对体育教学内容的构成展开研究,对实现体育教学目标以及满足社会发展需求等方面具有积极的意义。

1. 基本教学内容

(1)体育、保健基本原理与知识

学生通过学习体育基础知识和基本原理,从而对体育有一个更为深刻的理解,这样对学生未来的生活和工作都有非常重要的意义,使学生能够更好地、更加自觉、理性地进行身体锻炼。此外,学生通过学习卫生与保健知识,对身体健康所需要的环境和健康的重要性有一个全面的认识,并掌握一些基本的保健方法和手段,从而更自觉地养成良好的生活习惯,以保持身体健康。此类教学内容与学生现实生活中可能遇到的实际问题密切联系。不仅如此,在这类内容的选择上要切忌支离破碎、简单无逻辑地罗列知识,而是要注意紧跟当前社会发展潮流,精选针对学生有重要意义的体育、保健原理来组织教学内容,并注意考虑结合运动实践部分的内容来组织教学内容。

(2)球类运动

球类运动主要包括足球、篮球、排球、乒乓球、羽毛球、橄榄球、网球等。学生通过对球类运动教学内容的学习,能够认识和理解球类运动的基本情况和球类比赛的共性特征,并掌握一项或两项球类运动的基本技术和运用战术的技能,并具备参加球类比赛的运动能力,以及组织比赛和参与裁判工作的知识和技能。此类教学内容中的技战术通常较为复杂,每种技战术或技战术之间的组合相互依存、互相制约。因此,若要筛选出适合教学的内容显得比较困难。如果只是对单一技术进行教学,那么就失去了球类运动的本质,不能进行顺畅的比赛和应用,也会导致学生对球类运动失去兴趣,最终也不能使单个技术得到运用和提高。而若想整体详细讲解和介绍又需要一个较为长期的过程,有些球类运动若想达到一定的教学目标,至少需要一学年的时间甚至更长。因此,如果计划开展此类项目,则应通盘考虑,注意把技术教学、战术教学与实际比赛结合起来。

(3)田径

田径运动与人的走、跑、跳、投等基本活动能力有内在关系,所以被誉为"运动之母"。通过此项教学内容使学生了解田径运动,理解田径运动在身体锻炼中的意义,使学生明白跑、跳、投等的基本原理和特征,掌握一些基础性、实用性较强的田径运动技能,学会用田径运动来发展体能的方法和注意事项,掌握一些基础的田径裁判和组织比赛的技能。田径教学内容既与田径运动技能有直接联系,同时还与人克服障碍、进行竞争的心理要求有内在联系。因此,应从文化、竞技、运动、心理体验以及发展体能作用等方面去全面地理解、分析教学内容并组织教学。

(4)体操

体操运动包括技巧、支撑跳跃、单杠和双杠等。它是发展人的力量性、协调性、灵活性、平衡性等能力最有效的运动。体操的历史较为悠久,自人类进入文明时代后,体操就一直伴随着人类的发展,它还与人克服各种外界物体的心理欲求有联系。通过此项教学内容,应使学生了解体操运动文化的概貌,了解体操运动对人体的锻炼价值和作用,明白基本的体操原理和特征,掌握一些典型的、实用性较强的体操技能并学会用体操的动作来进行身体锻炼和娱乐、竞赛的方法及注意事项,能运用保护与帮助的手法去安全地从事体操运动。对体操教学内容进行分析时要主要考虑到它的竞技、心理、生理等方面,力求使这些方面全面地发展。在教学过程中要注意循序渐进的原则,逐步逐量地加大动作难度、幅度以及改变动作连接等方式提高教学难度,使学生的技能得到切实提高。

(5)民族传统体育

民族传统体育的内容有武术、气功及各民族的传统体育内容。通过此项教学内容使学生对中国优秀、丰富的民族传统体育情况有所了解,并懂得用其来健身、自卫的方法,使学生在学习技能的同时理解中国的"武德"精神,讲究武术中的礼貌举止,并与爱国精神、民族自尊心的培养结合起来,教会学生基本功和一些主要动作。

民族传统体育教学需要较长的教学时间,同时还要兼顾教学的实效性。对于普通学生而言,民族传统体育往往需要较强的基本功,这种基本功不是一朝一夕能够习成的。因而,这种教学内容的教学重点不应只是放在一定要学生在学习过后能够完美地展现完整动作上。传授这部分教学内容应根据学生的心理特点,强调教学内容文化性、实用性、范例性,特别是加强对这些教学内容文化背景和意义的介绍。

(6)韵律运动

韵律运动包括健美运动、民间舞蹈、健美操、体育舞蹈、韵律操、艺术体操等内容。通过学习,学生能够对各个运动项目的基本特征有一个大概的了解和掌握,并了解一些这项运动的基本规律和基本原则,同时掌握一些使用的套路动作和一些较为基本的健美运动技能。此外,学生还能够掌握对一些动作和套路进行创编的能力。通过此类运动项目的学习,还可以对学生的身体形态进行改善,并培养学生的身体节奏感和身体表现能力。

韵律运动在组织教学内容时,应从审美观培养、舞蹈音乐理论介绍、感情表达能力培养和健身效果等多方面来考虑。以往此类教学内容过多地考虑了动作练习的教学以及练习中的运动量的增加等,而对于向学生传授一些基本原则并让学生尝试自编的要求较弱。因此,应考虑加强对学生韵律运动知识的培养和学生自编能力的提升。

2.任选教学内容

我国幅员辽阔、民族众多,在这种环境下,各地区或各民族的体育文化在不断演进中都逐渐拥有了各自的特点。开展任选教学内容是为了适应各地不同的教学条件以及丰富的体育教学内容,通过这一部分教学内容使学生掌握一些与本地区文化背景有关、有地方特色的、地区社会所需要的体育知识和技能。

由于在体育教学大纲中可能对其中一些教学体育项目没有做出详尽的安排和指导,相关人员在选择和确定此类教学内容时,应注意在教学的过程和计划中要有较为明确的要求和标准,以使其达到最佳的组合和效果。这部分内容的选用要符合选用教学内容的基本要求,注意其文化性、实用性、特色性。

二、体育教学方法概述

(一)体育教学方法的概念与含义

体育教学的方法即为实现体育教学目的而采用的手段、方式、措施和途径等的总和。具体而言,可将体育教学方法的概念定义为:在体育教学过程中,为了达到体育教学目标和实现体育教学目的,由师生所采用的具有可操作性的教学方式、途径和手段的总称。关于体育教学方法的含义,可以通过以下几个方面掌握:

1.体育教学方法是教师"教"与学生"学"的统一

体育教学方法是教与学的统一,只有师生之间实现有效的双边互动,才能够更好地发挥体育教学方法的价值与作用。体育教学活动可以简单理解为"教师的教"和"学生的学"两个层次的内容,教师和学生是教学活动的主体。体育教学方法和手段都是针对学生来选择与运用的,教师和学生之间有密切的关系。在师生的双边互动中,体育教学的任务和目的逐步实现。因此,教和学这两方面的内容贯穿于体育教学方法实施的始终。

2.体育教学方法是师生动作和行为的总和

教学方法是在师生互动中得到贯彻与实施的,体育教学的方法也是师生之间行为动作总和的体系。体育教学的方法与其他科目教学方法的主要区别在于,体育教学方法在注重教学语言要素的同时,更加注重动作要素。体育教学过程中,各种动作的掌握和熟练都需要教师进行示范、讲解以及纠正,并在此基础上,学生重复进行练习,才能最终掌握相应的技术动作。因此,体育教学方法是教师和学生的动作和行为的总和。

3.体育教学方法和教学目标不可分割

任何一种体育教学方法都具有一定的目标性,如果脱离了目标,那么体育教学的方法也就失去了其存在的意义。体育教学方法应与体育教学目的之间保持密切的联系,教学方法的实施应能够促进体育教学目标和任务的实现。因此,体育教学方法作为体育教学的重要组成部分,其服务于体育教学的目标和任务。体育教学方法和体育教学目标之间具有一定的不可分割性,如果将两者割裂开来,那么体育教学方法将没有明确的方向,会表现出一定的盲目性;而体育教学目标任务如果脱离了体育教学方法,则不能得到有效实现。

4.体育教学方法的功能具有多样性

现代体育教学不仅注重学生动作和技术的掌握,以及各方面身体素质的增强,它更加注重学生的全面发展。因此,体育教学方法的功能也具有了多样性的特点,多功能的体育教学方法不仅能够在一定程度上促进学生运动能力的增强,还能够促进学生思想道德品质、心理素质等方面的发展,对于学生的全面发展具有重要的促进作用。

(二)体育教学方法的特点

1.多种感官集体参与性

体育教学活动是感知、思维和练习三者的结合,因此,其教学活动也需要多种感官参与其中,这样才能够保证各项动作的顺利完成。体育教学活动的特殊性要求在体育教学过程中,所有参与者都需要动员身体的各种器官。具体而言,教师需要为学生进行相应的动作示范,并且对学生的动作进行必要的指导和纠正;学生则需要进行必要的准备活动,然后进行相应的动作练习。在学习过程中,参与者的眼睛、耳朵等感官对运动的方向、用力的大小和动作的幅度等方面进行感知,学生通过自身和他人信息反馈控制身体完成正确的动作,形成正确的动作定式。

鉴于体育教学活动的上述特点,在进行体育教学活动时,教师应运用多种方法,有效调动学生的各种器官参与学习活动,以使得学生更好地掌握相应的运动。具体而言,在体育教学活动中,应引导学生认真学习,积极思考,注重动作技术的调节控制,并大量重复练习。对于学生而言,正确的体育教学方法能够更大限度地调动多个身体器官参与活动,从而帮助其掌握各种动作,实现学习目标。

2. 感知、思维和练习有机结合性

在体育教学过程中,学生的学习是一个复杂的认知过程,在这一过程中学生需要动用思维、感知、记忆和想象,并结合具体的身体练习最终实现动作的掌握。因此,体育教学方法也是感知、思维和练习相结合的过程,在结合的过程中,学生需要通过自身的信息接收器官将外界信息传送至大脑皮层,并运用大脑对各种信息进行整理、分析和加工,然后大脑指挥人体的各器官完成相应的动作。通过动作的不断重复,使得学生建立起相应的动力定型,实现动作的自动化,也同时掌握相应的动作技术。在这个学习过程中,信息的感知是动作学习的基础,思维活动则是学习过程的核心,而练习是动作技术掌握的重要手段。

体育教学方法的实施过程是认识与实践、心理与身体相结合的过程,是感知、思维和练习三者的有机结合。

3. 实践操作性

体育教学方法与一般的教学方法相比,其最大的特点是实践操作性。体育教学方法必须与体育教学实践紧密相连,当然有些方法是室内学科教学方法的借用,如直观教学法、讲解法等,但这些方法必须根据室外体育教学的特点、环境、学生的队列等情况加以调整,否则就不能适应体育教学。

体育教学的主要方式是身体运动,身体运动是学生对自身身体的运动感受,具有"此时此地"的特点,因此,在选择与安排教学方法时,一定要根据体育教学自身操作活动的实践特点进行,而不仅仅是停留在理论层面上。只有结合实践操作的体育教学方法,才能让学生在掌握动作技术概念的基础上,通过身体实践活动达到掌握运动技能、促进心理发展的目的。同时,体育教学方法必须得到体育教学实践的检验,才能判断其教学方法是否有效。

4. 时空功效性

体育教学可以划分为不同的阶段,在不同的阶段内,有着鲜明的阶段特点,师生之间相互产生着一定的影响。在教学的开始阶段,教师处于主导地位,随着时间的推移,学生的主体地位逐渐增强。

在教学过程中,教学方法和途径发挥了重要的作用。在开始阶段,学生学习动机、兴趣、欲望等的激发,需要教师运用合理的方法。教师通过讲解、示范等方法来使学生理解和掌握相应的知识和技能;学生在学练过程中,通过一定的方法来感知、理解和掌握相关的知识。总之,在体育教学的不同阶段,体育教学方法都发挥着其应有的作用,这是体育教学方法的时空功效性特点。

5. 运动与休息合理交替性

在体育教学过程中,学生的大脑和身体通过一定的学习活动会产生相应的疲劳,造成学习效率的下降。尤其是高强度的身体运动对于学生的体能消耗较大,这时为了保证教学活动的正常进行,有必要安排相应的休息活动。

在学习活动中,学生通过一定的认知、理解和记忆后,会有相应的脑力消耗;通过进行相应的身体练习,则会使得人体的能量消耗加剧,人体相应的器官出现一些疲劳症状,并且随着运动负荷的增加,其会对学习活动产生一定的消极影响。因此,体育教学方法应注重运动与休息的结合,使学生的身体疲劳能够得到一定程度的缓解,保证学生保持较高的学习效率。

需要注意的是,这里的休息并不一定是指暂停相应的活动,也可能是一种积极的休息——通过开展相应的轻松的活动,来达到身心的放松,帮助学生消除疲劳症状。安排休息时,应注重积极性休息和消极休息的结合,使得休息能够更好地达到预期的效果。

6.继承发展性

体育教学的方法是在长期的体育教学实践过程中逐步发展起来的,经过多年的积累、发展和创新,逐渐形成了内容丰富的体育教学方法体系。很多教学方法具有鲜活的生命力,经过多年的发展依然在教学过程中发挥着巨大的作用。这些有效的教学方法值得人们总结、整理和借鉴。在教学实践过程中,在继承传统的经典教学方法的基础上,一些新的教学方法不断被提出,使得体育教学方法体系不断完善。

需要指出的是,虽然体育教学的方法众多,但不应过于迷信现代化的教学方法,更不能对一些国外的教学方法进行刻板的模仿。教育工作者应在扬弃的基础上发展创新,在时代发展的大环境下,在体育教学具体实际的基础上,对教学方法进行开拓创新。

(三)体育教学方法的分类

体育教学方法众多,对其进行分类整理不管是对教学方法体系的发展完善,还是对教师科学选用体育教学方法,都具有极为重要的意义。但是,目前对于教学方法的分类缺乏统一的标准和依据。通常,体育教学的方法分为两个基本大类:教法类和学练法类,具体内容如下:

1.教法类

(1)知识技能教法

知识技能教法包括基本知识的教法和体育技能的教法。

①基本知识的教法。基本知识的教学包括体育保健类知识以及体育的相关理论等的教学。体育基本知识的教学方法同其他学科的教学方法类似,这类教学方法进行分类时也较为复杂,根据不同的分类依据可将其分为不同的类别。

在体育教学过程中,教师在选择相应的体育教学方法时,要注意教学的情境活动和它的多功能发挥,要将体育教学的基本知识与体育活动的具体实践密切结合起来,教学方法要具体可操作。

②体育技能的教法。体育技术技能的教学方法即为一般意义上的运动教学方法,这是体育教学方法中与其他学科的教学方法有很大差别的部分。在采用相应的体育教学方法时,应首先确定体育教学的目的。教师应首先明确教学的目的是使学生掌握运动技术技能,

还是为了增强学生体质或是要达到其他什么目的。其次,应对体育教学的内容进行分析和处理,运用相应的动作教学方法来实现相应的教学任务。体育教学的目的以及体育教学的内容不同时,活动的方式也会有很大的区别,这时就需要采用不同的动作方法和策略。因此,体育技术技能教学方法具有灵活多变的特点,应根据具体的教学情况随机应变。

(2)思想教育法

思想教育法是对学生进行思想品德教育和美育的方法,这也是体育教学的重要任务之一。在开展相应的思想教育时,应结合体育教学的特点采用相应的教学方法,确保教学能够收到良好的效果。体育教学方法的运用要能够促进学生顽强拼搏的意志品质的形成,培养其团队协作的意识,要促进学生个性意识的发展,并促使其形成正确的价值观念和审美观,培养其探索性和创造性思维。

2.学练法类

(1)学法类

学法类即为指导学生进行学习的方法,这也是体育教学的重要方面。在进行体育教学时,指导学生进行学习的方法应注重以下几方面的内容:首先,应确保学生能够较好地掌握前人积累和总结的知识和经验,在继承的基础上求得发展。其次,学生应将相应的知识和经验与自身的个性特点相结合,从而形成终身体育意识与拥有相应的能力。

总而言之,学法类的教学方法应使学生不仅能够掌握相应的知识和技能,还要使其愿学、会学,并且在以后的工作和生活中能够对所学的知识进行运用,使其养成良好的体育锻炼习惯。

(2)练法类

指导学生锻炼的方法是体育教学里面最具本质特征的方法。练法类教学方法对于学生的身体素质以及各项运动技能的发展具有直接的作用和效果,在教学过程中,学生应能够理解和感受身体运动时的各项体验。在教学过程中,有众多身体锻炼的方法,其效果因人而异。另外,各种教学方法既可以单独使用,也可以进行有效的整合,从而形成一定的方法体系来运用。在教学过程中应使学生明确各种练法的作用和意义,并把握不同练法之间的联系,从而能够自如运用。

第二节 体育教学内容的科学探究

一、体育教学内容的编排

体育教学内容的主要的编排方式包括直线式排列和螺旋式排列,同时还包括以上两者综合在一起而得到的混合型排列方式。在历届的教学大纲当中,关于直线式排列和螺旋式排列所能够运用的教学内容,往往只是模糊地说明。

与体育教学内容编排的理论相关的研究仍存在以下问题:

(1)并不是仅仅对锻炼身体作用显著的教材才适合于螺旋式排列的编排方式。这是由于一些兼具难度和深度的教学内容,总是要求学生熟练掌握运动技能,这些教学内容对于螺旋式排列方式来说更加适合。

(2)对于适用于直线式排列的教学内容没有明确。迄今为止,所有的体育教学大纲都缺乏对这一问题的详细说明,提及最多的地方仅仅是说体育卫生的相关知识的编排适合用直线排列来进行。所以适用于直线式排列的编排方式的体育教学内容,成为在体育教学内容编排理论当中的一大盲区。

(3)对直线式排列和螺旋式排列当中单元的区别缺乏明确的说明。例如,每学期3课时"螺旋式排列"、一次3课时"直线式排列"和一次30课时"直线式排列"的教学内容,对于教学计划的安排以及产生的教学效果一定是不同的。假如进行编排时选用排列方式的比例没有影响,那编排理论中所说的螺旋式排列和直线式排列这两种排列方式的不同点究竟是什么?假如在体育教学内容的编排中并不存在这样的统一规定,那么,适合3课时"螺旋式排列"的内容包含什么?适合30课时"螺旋式排列"的内容又包含什么?适合3课时"直线式排列"或者适合30课时"直线式排列"的教学内容又是什么?这些问题是切实存在的,因此必须有一个合理的说明。

教育科学出版社所出版的《体育与健康》一书中,对于体育教学内容的编排提出的理论是:体育教学内容的编排当中,存在循环周期的现象。这种循环是指在同一教学内容当中,不同的学段、学年等范围当中进行的重复安排就是循环周期现象。这种循环的周期有的是课、有的是单元、有的是学期、有的是学年,甚至有的循环是在某一个学段当中。以跑步为例,一节体育课上要进行100米跑,下一次课当中仍要进行100米跑就是以课为周期的循环。在一个学期内安排100米跑,在下一个学期内的课程上仍要安排100米跑就是以单元和学期为周期的循环。

根据以上理论,我国体育教学学者根据不同的内容性质,将体育教学的内容的编排分为四个层面:"精学类"教学内容——充实螺旋式、"粗学类"教学内容——充实直线式、"介绍类"教学内容——单薄直线式、"锻炼类"教学内容——单薄螺旋式。

以上编排方式很好地满足了新课程标准中对体育教学内容的要求,并根据体育教学内容当中的自身理论,结合体育教学内容当中的实际运用的现状,创新地将各个方面的内容合理编排在体育教学中,所以在未来很长一段时间内,这种编排方式都将是非常适用的。

二、体育教学内容的选择

体育教学内容这一因素在体育教学当中非常重要,体育教学内容对整个体育教学活动的过程产生着非常大的影响。体育教学内容同时还将教师与学生连接在一起,促进学生和教师之间的信息交流。体育教学内容对于体育教学方法和教学手段起着制约的作用,这有助于体育教学目标与课程目标的实现。为了适应时代的需求,体育教学内容的选择必须要符合一定的依据,遵循一定的原则。

(一)体育教学内容选择的依据

1. 体育课程目标

在实现体育课程目标的过程中,体育课程内容是作为手段而不是目的存在的。体育课程目标存在多元性的特征,体育运动项目和身体练习也具备可替代性的特征,这都使体育教学内容的选择变得更具有多样性。所以选择体育教学内容时必须有标准可以依据。

体育课程的目标是教学内容选择的重要依据,这是由于体育课程目标在体育课程编制的过程中,在每一个阶段内都作为教学内容的先导和方向,所以它经过了多方专家的合理思考验证,对各个方面的影响都进行了认真合理的验证。因此,体育教学内容必须遵循体育课程目标,相应的体育课程目标对应着相应的体育课程内容。

2. 学生的需要及身心发展的规律

选择体育教学内容时,学生的需要是必须要考虑的。体育教学以促进学生身心发展为目的,所以对体育教学内容进行选择的一个必要的因素就是学生对于体育的需要和兴趣,这对于有效学习是非常重要的。学习需要学生的主动参与,而主动参与就是说,学生自身的积极和努力必不可少。通常学生面对感兴趣的事情,其参与的动力就会大大增加,学习的效率也将倍增。这符合一些学习观点,即如果学习是被迫的而不是学生出于兴趣进行的,那么学习在某种意义上来讲是无效的。调查结果也验证了这一说法,那就是如今大学生虽然非常喜欢参与课外体育课程,但对于体育课却是兴味索然,最重要的因素就是教学内容缺乏趣味性。

学生对教学内容的接受程度取决于其身心发展规律以及特点,因此从这个角度来说,体育教学内容要使学生可以接受,并且要使学生产生兴趣。所以学生的特点决定着教学内容当中的各项要素。

3. 社会发展的需要

学生的个体发展无法脱离社会的发展。体育教学能够在健康方面为学生打下良好的基础,所以在进行体育教学内容的选择时,除了考虑学生本身的需求,社会现实发展的需求也必须被考虑进去。在选择体育内容方面不能够忽视学生走入社会后发展所必需的体育素质,所以体育教学内容必须能够满足学生在社会发展当中各方面的需要。除此之外,体育教学内容必须做到与社会生活和学生生活联系在一起,这样才能让学生体会到它的作用,体育的功能才能得以实现。因此,体育教学内容的选择与社会实际相符是非常重要的。

4. 体育教学素材的特性

在体育教学内容的选择中最重要的要素就是体育教学素材,而它最大的特性就是并没有很强的内在逻辑关系,这种特性使得体育教学内容的选择无法完全按照难易程度和学生素质来进行。因此体育教学内容往往只是以运动项目进行划分,但各个教材内容之间的关系是平行和并列的,比如篮球和足球、体操和武术。表面上看似有联系,但这种联系并非能够表现得非常清晰,而且并没有先后顺序,也无法判断一项能够作为另一项的基础。所以在这里是无法确定教学内容内部的规定性和顺序性的。

体育教学素材的第二个特性是具有一项多能和多项一能的特点。所谓"一项多能"就是指一个运动项目能有非常多的体育目的,在这个项目中有着目标多指向性的特点。以健美操为例,有人用这个项目来锻炼身体,有人用这个项目进行娱乐,同时这个项目还有表演的作用,在很多情况下,进行健美操运动往往能实现多个功能,这就是说,学生掌握了一项运动之后,就能够实现多种目的。"多项一能"则突出了体育教学内容之间具备的可替代性。比如从事投掷练习,可以扔沙袋,可以投小垒球,可以推实心球,可以推铅球。想通过体育运动得到娱乐放松,可以踢足球,可以打排球,同样还可以打篮球、打网球。这就是说想达到某种运动目的并非只有一个项目可以实现,不同的项目也同样能够做到。正是由于这个特性的存在,使得在体育教学内容中没有不可或缺的项目,使得体育教学内容并不具备强烈的规定性。

体育教学素材的第三个特性是它拥有庞大的数量。庞大的数量使得其内容相当庞杂,并且在归类上存在一定的难度。人类文明诞生以来,创造出的体育运动项目数不胜数,丰富多彩,并且每一个运动的技能对于练习者的身体素质有不同的要求。鉴于此,没有哪个体育教师能够精通全部的体育项目,所以对体育教师的培养才要求一专多能,体育课程的设计者也很难寻找出最合理的运动组合以运用到体育教学内容当中,同时也几乎不可能编写出适合所有地区和教学条件的教材。

体育教学素材的第四个特性是在每个运动项目中,其乐趣的关注点都是各不相同的。以篮球和足球为例,其乐趣就是在激烈的直接对抗中,通过娴熟的技术和精妙的战术配合而得分。再如在隔网类运动当中,其乐趣则是双方队员在各自的场地中通过巧妙的配合,而将球击到对方场地而得分。因此,每个体育运动都有各自乐趣的特性,使得在体育教学内容的选择上,乐趣是无法忽略的因素,这同时是快乐体育理论得以建构的重要依据,并且这一理论在体育改革进程中发挥着关键作用。

(二)体育教学内容选择的原则

1. 教育性原则

进行体育教学内容选择时,首先应从教育的基本观点出发,对体育教学素材进行选择,分析其是否与教育的原则相符,是否与社会固有价值观相适应,是否有利于学生的身心健康发展。

体育课程内容必须与体育课程的主要目标相匹配,确立"健康第一"的指导思想,并以此作为体育教学内容当中最基本的出发点,同时要重视其中的文化内涵,使学生在学习体育技能的同时能深刻体会到体育文化修养带来的益处。学校体育在培养学生时应首先考虑学生品德、智力、体质等方面的全面发展,将理论与实际结合起来,使学生了解人体科学知识的同时真正锻炼身体,还要从思想文化等方面下功夫,使学生得到全面发展。体育教学内容的选择要充分考虑不同学段学生的发展特点,其个体差异与不同需求将会影响体育教学内容的选择,所以要充分考虑差异,确保每一位学生受益。进行体育教学内容的选择时,还要根据各个方面的实际,确保选择时有足够的空间和灵活性。

2.科学性原则

进行教学内容的选择时,固然要重视健身性和兴趣性,但科学性原则也应得到重视。体育教学内容选择当中的科学性有以下三层含义:

(1)教学内容的选择必须有利于学生身心的协调发展。要注意,有些教学内容虽然有利于学生身体健康,但对于学生的心理健康并不利。因此,教学内容的选择必须做到使学生在开心的体育活动中同时积极促进身体的发展。

(2)教学内容同时也要使学生能够从根本上对科学锻炼的原理和方法有一个深入的了解,这种了解可以增加学生从事体育锻炼时的自觉性和积极性。

(3)教学内容本身的科学性。对体育教学内容的选择应注意防止一些科学性不够强的体育项目作为教学内容进入课堂。

3.实效性原则

体育课程是一门以身体活动为主要手段促进学生身心健康的课程。实效性就是判断某项体育教学素材是否实用、是否简便易行、是否有助于学生的身心健康。国家相关文件在教学内容的改革方面特别强调,要对教学内容当中的"难、繁、偏、旧"以及教学过程过度偏重书本知识的现状予以改变,在教学内容当中,加强学生生活与现代社会及科技发展的联系,关注学生学习的兴趣,教学内容中的知识和技能要有利于学生终身体育的发展。所以在进行体育教学内容的选择时,一定要选择与学生自身的体育学习兴趣和经验相接近的、大众喜欢的教学内容,同时要强调教学运动项目的健身娱乐效果,奠定学生终身体育的发展基础。

4.趣味性原则

兴趣是帮助一个人学习的最好的老师,因此在进行体育教学内容的选择时,应根据学生的各方面特征,尽量选择他们感兴趣的、有趣味的,在社会上比较流行的体育素材作为教学内容。虽然大多数竞技运动项目的健身价值和教育价值是不可低估的,但是长期以来,体育教育工作者更加关注竞技运动项目教学的系统性和完整性,用培养运动员的方法进行体育教学,这导致很多学生开始厌恶体育课。

5.民族性与世界性相结合的原则

体育课程内容的选择要保留我国民族传统体育当中的精华,同时对国外好的课程内容加以借鉴和吸收。不能对自己民族的东西盲目自信,但同时更不能有崇洋媚外的思想。体育教学内容的选择就应该与时俱进,体现当今时代中国的特色。

(三)体育教学内容选择的步骤

1.用教育的观点审视现有的体育素材

将教育怎样更好地满足社会发展需要,进而推动受教育者获得全面协调的教育和发展,作为基点分析和评价现有的体育素材,即分析和评价现有的体育教学内容能否对受教育者强健体魄、增强体质、强化思想品德教育、养成良好思想品质产生积极影响,剔除不符合教育要求、有害学生身心发展的素材。

2.根据体育教学的目标对体育运动项目进行整合

由于体育教学内容是实现体育教育课程目标的方式,因此选择体育教学内容的前提必须是体育教学目标。不同的体育项目和身体练习方式对人们的生理和心理方面有着不同程度的影响。因此,在人们身体和心理等方面,不同的体育项目和身体练习方式均会表现出其主要的作用和影响。选择体育教学内容时,应当始终遵循体育教学目标,对不同体育项目和身体练习方式的主要作用和影响进行分析,进而有效整合不同体育运动项目和身体练习方式,并将其作为形成体育教学内容的基本素材。

3.对各种体育运动项目进行典型性分析

体育运动项目和身体练习不仅具备多功能性和多指向性的特征,即有相似功能的体育运动项目与身体练习方式的手段很多,同时体育运动项目和身体练习手段还带有显著的可替代性。有大量的体育项目和身体练习能够作为体育教学内容的素材,但是体育教学的学习时间极为有限,无法把大量体育项目和身体练习都纳入到体育教学内容中。因此,必须与社会需求和社会条件有机结合,充分了解和考虑不同阶段的学生的身心发展特点和兴趣爱好,进而在大量体育项目和身体练习手段中,选择出若干相对典型和较为常见的体育运动项目和身体练习作为体育教学内容。

4.根据不同水平的体育教学目标选择运动项目

年级不同,学生表现出的身心特点也各不相同,不同年级的体育教学目标也存在着一定的差异。因此,在为不同年级的学生选择体育教学内容时,需要依照不同学段学生的身心发展特点来选择和其相对应的体育教学目标,从而科学选择适于不同学段的体育教学内容。

5.可行性分析

因为地域和气候条件对体育教学内容的影响较大,因此并非任何地区都适宜同一体育教育教学内容的实施,同时体育运动的开展需要一定的场地器材作为保障,因此并非所有学校都适宜同一课程内容的实施。故而在对体育教学内容进行选择时,必须对场地器材的可能性进行充分考虑。在选择相同的课程内容时,必须给不同地区、不同学校在选择和实施体育教学内容方面留有充分的余地,从而保证不同地区、不同学校的执行弹性。

第三节 体育教学方法的科学探究

一、体育教学常见方法分析

(一)语言教学法

语言法即在教学活动中,教师通过对学生进行语言指导,从而达到相应的教学效果的方法。作为一名教师,能够正确、简明、形象地使用语言,对于学生的学习和教学工作任务的完成具有重要的意义。正确地使用语言,不但能够使学生更好地理解相应的学习目标和任务,还能够促进其对相应的知识和技能快速掌握。

因此，在体育教学过程中，教师应注重语言法的运用，注重语言的技巧。一般学校体育教学中语言法的形式有讲解、口头汇报、口头评价以及口令和指示等。

1. 讲解法

讲解即教师将相应的动作要领、方法和规则要求等方面的知识向学生进行说明，其目的在于更好地指导学生进行相应的运动技能的学习。讲解法是较为常用的教学方法，在运用时，应注重以下几方面的问题：

(1)要明确讲解的目的，根据教学的目标、教学内容和学生特点进行讲解。在讲解过程中，应对自身的语速、语气进行调节，并抓住教学内容的重点和难点，具有一定的目的性和针对性，这样才能够使学生明白哪些是重点和应该着重理解的方面。

(2)在进行讲解时，应注重其内容的正确性，不管是具体的工作原理还是相关的基本知识，都应做到准确无误。另外，还应注重讲解的方式要与学生的学习情况和学习能力相适应，使学生能够很好地接受相应的知识。

(3)为了更好地使学生理解相应的技术动作，讲解要做到生动形象、简明扼要。具体而言，在讲解过程中，应注重将新的技术动作和知识内容与学生已经了解和熟悉的内容联系起来，使学生更好地理解相应的动作技术。另外，教学时间有限，学生的注意力集中程度也会随着学习时间的延长而有所下降，因此，应抓住重点，简明扼要地进行讲解。

(4)在内容讲解过程中，不能将一些知识体系和动作技术孤立起来，要注重启发学生的发散性思维和创造性思维，使学生能够触类旁通、举一反三，更好地理解相关知识，达到学以致用的目的。

(5)在进行讲解时，还应注重讲解的时机和效果。首先，应选择合适的站立位置，确保每个学生都能够听到所讲的内容。其次，应充分调动学生的好奇心和积极性，如此才能取得更好的效果。

2. 口头汇报法

口头汇报是教师了解教学效果的重要方法之一，这种方法要求学生根据教学需要，向教师表述学习心得和有关教学内容、方式和疑难问题等相关方面的问题。学生的口头汇报，能够使教师明确自身在教学过程中的不足，为教师提高和发展自身的教学水平提供相应的依据。对于学生而言，通过这种方式不仅能够培养语言表达能力，还能够促进自己积极地思考，加深对教学内容的理解。因此，在教学过程中安排相应的口头汇报不仅有助于教师和学生素质的提高，对于教学质量的提升也有重要的促进作用。

3. 口头评价法

口头评价也是一种重要的语言方法，教师对于学生的动作完成情况以及课堂表现给予相应的口头评价，能够更好地促进学生的学习。口头评价可分为两种，一种为积极的评价，另一种则是消极的评价。积极的评价即对学生的正面鼓励，这能够在一定程度上激发学生的积极性，促进教学活动更好地开展；消极评价则是否定性的评价，这种评价往往指出学生的不足，明确其提高的方法和努力的方向，用这种方式时应注重语气和口气。

4.口令、指示法

在体育教学过程中,需要借助多种口令和指示,如"立正""跑""转体"等。这些语言简短有力,能够很好地指导学生进行相应的技术动作的学练。但是,运用这些口令和指示时,应注意把握时机和节奏,避免造成学生动作的不协调和出错。另外,还应注重发音的洪亮有力,不仅要使学生能够清楚地听到,还应给学生以势在必行之感。

(二)直观教学法

直观法是体育教学中较为常用的一种教学方法。通过相应的直观的方式作用于人体的感官,引起相应的感知,从而实现体育教学目的。一般常用的直观教学法有动作示范、条件诱导、多媒体技术、教具和模型的演示等。在实践过程中,人们认识事物时都是首先从感官的感知开始的,因此,直观教学法能够使学生更易于理解相应的教学内容。

1.动作示范法

动作示范指的是教师采取一些示范动作使学生对技术动作的形象、结构和要领进行掌握的基本方法。一般在进行动作示范时,教师可亲自进行示范,也可指定相应的学生进行动作示范。在采用动作示范方法时,应注重以下几方面的问题:

(1)在进行动作示范时,应具有一定的目的性。如果是为了使学生了解动作的基本形象,示范动作可稍快;如果动作示范是为了使学生了解相应的动作结构,并引导学生进行学习,则动作应稍慢,可略夸张;如果是示范相应的重点和难点动作,可多示范几次。

(2)示范动作一定要注重其正确性,避免对学生形成误导。在进行相应的讲解时,不仅要注重内容的正确性,还要体现出教学内容的特点,并与学生的学习能力相适应,激发学生的学习兴趣。

(3)进行动作示范时,应让全体学生都能够看到。因此,可使学生呈圆圈形站立,或是错位站立。

(4)在进行动作示范时,一般会配合相应的讲解方法,使学生能够更好地理解。可采用先示范后讲解、边示范边讲解和先讲解后示范等方式。

2.条件诱导法

条件诱导法也是较为常用的一种教学方法,它是以某种条件为诱因,并与相应的动作建立联系,从而达到相应的教学目的。例如,通过相应的音乐伴奏和喊节拍的方式,形成一定的动作节奏感;通过简单的语言提示使得学生的动作能够流畅进行。另外,也可设置相应的视觉标志,指示学生进行相应的动作方向和运动轨迹、幅度等方面的操作。

3.采用多媒体技术法

多媒体技术主要包括电影、幻灯片、录像等。在运用电影、电视和录像时,应注意播放的内容要与体育教学目标相适应,并结合电影、电视和录像讲解和示范。多媒体技术虽然在教学过程中得到了普遍的运用,但是在体育教学过程中,其应用并不广泛。这与体育教学在户外授课、器材运用不方便有很大的关系。

4.直观教具与模型演示法

在体育教学过程中,对于一些高难度的动作可采用图表、照片和模型等直观方法进行辅助教学。运用这些教学工具能够使学生更易于理解相应的技术结构和动作形象。另外,对于一些战术配合,也常采用模型演示的方式进行讲解。

(三)完整与分解教学法

1.完整教学法

完整法指的是从动作开始到结束,完整地进行教学和练习的方法。一般技术动作的难度不是很高,或技术动作不可进行分解时,会采用完整法进行教学。另外,在首次进行动作示范时,也会采用完整法。完整法的优点在于动作协调优美、结构简单、方向路线变化较小,各部门之间具有密切的联系。其缺点在于对一些复杂的动作而言,采用这种教学方法会为教学带来一定的困难。为了便于学生进行学习,促进教学活动更好地开展,运用完整教学法应注重以下几方面的问题:

(1)在讲授一些简单和易于掌握的动作技术时,教师可以先进行完整的动作示范,示范之后,学生直接完成完整的动作练习。

(2)有些技术动作无法分解,这时要采用完整教学法。需要注意的是,在采用这种方法时,要对其中的各项要素进行必要的分析,如动作的力度、动作转变的时机等。但是,不能拘泥于动作的细节,要从整体上进行把握,确保动作的完整和流畅性。

(3)对于一些高难度动作,可适当地降低难度,可先通过降低难度或是徒手完成相应的动作,在此基础上逐渐增加难度。需要注意的是,降低难度时,不能使技术动作出现错误,这是基本要求。在教学过程中,对于一些器材的重量以及高度、距离等标准可适当降低。

(4)采用完整法进行教学时,可适当改变外部的环境条件,在外力条件的帮助下完成相应的完整动作。

2.分解教学法

分解法即将完整的动作划分为几个部分,逐步使学生掌握完整的动作技术。这种方法适用于难度相对较高,并且动作可分解的运动项目。采用这种教学方法时,能够将复杂的动作分解为简单的动作,从而使技术难度降低,更加有利于学生的学习和掌握。但是,这种方法也有其缺点,即它注重对于局部动作的分解把握,可能在一定程度上使学生对于整体的理解不全面。因此,分解教学法和完整教学法通常结合使用。

在运用分解法进行教学时,应注意以下几方面的问题:

(1)应仔细分析动作技术的特点,采用合理的方式对其进行分解,注重时间、空间等方面的有序性和统一性。

(2)将完整的技术动作分为多个环节时,应注重各个环节之间的联系,注重动作结构之间的联系性。

(3)在熟练掌握各阶段的动作之后,要注重各个环节之间的动作衔接,要保证其过渡的流畅性,形成有机的整体。

(四)预防与纠错教学法

为了防止和纠正学生在练习过程中出现和可能出现的错误动作,教师在教学过程中经常采用预防与纠错法。

在教学过程中,学生对于各种动作技术的掌握不标准和出错的状况是不可避免的,教师应正确对待,并注意进行有意识的引导和纠正。

预防和纠错是相互联系的。预防具有一定的超前性,要求对于可能出现的错误动作进行积极的引导,并要对其出错的原因进行分析;纠错具有鲜明的针对性,针对学生的错误动作采取相应的纠正措施,并分析出错的原因。预防与纠错的具体方法有以下几种:

1.语言表述法

为了使学生建立起正确的动作概念,应注重动作细节与要点描述的准确性,使学生能够明确理解各技术动作的标准和结构顺序。通过这种方式,能够使学生建立正确的动作意识。

2.诱导练习法

为了使学生的动作准确无误,可采用诱导性的教学方法,使学生达到相应的教学要求。例如,学生在做肩肘倒立时,不能将腰腹部挺直,针对这种情况,可采用在垫子上方悬一吊球,让学生用脚尖触球的方法,这样学生就可以挺直腰腹部了。

3.限制练习法

在进行相应的动作练习时,设置一定的限制条件,有助于错误动作的纠正。例如,在进行篮球投篮练习时,为了使学生的投篮动作更加协调、标准,可练习罚球线左右的投篮练习,使学生掌握正确的投篮方式。

4.自我暗示法

自我暗示法是一种重要的方法。学生在进行相应的动作练习时,为了保证动作的准确性,在练习中有意识地暗示自己达到要求的方法。例如,在进行篮球的投篮练习时,学生可暗示自己投篮时手指、手腕的动作要标准,使得自身的投篮动作准确无误;再如,在奔跑练习中要暗示自己注意后腿充分蹬地。

(五)游戏与竞赛教学法

1.游戏教学法

游戏法也是体育教学过程中较为常用的一种方法,它是指教师组织学生通过做游戏的方式来完成相应的教学任务的方法。通过开展相应的游戏,使得学生之间开展竞争和合作,提升学生的思考和判断能力,促进教学质量的提升。游戏法具有一定的趣味性,能够提高学生参与的积极性,培养学生的学习兴趣,因此在体育教学中被广泛地运用。

在运用游戏法时,应注重以下几方面的问题:

(1)应根据教学目标和教学内容采取合适的游戏规则和游戏要求,确保游戏内容与教学内容相契合。

(2)采用游戏法时,学生需要遵守相应的规则。但是,教师应注重鼓励学生充分发挥主动性和创造性,并通过开展相应的游戏引发和启迪学生思考。

(3)教师应做好相应的评判动作,要做到公正、客观,避免挫伤学生参与体育学习的积极性。

2.竞赛教学法

竞赛法即在教学过程中,为了检验教学效果和提高学生的技术水平,组织学生进行比赛的方法。竞赛法将所学的技术动作应用于实践,能够使学生更好地掌握相应的技术动作。采用这种方法具有一定的竞争性和对抗性,学生需要承受较大的运动负荷。通过开展竞赛,能够培养学生的应变能力,对于其心理素质和意志品质等方面的发展也能起到一定的促进作用。

采用竞赛法时,应注重以下两个方面的问题:

(1)开展竞赛时,应合理地组织,无论是个人赛还是小组赛,其实力应相对较为均衡。

(2)开展竞赛时,学生应熟练地掌握相应的技术动作,能够在比赛中很好地运用。

二、体育教学方法的选择

(一)选用教学方法的艺术

在体育教学实践过程中,有多种制约教学活动的因素,在不同的教学目标、内容、对象以及教学条件下,教学方法也发挥着不同的作用。这在一定程度上决定了教学方法的多样性。因此,在教学过程中,应注重教学方法的科学性、艺术性和综合性的结合,形成良好的教学方法模式,并且要灵活变通。实践表明,教学方法都有其优点和缺点,适用于所用教学条件下的教学方法并不存在。

在选择教学方法时,必须具有一定的科学依据。在教学过程中,应以教学规律为根据来选用合适的教学方法。教学方法与教学目标、教学内容、教学对象等方面均具有一定的联系,因此,在选择教学方法时,应分析和掌握这些因素之间的内在本质联系,从而确定科学的教学方法。

在选择教学方法时,还应注重选择的艺术性。教学方法不仅要具有一定的科学性,还要保证在具体的教学实践过程中,避免机械、僵化地运用。在实践过程中,应根据具体的条件和教学需要,选择相应的教学方法,必要时,还要对相应的教学方法进行加工和创造。

在教学实践过程中,教学方法的选择具有综合性的特点。不同的教师会采用不同的教学方法体系,并取得一定的教学效果。在选择教学方法时,也不能要求所有的教师都是千篇一律。不同的教师会有不同的教学方法,只要其教学方法能够取得一定的教学效果,就值得使用和发展。

需要注意的是,体育教学的内容处在不断的发展和变化之中,教学对象也呈现出变化性的特点,这就要求体育教学的方法也要不断进行发展和创新。因此,在选择教学方法时,应用发展的眼光看问题,动态地去选择。下面阐述选择体育教学方法的具体参考依据。

1.参考体育教学目标

体育教学目标的主要特征之一是多层次性,身体发展目标、技能发展目标、知识发展目标、社会发展目标和情感发展目标等是体育教学目标的不同层次。为了实现不同的教学目标,应采用不同的教学方法。在体育教学中教学目标并不是孤立的,它是多种目标的综合,但每一单元、每一堂课目标的侧重点是不同的。因此,在教学过程中,应根据具体的课堂教学目标选择重点发展某一方面的教学方法。课时教学目标是体育教学总目标的具体化,这一目标具有很强的指导性。它既有相应的运动技能和运动理论方面的知识,也有心理和品质品格方面的内容,针对这些不同的教学目标,应选择与之相匹配的教学方法。

2. 参考体育教材内容

体育教学的内容与教学方法之间具有密切的关系,如对一些技术动作教学内容应采用主观的示范操作的方法,而对一些原理和知识结构方面的内容则应注重运用语言法进行讲解。不同性质的体育教学内容,应采取相应的教学方法。每一种教学方法为实现一定的目标而运用在某一教材内容时,其效果也会表现出一定的差异性。因此,在体育教学过程中,应注重教学方法的灵活性。

3. 参考体育教学环境

教学环境对教学方法的选择有重要的影响。教学环境包括场地器材、班级人数、课时数等,同时,外界的社会文化环境也对教学环境有重要的影响。教学环境必然会对教学方法产生制约作用。例如,一些直观教学方法需要借助一定的教学器材才能实现相应的教学目标,而学校体育教学资源的具体情况在一定程度上对教师采取的教学方法具有决定作用。

教师在体育教学过程中,应充分结合现有的教学环境,选择合理的教学方法,最大限度地利用现有的场地、器材条件。

4. 参考学生的实际情况

在教学过程中,教学方法的实施对象是学生,采用多种教学方法的最终目的是促进学生更好地学习。因此,在选择相应的体育教学方法时,应与学生特点及其实际情况相符合。学生的实际情况包含多方面的内容,包括学生的年龄特点、性别特征、身心发育状况以及相应的知识储备和学习能力等。

学生处于不同的年龄阶段,其身心发展过程也就具有阶段性的特点。对于大学生而言,低年级学生和高年级学生的身心发展特点会表现出鲜明的差异性。另外,男女性别上的差异也会导致其对于体育的态度有所不同,因此,应采取合适的方法,充分调动学生体育学习的积极性。

学生的经验和知识储备以及其相应的学习能力也是教师选择不同教学方法的重要依据。对于知识储备量较为丰富,已经掌握了基础的知识技能,并且学习能力较强的学生,其在学习新的体育技能时能够更快、更好地掌握。此时,教师可采用合理的教学方法促进学生向着更高的技能水平发展。

5. 参考教师的自身条件

体育教师是各种教学方法的实施者,其自身的素质对于教学活动的效果有重要的影响。体育教师如果能力和素质有限将不能发挥相应的教学方法的作用,会对教学活动产生消极的影响。因此,教师在选择相应的教学活动时,应对自身的专业素养、能力水平以及教法特点有客观的理解。

一般而言,体育教师熟练掌握的教学方法越多,其越能够根据自身以及学生的实际情况选择出最佳的教学方法。不同教师根据学生实际状况采取同样的教学方法,也会得到不同的教学效果,可见教师自身条件极大地影响着体育教学活动。所以,教师要提高认识自身素质与教学风格的意识,并通过积极的学习增强自身的素质,尝试和掌握更多的教学方法。

(二)选择体育教学方法需要注意的事项

1. 注意师生之间的协调配合

在体育教学过程中,教师和学生的默契配合是取得良好教学效果的重要保证。教学活动不存在没有"教"的"学",也不存在没有"学"的"教"。因此,不管是何种教学方法,都应考虑到"如何教"和"如何学"这两方面的问题。

在传统体育教学过程中,片面强调以教师为中心,教学方法也只是注重教师"如何教"的问题,而对于学生在教学过程中的作用则选择性地忽略了。例如,教师在示范动作时,只考虑动作的优美性和协调性,而没有考虑学生的感受,从而使得学生的学习效果不佳,影响教学活动的开展。

因此,体育教学方法的应用应考虑师生双方的合理配合,避免两者相脱节,这样,才能取得良好的教学效果。

2. 注意学生内部与外部活动的配合

学生的学习过程是内部活动和外部活动的综合体现,因此,在选择相应的教学方法时,应注重两者之间的配合。所谓内部活动,即学生的心理活动以及相应的生理反应等方面;外部活动则是其动作质量、情绪、注意力等方面。

在选择相应的体育教学方法时,应注重这两者之间的配合。教师应善于分析学生的内外活动变化,将指导学生外部活动的方法与激发学生内部活动的教学方法结合,以促进学生积极主动地参与到体育学习中。

在选择体育教学的方法时,还应对多种教学方法进行对比分析,从而确定最佳的教学方法。在教学过程中,应明确不同的教学方法适应什么样的教学内容,能够解决什么样的教学问题,能够对什么样的教学对象起到更好的作用等。

3. 注意不同学习阶段的前后配合

学生在学习过程中,在不同的学习阶段会表现出不同的特点。体育教学方法的应用应考虑到学生学习知识的不同阶段的前后配合。例如,在动作学习过程中,应注重"模仿型"向"创造型"的过渡,并实现二者的有机结合。

学生的学习过程是由不了解到熟悉的过程。在学习的初始阶段,往往以模仿(模仿教师或他人)学习为主,之后,学生就会形成动作定式而完全摆脱模仿,从"模仿型"过渡到了"创造型"。这两个阶段之间具有一定的联系,又相互区别。因此,在运用教学方法时既要防止二者之间的互相代替,又要防止二者之间的割裂。

三、体育教学方法的运用

(一)运用体育教学方法的注意事项

良好教学效果的取得不仅要求教师要选择合适的教学方法,还要求教师具有良好的素养,能够有效运用体育教学方法。在对相应的体育教学方法加以运用时,有以下几个方面需要注意:

1.注意体育教学方法效果的影响因素

在对体育教学方法进行合理应用时,为了取得良好的教学效果,体育教师要加强与学生之间的协调配合。在体育教学实践活动中,教学方法所产生的效果受体育教师的知识储备、人格魅力以及教学技艺等方面的影响。所以,提高教师的素养对于教学方法使用的效果将会产生积极的影响。

然而,需要强调的是,体育教学是教师与学生之间的双边互动,学生因素对于教学方法运用的效果也具有重要的影响。因此,学生的能动性的发挥情况对于教学方法的运用效果具有重要的影响。例如,当学生没有太大的兴趣参与到体育教学中时,就会在课堂上表现出注意力不集中,即使体育教师使用正确、生动、形象的讲解方法或准确、协调、优美的动作示范,学生依然不会提高参与课堂学习的兴趣与积极性。

除了教师和学生因素之外,体育教学的物质条件和环境也在一定程度上影响着体育教学方法的运用。例如,在进行篮球运动教学时,如果是在较为干净的室内塑胶场地上,学生在奔跑和起跳时的心理状态与在水泥地面上是不同的,室内塑胶场地上,当学生起跳落地时,可以做出相应的保护性动作,能够有效避免受伤。因此,在强调教学主体主观因素的同时,也不可以将物质和环境等客观因素忽略掉。

2.注意体育教学方法有关理论的运用

有关体育教学的理论源于实践,但又高于实践,是科学总结体育教学实践的结果。因此,体育教学方法既要注重实践方面的问题,也要注重理论方面的探索。如果体育教学的相关理论具有一定的片面性,则其体育教学的方法也会表现出一定的片面性。在体育教学过程中,体育教学方法方面的理论基础应综合考虑以下几方面:

(1)辩证唯物主义与唯物辩证法的基本观点。

(2)系统论原理,深化理解体育教学系统。

(3)教育学、心理学等与体育教学有关的学科理论知识。

(4)普通教学论和体育教学论,这是体育教学方法直接的理论基础。

(5)对当代各学科的先进理论成果进行借鉴和吸收,创造性地应用相应的理论和方法。

总而言之,在体育教学过程中,应用新观念、新理论指导体育教学工作,不断对体育教学方法进行创新,并充分发挥各种教学方法的效用。

（二）体育教学方法的优化组合运用

1. 优化组合运用的原则

(1) 最优性原则

不同教学方法的特点、功能和应用范围都会有差异，各教学方法都有其优缺点。因此，在对教学方法进行组合运用时，会形成不同体系的综合教学方法，每一套教学方法也有其鲜明的特点。教师在进行教学方法的优化组合时，应根据实际情况，选择一套最符合实际情况的教学方法。教师应从整体入手，将各种教学方法进行有机结合，充分发挥教学方法体系的整体功能。

(2) 统一性原则

统一性原则要求教师在选择相应的教学方法时，应注重"教"与"学"的统一，使得两者之间密切结合，相互促进。如果只强调其中的一方面，教学活动并不会取得良好的效果。另外，统一性原则还要求，在教学过程中，应将教学方法的多种功能充分地发挥出来，促进学生素质的全面发展。

(3) 启发性原则

不管是何种形式的教学方法，其都应该能够更好地调动学生的积极性和自觉性，促进学生积极思考与探索，促进学生全面提高自身素质。在体育教学活动中，教师应注重学生兴趣和动机的培养，发展其自主思维和学习的意识。

(4) 创造性和灵活性原则

在选择体育教学方法时，教师应注重发挥自身和学生的创造性，应对教学方法进行积极的改进和创新，使其更加适用于自身的教学实践活动。只有这样，才能够使教学方法的功能最大化，从而取得较好的教学效果。教师要对教学方法不断发展和创新，这样才能与教学水平的发展相适应。

教学活动是一个系列动作的过程，教师在课前设计的教学方法可能在具体的教学实践中面临多方面的问题，这就需要教师灵活应变，根据实际教学情况，对所选的体育教学方法进行灵活的、创造性的运用。

2. 体育教学方法优化组合的程序

(1) 进一步明确体育教学的任务

选择不同的教学方法要以教学任务和教学目标为主要依据。因此，教师应将一节课的具体教学任务进行分析和细化，制订详细的任务规划。

(2) 根据实际情况将总体设想提出来

教师通过对教学任务、教学内容、学生的具体情况以及教学外部情况等进行分析，对相应的教学方法进行评估和分析。在提出教学的总体设想时，教师应将教学方法的可行性和适用性充分考虑进来。

(3)对多种体育教学方法加以优化组合

制订教学方法的具体方式和细节表,对于各种教学方法进行分析,并对其不完善的地方进行相应的补充。在此基础上,教师将优化组合后的教学方法应用于具体教学实践中。

(4)实施与评价优化组合的教学方法

在体育教学过程中,通过学生反馈的形式对教学方法产生的效果进行跟踪了解。教师要对教学方法的反馈信息进行归纳和分析研究,并对教学方法做出相应的调整。在以后的教学过程中,教师要不断地总结经验和教训,促进教学方法的不断优化。

第四节 现代体育教学内容与方法的创新发展

一、现代体育教学内容的创新发展

(一)对学校体育教学内容的反思

1. 学校体育教学内容的逻辑关系不强

由于体育教学内容相比于其他教学内容没有足够强的逻辑性,所以在教学内容的安排上应当避开逻辑性,在更深的层面上进行研究。

2. 竞技项目如何教学化

在我国的体育教学内容发展过程当中,竞技体育项目始终是体育教学的主要内容。但与体育教学相比,运动训练有本质上的不同,所以如果以专业训练的标准要求学生在体育课程中学习,那么必然会出现难度过高、内容枯燥、教学效果欠佳的问题。所以要想在体育教学内容中加入竞技体育的内容,那么对其进行改造是必不可少的。

3. 学校体育教学内容与健康教育的畸形关系

体育教学内容从根本上来说,应当与健康教育相辅相成。但在实际教学当中,人们一直都很忽视对理论基础知识的选择,固有思想总是认为体育课就是要实践,认为上体育实践课的教师对于健康教育是不在行的,而会上健康教育课的教师对于体育实践课又不熟悉,这时体育教学和健康教育就被剥离开来。但是终身体育观点的提出使人们认识到,体育与卫生保健是相辅相成的,科学锻炼才能保障健康。所以体育教师必须注重理论与实践相结合。

4. 学校体育教学内容应该多样化还是重点突出

相比于其他学科,体育教学在横向上的内容更加丰富,因为其他学科的内容有着比体育教学更强的逻辑性。终身体育思想使得很多教育工作者开始思考,目前的体育教学内容太多导致学生学不会的问题经常出现,所以很多学者提出学生只要具备一项运动技能就足够了的观点,他们认为,学生进行终身体育,一项体育技能足矣。同时也有很多反对的声音,他们认为这种观点将把体育教学内容置于一个过于狭小的范围内,并且一个项目很难满足人一生中各个阶段对体育运动的需求。所以,项目太多或项目太少对于体育观念来说都过于片面。这一问题可以通过在初中、小学设置多样化教材内容,而高中、大学则选择特长项目的方法来解决。

(二)学校体育教学内容的发展趋势

随着时代的发展,体育教学内容也会呈现出不同的时代特点。在我国体育教学改革的逐渐推进下,体育教学的内容将会呈现出一定的发展趋势,具体方向如下:

1. 体育教学内容更加注重学生的全面发展

在传统体育教学中,体育教学的内容只注重学生身体素质的发展,带有一定的片面性。在体育教学内容的未来发展过程中,其由只重视身体素质发展逐渐转变为重视学生身体素质、心理素质和社会适应能力的全面发展。在教育思想、方针政策、体育目标、体育功能的影响和制约下,选择体育教学内容的范围也受到了很大的限制,这使得体育课曾一度成为以提高学生身体素质为主要目的的达标课。在我国开始实行和推广素质教育的情况下,体育教学内容的选择需要与素质教育的具体要求相符合,以使学生的心理素质、身体素质以及社会适应能力都得到全面的发展,从而将学生培养成为全面发展的社会需要的人才。

2. 体育教学内容更加注重学生终身体育意识的形成

终身体育教学思想是现代体育教学的重要指导思想,在这种教学思想的影响下,体育教学内容将更加注重学生终身体育的教育目标的实现。终身体育已成为当今世界体育发展的一大趋势,要想实现这一目标就需要使学生学习和掌握参与终身体育所需的知识、态度和技能。因此,在未来的体育教学发展中,运动文化的娱乐性与传递性、教材的健身性之间的关系将被协调整合起来,一些具有健身价值、终身运动性质的体育运动项目将被作为体育教学的内容。

3. 由规定性向选择性以及不同学段逐级分化发展

以往的体育教学大纲在对体育教学内容进行确定时,总是试图在具有极强综合性的体育学科中寻找运动项目之间的逻辑关系,并将所选择的体育教学内容按照一定的逻辑关系使之体系化,但体育教学内容因缺乏相应的逻辑性而给教材的设置造成了一定的困难。将来的体育教学大纲在对体育教学内容进行选择时,将重视遵循体育学科自身的内在规律,同时重视将具有娱乐性、健身性、时代性的体育素材,以及学生喜闻乐见的体育素材纳入到体育课程之中,并且不同学段的教学内容和要求也有一定的区别,"选择制教学"将获得进一步的发展。

4. 从教师价值主体逐步转向学生价值主体

社会及学校教育的发展水平、教师与学生的价值观念都会对体育教学内容的选择与确定产生一定的制约。在传统的体育教学大纲中,选择与确定的体育教学内容主要是将体育教师对体育教学内容的价值取向体现出来,围绕着教师的"教"来进行体育教学内容的选择。

随着现代体育教学改革的不断深入,体育教学内容的选择与确定主要是从学生的实际需要出发,更多地将学生的价值取向体现出来,即教学内容的选择应服务于学生的"学"。

5.体育教学内容对新体育项目的吸收

体育教学内容开始逐步吸收一些民族传统体育项目和一些新型的娱乐体育项目。随着现代社会的快速发展以及大众体育的蓬勃发展,不断涌现出一些新兴的体育运动项目和娱乐性体育运动项目。青少年更加喜欢追逐潮流、追求时尚,所以也喜欢那些新兴的、娱乐性强的体育运动项目。因此,体育教学内容应革新以往传统体育教材的统治局面,注重对一些新兴时尚的特色运动项目的吸收,将其作为体育的教学内容。此外,未来体育教学内容的开发可以重点考虑我国各民族传统体育项目,这些具有民族特色和健身价值的体育项目是体育教学内容的良好素材。

(三)学校体育课程内容的新体系

体育要做到与社会相结合,同时与学生的日常生活相结合,这在现代体育的发展中是又一个不可逆转的趋势。所以学校体育教学内容应当扩充,形成自己的新体系。在这个新体系当中,体育教学内容应当包括身体教育、保健教育、娱乐教育、竞技教育和生活教育五个方面。

1.身体教育

身体教育是指以健身为目的的体育教育。身体教育的目标是要提高人的各项基本活动能力。在这其中,身体成分、肌肉力量、有氧耐力及柔韧性是与健康相关的重要的运动素质。

2.保健教育

保健教育指在学习相关体育知识的过程中确保学生的安全和健康,这其中生理和保健知识也是必不可少的。在体育教学内容中,必须重视运动处方的理论和实践,从而将保健教育和体育教学结合起来。

3.娱乐教育

体育教学内容中的娱乐教育可以非常灵活地结合在社会的每个角落。每个民族每个人的娱乐体育活动都是丰富多彩的,因此促使它成为体育教学内容,是一种有益的选择。

4.竞技体育

竞技体育主要是以专项运动项目为主要内容的教学内容。由于竞技体育事业的飞速发展,学生对竞技体育相当喜爱。但在教学过程中,绝对不能照搬对运动员的要求进行体育教学,在各个方面应该结合学生实际情况进行适当的处理,从而满足学生的需求。

5.生活教育

生活教育在这里指防卫训练、拓展练习、冒险教育及健康生活教育。在现今时代,城市化影响着每一个人,包括学生。但这种生活有时候会显得单调,因此很多学生希望亲近大自然。而这种追求在体育教学内容方面可以有新的选择。

(四)体育教学内容改革的方向与建议

1. 体育教学内容改革的方向

随着我国体育教学改革的逐步深入,一些改革的试点也正在如火如荼地开展教学工作。在体育教学改革中,体育教学内容的改革无疑是其中最重要的一个方面,它是改革中最为直接、最易见效的部分。因此,体育教学内容的改革一定要把握好方向,其改革的方向应重点把握以下几点:

(1)改变体育教学内容趋于单纯的锻炼和达标相统一的趋势。

(2)解决体育教学内容与学生社会体育活动之间的差距问题。

(3)解决体育教学中与体育教学内容难度有关联的"教不会""教不懂"的问题。

(4)解决学生因体育教学内容缺乏娱乐性而越来越不喜欢体育的问题。

(5)解决乡土教学内容开发不足的问题。

(6)解决体育教学内容民族化的问题。

当前,体育教学内容的改革既要求新内容的开发,又要求恢复一些传统体育教学内容中的精华部分,以提升学生学习体育的积极性。

2. 体育教学内容改革的建议

针对目前我国体育教学内容改革中存在的一些问题,结合现代体育教学内容改革与发展的方向,作者提出以下几条建议:

(1)以学生为本,在选择体育教学内容时应更多地从学生如何学以及他们兴趣的角度出发。

(2)改变体育教学内容规定过死的现象,将教学内容弹性相应地扩大,使地方学校和教师对体育教学内容的选择、设计更具灵活性。

(3)逐渐淡化竞技运动的技术体系。

(4)教学内容应更加概括,涵盖范围更广,让学生和教师选择体育教学内容的权限更大,给教师和学生留出广阔的空间。

(5)适当增加女生喜爱的韵律体操和舞蹈内容。

体育教学内容的改革不是一时一日而成的,它是一项长期的任务。在改革的过程中,要真正使体育教学内容成为学生喜欢的、想学的、对未来的身体锻炼和业余休闲起到积极影响的有价值的东西,这需要国家、学校以及包括体育教师在内的体育教学工作者的不断探索和努力,只有这样,改革后的体育教学内容才能与时俱进,符合时代的发展和学生的体育需求。

二、现代体育教学方法的创新发展

(一)体育教学方法的发展历史

体育教学现象出现以后,才有了体育教学方法,然而这并不等于说在课堂体育教学出现之后才有了体育教学方法。在民间的传统体育传授过程中,一些方法早就已经得到了应用,只是当时的人们缺乏对教学方法的科学性和系统性的认识。因此,现代意义上的体育教学方法是现代体育教学出现以后产生的。体育教学方法具有鲜明的时代性。

1. 体操和兵操时代

在传统社会里,军事战争是体育运动发展的推动力之一。在封建社会和资本主义社会的早期,为了增加士兵的作战能力,士兵会进行相应的体育训练。这时的体育教学方法主要以训练式和注入式为主,较为单调。这种训练式和注入式的教学方法偏重于大运动量的不断重复,通过苦练来增加人体的运动记忆,并增强体能。

2. 竞技运动时代

近代以来,随着资本主义社会的不断发展,竞技运动也得到了快速的发展,竞技运动项目逐渐增多。竞技运动以公平、平等等思想为指导,并且融入了众多的文化因素,充满生机和活力。竞技运动要求运动员具有高超的运动技能,但一味地苦练并不能适应竞技体育发展的需要,体育教学方法的改进成为必然的趋势。

这一阶段,教学效率明显提高,新的教学方法陆续出现,比如演示法、观察法以及小团体教学法等。

3. 体育教育时代

现代体育得到了很大的发展,并且成为学校教育的重要组成部分。体育成为一种文化现象,其内容也得到了极大的拓展,涉及健康教育、心理训练、安全教育、体育咨询、体育培训等。体育知识和技能快速发展。

人们针对体育教学的内容、方法的研究也逐渐深化。体育教学的方法不但要使学生掌握相应的体育知识和技能,还要促进学生的全面发展,使其身体素质、心理健康、运动欣赏能力等都得到相应的发展。随着技术的发展,一些新的体育教学方法也随之出现。计算机、录像、电影等多媒体技术的发展,使得运动表象和感知等方法得到了快速的深化发展,体育教学的方法更加科学、规范,并向着更高层次发展。

需要注意的是,新的体育教学方法的出现并不意味着传统体育教学方法的消失。在不同的时代条件下,会出现与这一阶段的生产力和科学文化发展相适应的体育教学方法。这些新的体育教学方法与传统体育教学方法相结合,相互借鉴,共同促进了体育教学的发展。体育教学方法处于不断发展的过程中,随着教学环境、教学对象和教学内容的发展,呈现出不同的阶段性特点。

(二)现代体育教学方法的发展特征

体育教学方法具有一定的时代性。现阶段学校体育教学方法的发展呈现出了以下几个特征:

1. 体育教学理论的发展促进了教学方法的改善

体育教学理论的发展有利于体育教学方法的创新与进步。在新的体育教学理论的指导下,体育教学方法逐步实现了发展和创新。在传统的体育教学过程中,对于体育运动技能的分析有所欠缺,并且同一运动项目的教学方法相对较为固定,甚至在不同的运动项目中都采用同样的教学方法。所以,在种类繁多的运动项目面前,体育教学方法是"以不变应万变"。然而随着有关专家对球类运动项目不断深入的研究,"领会式教学法"因适合球类运动应运而生。

2.学生个性发展促进了体育教学方法的改进

时代环境不同,学生就会表现出不同的特点,并且学生的个性特点具有变动性。因此,为了更好地促进体育教学目标的实现,促进体育教学效果的提高,应根据学生的具体情况,采用不同的体育教学方法。

学生各方面的变化主要体现在以下几个方面:

(1)随着接受的知识的增多,学生的认知能力逐渐提高。

(2)随着时间的变化,学生的身体逐渐发育。

(3)随着学生知识和阅历的丰富,其个性越来越强,并且形成了相应的价值观念。

另外,社会的文化价值观念对学生的个性发展也有较为显著的影响。体育教学方法应随着学生各方面的变化进行适当的调整。

3.体育教学内容的变革促进了教学方法的变革

为了适应时代的发展,满足学生的体育需求,体育教学内容处于不断的发展和变革之中,这也导致了体育教学方法的变革。例如,随着定向运动和野外生存运动被引入到体育教学之中,体育教学活动的野外组织和教学方法得到了更加广泛的开发。

4.科技进步促进了体育教学方法的创新

科学技术发展迅速,在不断丰富和方便人们日常生活的同时,在其他领域也发挥着重要的作用。在体育教学中,科学技术的进步对教学方法的影响是极其深远的。随着计算机技术的快速发展,其在体育教学中迅速得到普及,这使得体育教学中的动作示范更加标准、科学,资料的搜集、整合更加便捷,并且学生在学习空间和时间方面的限制减弱,实现了实时的信息沟通。运用计算机进行动作示范,能够从不同的侧面,以不同的速度,对不同部位的动作进行细致的分析和研究,这比传统的讲解示范更加科学、高效。

(三)学校体育教学方法的发展趋势

现代学校体育教学经过多年的发展,已经成为一个较为成熟的学科。教学方法经过多年的发展,已经形成具有自身特色的教法体系。随着经济社会的不断发展,其呈现出以下几个方面的发展趋势:

1.现代化趋势

在教学方法的现代化过程中,体育教学方法的现代化十分明显。体育教学现代化重要表现之一是教学设备的现代化,通过采用先进的技术手段,使得教师能够更容易地开展教学活动,学生能够更好地学习。通过先进的现代化设备,教师能够对学生的身体素质有更加深刻的了解,并能够更好地确定运动训练的负荷量。在教学管理方面,能够对学生的学习和生活提供更加便捷的服务。随着现代社会的发展,体育教学的各项技术逐渐发展,其教学方法也必然呈现出现代化的发展趋势。

2. 心理学化趋势

心理学认为,学习是一项复杂的心理过程。在体育教学过程中,学生学习既涉及相应知识的记忆,又涉及动作技术的记忆。随着心理学研究的发展,学习过程的各个方面被人们所认识,并且在具体教学实践过程中,心理学的相关理论逐渐受到重视。在体育教学方法的发展过程中,很多心理学的研究成果将会进一步得到应用,这对于体育教学效果的提高具有重要的意义。另外,体育教学还肩负着培养和发展学生的良好意志品质、促进学生的心理健康等方面的重要作用,通过运用相应的心理学方面的方法,能够更好地达成这方面的目的。

3. 个性化与民主化趋势

体育教学方法的个性化和民主化是其发展的主要趋势之一。在传统的教学过程中,教师是教学的主体,具有很强的统一性,教师的教学活动忽视了学生个体之间的差异性。随着教学活动的开展,社会越来越注重学生个性的发展,体育教学方法也必然呈现个性化发展趋势。个性化的教学方法改革和创新对于学生和社会的发展均具有重要的意义。

体育教学的民主化也是大势所趋。随着教学过程中民主意识的崛起,民主化的体育教学方法也逐渐得到快速的发展。

(四)体育教学方法创新

在创新教学理念的影响下,一些其他教学类别的教学方式也逐渐被移植入体育教学之中,如自主学习法、合作学习法以及发现式教学法等。

1. 自主学习法

为了实现相应的教学目标,在教师的引导下,学生依据自身的需要和条件树立相应的目标,选择相应的教学内容,并通过独立分析、探索、实践、质疑、创造等来进行学习的方法就是自主学习法。自主学习能够充分发挥学生的主观能动性。

在体育教学中,自主学习法指的是"为了实现体育教学目标,学生在体育教师的指导下,依据自身的需要和条件完成设置目标、选择内容等学习步骤,实现学习目标的一种体育学习模式。"自主学习法有独立性、能动性和创造性等特点,有利于激发学生学习体育的积极性,培养学生的体育自主学习能力,确立学生在体育学习中的主体地位,提高体育教学的学习效果。

在体育教学过程中,采用这种方法时应注意以下两方面的问题:

(1)学生应根据自身的知识储备和能力水平,选择相应的目标和学习内容,并在教师的引导下进行。

(2)学生应根据自身情况,对照学习目标,积极进行自我调控,并及时改进方法和策略。

2.合作学习法

合作学习法是指"在教学过程中,对学生进行相应的分组,学生为了完成共同的学习任务而有明确的责任分工的互助性学习形式。"各小组成员根据自身的特点承担相应的责任,各成员之间是相互依赖的关系,在相互协作中,完成相应的任务。在体育教学中,应用该方法时应遵循以下几个步骤:

(1)在教师的引导下,学生结成相应的小组。

(2)全体成员在教师的指导下,根据教学内容确定相应的教学目标。

(3)确定各学习小组的研究课题,并对各小组成员明确分工。

(4)小组成员合作学习,围绕相应的主题完成自身的任务,从而实现小组任务目标。

(5)各小组进行一定的学习和交流,分享相应的成果,并纠正自身的不足。

(6)对学习的过程进行评价,总结经验和得失,促进下次学习更好地开展。

3.发现式教学法

发现式教学法是通过积极引导学生发挥自己的创造性思维,使学生在发现的过程中进行学习的一种教学方法。有学者将其定义为:"从青少年学生的好奇、好动等心理特点出发,以发展学生的创造性思维为目标,以解决问题为中心,以机构化的教材为内容,使学生通过再发现进行学习的方法。"

在体育教学过程中,运用发现式教学方法要遵循以下几方面的步骤:首先,提出相应的问题,或是设立相应的学习情境,使学生面临相应的问题和困难,学生在教师的引导下进行相应的探索;其次,学生通过相应的练习,初步掌握技术动作的原理和方法;再次,通过分组讨论,提出相应的假设,进行相应的实践验证,并对提出的问题进行讨论,最后得到共同的结论。

采用发现式教学法时,应注意以下几方面的问题:

(1)教师要善于提出问题和创设相应的情境,要充分调动和激发学生的积极性,激发学生学习的兴趣。

(2)教师提出的问题应适应学生的能力水平,使学生能够根据已有的知识和经验,通过一定的探索得到相应的答案。

(3)要注重抓住教学的重点,引导学生对于重点问题进行积极思考,并找出解决问题的方法,启迪学生的创造性思维。

(4)采用这种方法时,应注重由浅入深、由抽象到具体,使得学习过程符合人们的认知规律。

第六章　体育教法与学法的运用与变革

第一节　体育教学方法的问题与变革

  过去人们对教育教学的研究多是对教师教学的方法研究,很少做学生学习方法的研究。当今时代的发展促使教学方法的研究改变了这种局面,把"教"推向了"学",指出没有教学方法的转变就没有学生的转变,没有学习方法的发展就没有学生的发展。新课程实践证明,教学方法与学习方法的有效性制约着体育新课程功能的实现。基于此,本节研究与梳理体育教与学方法产生的机理,厘清其发生的机制,寻觅经验,以促进体育教与学效果的提升。恰如学者王道俊所言,"教学方法是为完成教学任务所采用的办法,是教学活动有效运行的关键要素。它包括教师教的方法和学生学的方法,是教师引导学生掌握知识技能,获得身心发展而共同活动的方法[①]。"学者王策三也在《教学论稿》一书中指出,"教学方法由教学方法和学习方法两方面组成,是教师和学生课堂间交流与互动的联结载体,是教学系统中最具能动性的部分,不仅直接影响着学生学习行为的有效性,而且还关系着教学效率与学习效率的高低[②]。"

一、教学方法的历史变革

  从哲学上看,体育教学方法的运用是教师对知识价值关系的认识或反映,烙印着教师自我的教育价值观对教学的"前理解",标识着教师在完成知识传授任务时,对教与学的选择、安排等的具体表现。从教育的历程看,教学方法的运用呈现出明显的阶段性特征与时代表达。不同时代背景下对知识需求的期待不同,对教学方法选用的要求也就不同,这与其教育主张产生的特定时代背景相关。如在我国古代,基于当时社会生产力低下,导致知识创新的基础较差。教育的基本教学方式是言传与身教,年轻一代只能在与年长者的共同生活中,通过模仿和记忆学习相关知识。受时代的制约,其教育取向以传授知识为主,通过传授知识来培养学生的德行。因而,传道、授业、解惑就成为教师的天职。为此,教学方法的选用多以讲授法为主要形式,这使得检验课堂教学能否取得满意的效果,不是取决于教学方法的正确使

[①] 王道俊,郭文安.教育学(第七版)[M].北京:人民教育出版社,2016.
[②] 王策三.教学论稿(第二版)[M].北京:人民教育出版社,2005.

用与否,而是取决于教师的学识水平如何。教师讲好了,学生就学好了,长此以往,就把其演变为了"满堂灌"和"填鸭式"的教学形态。这种教学方法最大的优点是节省时间和精力,可以在最短的时间内最大限度地向学生传授知识。正如夸美纽斯在《大教学论》中指出:"这种教育将不是吃力的,而是非常轻松,一个先生可以同时教几百个学生[①]。"

但当人类社会由低级文明不断前进,迈向21世纪的新知识经济时代时,时代要求教育要把启发和鼓励知识创新放在重要的位置,由寻求普遍性的教育规律走向寻求个人情境化的教育意义,即教育要把人个体本质中的个性内在能动凸显、发展出来,为个人知识的意义理解与建构提供支持,满足新知识时代对人发展的需求,于是以个性为解放的、新的知识教育形态日益凸显,正在成为不可阻挡的世界潮流。它拉开了人类社会由知识取向的教学理解(侧重于知识性积累的拥有)、能力取向的教学理解(侧重于知识的把握与创造)开始迈向解放取向的教学理解(以发展人的完整性和能动性为核心)的帷幕,彰显出个性的发展是社会进步的核心,只有实现个性(最大发展区)解放的教育才是时代的追求。为此,解放人的潜在能力,挖掘人的创造力,促进人的全面发展就成为今天和未来教育的首要任务。也正因为如此,建立以人为本的新的教学观和教育观,实现教育的本质是解放人的一种个性化学习活动,成为当代世界各国教育改革的目标和发展的普遍趋势。在这一思潮影响下,传统的教育观念被彻底颠覆与抛弃,对此美国未来学家阿尔文·托夫勒指出:"未来的文盲不再是不识字的人,而是没有学会学习的人。"[②]显然再用传统"接受式"的教学方法,无法培养出学习者个体不同的发散思维,无法扶植与培养学生的创造性,不符合培养个性和创新精神的为21世纪社会服务的人才目标,难以满足社会发展对人才培养的要求。因为,21世纪社会生产力的发展,要求教育不仅要完成传授知识的任务,还要实现让学习者创造新知识的任务。为此,转变教育观念、改革教学方法、探索合作学习、探究性学习以及自主学习等,就成为当务之急。教师不是简单的传声筒,他们如何选择教学方法,是教师整体认识与能力的直接反映。教师要教好学生,提高教学效率,就必须按时代教育的目的选择怎样教和如何教,即教师要会教和善教。只有懂得教学方法和学习方法与时代发展的适配联系,才能科学掌握好教学。新教育理念在当今教学实践的认识论证明,教学方法和学习方法的结合是推进体育新课程的一个重要组成部分。只有这样,新课程才会由目标走向现实。

二、学校体育教学方法改革的趋势

从致思取向的维度分析,从20世纪80年代以来,我国学校体育教学的趋势,在指导思想、功能运用和结构特征三个方面发生了根本性的转变。

[①] (捷)夸美纽斯.傅任敏,译.大教学论[M].北京:教育科学出版社,2015.
[②] (美)阿尔文·托夫勒.黄明坚,译.第三次浪潮[M].北京:中信出版社,2018.

（一）在教学指导思想上由教会知识转向教会学习

1972年雅克·德洛尔主席向联合国教科文组织提交了《教育——财富蕴藏其中》报告。其明确提出21世纪教育发展的理念，应是围绕"学会认知、学会做事、学会生活、学会发展"这四种学习方式进行安排，并进一步指出，"这种学习不仅是获得经过分类的系统化知识，更多的是为了掌握认知的手段。"在这一背景下，"学会学习"就成为新世纪课程教学的宗旨、核心理念与教学指导思想的追求。

（二）教学结构特征由以教为主转向以学为主

"以学生学会学习为中心"的新教学特点，已成为当代体育教学的理念。这要求教学由以教为主转向以学为主的意义建构。在教学内容上，要给学习者提供多样化的运动选择，尊重学生对不同体育内容学习的需求。在教学组织上，要建立适应学生个别差异的条件与学习情境，让学生根据自己的运动能力、技能水平与兴趣风格，选择学习的相应层次与学习领域。在学习考核与评价上，要体现出学会学习的意义建构生成。既要重视成绩考核的结果，又要关注学习进步的过程；既要重视技能学习的评判，又要让学生领会体育学习。

3.在教学方法运用上由统一教学转向多元教学

在教学方法的设计与选用上，要把体育学习纳入促进人发展的视野，正确看待不同学生体育学习的不同方式，给予学生更多的学习机会，发现更多学习的联合因素，扬长补短、因材施教地使学生的主体性得到充分发挥。教师应采用集体教学与差异教学相结合的方式，实施学习程度分层、学习内容分层、学习方式分层、学习作业分层、学习评价分层等多元化构建，防止学生"有的吃不饱，有的吃不了"。让尖子释放出运动能力，放飞体育天赋；让中等生完成提高赶优，提升兴趣爱好，养成运动习惯；针对运动能力弱的学生进行耐心辅导，激发学习热情，使其不会因运动能力不足放弃体育学习，从而达成学习者全部实现终身体育的运动目标。

第二节 体育教学方法的组织与运用

教学方法是教师和学生为了实现共同的教学目标，完成共同的教学任务，在教学过程中运用的方式与手段的总称。体育教学方法，从广义上来讲，是指在体育教学过程中，教师指导学生为达到一定的教学目标所进行的一系列活动方式、途径和手段的总和。从狭义上来讲，是体育教学中教师按照明确教学目的选择的、以循序渐进掌握体育教材知识为主采用的某种方法（如表6-1所示）。我国常用的体育教学方法一般分为：传授体育知识与技能的方法、发展体能的方法、思想品德教育与发展个性的方法（如图6-1所示）。

表 6-1　目前我国中小学普遍采用的体育教学方法的分类

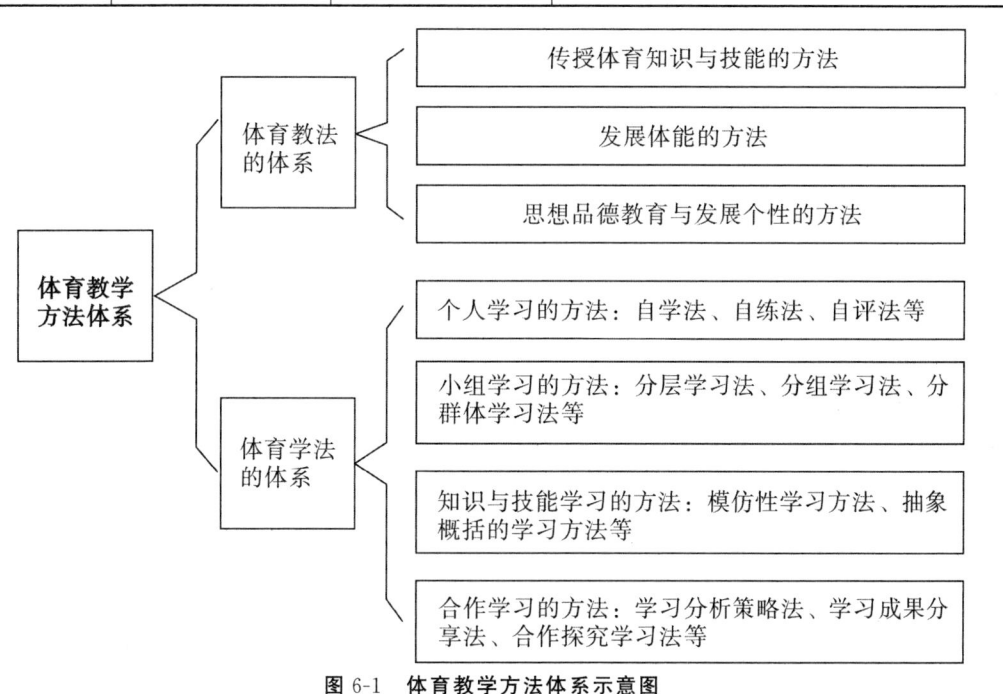

体育教学方法体系一				
体育教学方法	传授知识方法	讲授法	重复练习法：可分为重复练习法和间歇重复练习法	
^	^	谈话法	^	
^	^	演示法	^	
^	掌握动作技能的方法	讲解与示范	^	
^	^	练习法	变换练习法：可分为连续变换练习法和间歇变换练习法	
^	^	预防和纠正错误法	^	
^	锻炼身体的方法	重复练习法	^	
^	^	变换练习法	综合练习法：可分为循环练习法、流水作业法、比赛法、综合练习法、游戏法	
^	^	综合练习法	^	
^	发展个性和品德教育法	说服法	^	
^	^	评比法	^	
^	^	奖惩法	^	

体育教学方法体系
- 体育教法的体系
  - 传授体育知识与技能的方法
  - 发展体能的方法
  - 思想品德教育与发展个性的方法
- 体育学法的体系
  - 个人学习的方法：自学法、自练法、自评法等
  - 小组学习的方法：分层学习法、分组学习法、分群体学习法等
  - 知识与技能学习的方法：模仿性学习方法、抽象概括的学习方法等
  - 合作学习的方法：学习分析策略法、学习成果分享法、合作探究学习法等

图 6-1　体育教学方法体系示意图

综上可知，体育教学方法是引导体育教学活动展开的方法，是衡量体育教师教学技能水平的依据，是体育教学方式的运用和教学原则贯彻的落脚点，是标识对某种体育类型的教学与范围适用的方法。

一、体育教学方法的结构和分类

（一）体育教学方法结构和分类的界说

受教学任务、教材特点、学生学情、教学条件等具体情况的制约，任何一种教学方法的选择与运用，必须结合一定的客观条件方可产生教学效果。我国体育教学观教学方法的结构与分类如表 6-1、表 6-2、表 6-3 所示。归纳起来,影响教学与学习的发展方面有两个内在机制。一是从体育教学的方法结构来看,一般可分为传授体育知识与技能的方法、发展体能的方法、思想品德教育与发展个性的方法等。二是从体育运动技能学习的心理机制来看,存有注意、感知、表象、思维、练习等心境现象的揭示和机理运行的交合互动关系,预设着对教学本质的认识、规律的确定、方法选择的价值判断。换言之,体育教学方法的运行,是通过对学习者心理的应激、唤醒、认知等相关体现,确定认知定向阶段、动作联结阶段、协调完善阶段的学习方法使用指向的范围和目的。为此,体育教学方法的结构是划分和确定每一种教学范围运用形式与方法的依据。而体育教学方法的分类,则是判断方法属性在不同"教学阶段"中信息加工的定位与取向的依据,是为达成一定的教学目的,对各个教学部分具体设计指向的标准。两者的存在,是体育教学方法选择与运用的根据和动因,是寻找不同体育教学方法产生、存在、发展和创立的根源,是定向、推动、维持、引发体育教学方法的动力系统。体育教学方法的分类源于体育教学实践,又推动着体育教学实践的发展。只有认清这些本质,教师才能把握结构与分类的相互关系,才能正确认识体育教学方法的本质与规律,进而选择最优化的教学方法。

(二)体育教学方法的分类

我国学校常用的体育教学方法有以下五个特征:

第一,它是为达成教学目标、完成学习任务的指向性而选择和运用教学方法的策略标识(如表 6-1、6-2 所示)。

第二,它是遵循教学活动的特点和规律,以一定的教育理念和教学策略为依据,组织安排教学活动的一种具体结构和形式(如表 6-3 所示)。

第三,它既是一种实施课堂教学内容与组织形式的策略结构,又是一种按目的要素对教学有机构造和有机安排的活动过程(如表 6-1、6-2、6-3 所示)。

第四,教学方法的结构和分类的功能体现在创设教学情境、判断知识获取方式、选择教学方法,将教学内容转换为具体的运行活动(如表 6-4 所示)。

第五,从时空的发展来看,如解析表 6-3 和 6-4 所示,由新旧体育教学观的教学方法结构与分类可以发现,新的教学方法观从知识的结构性入手,注重教学环节的具体应用与认知的目的指向性,着力体现了"教与学做合一"的知行统一观。新的教学方法观既反映了教师如何教,又体现了学生如何学,释义了教学是教师与学生相互结合、双边共同完成的活动。

表 6-2　目前我国中小学普遍采用的体育教学方法的分类

体育教学方法体系二					
教师的教学方法				学生的学习方法	
语言法	讲解	防止与纠正错误法	条件限制法	自学	阅读法
	口令与指示		自我暗示法		讨论法
	口头评定				观察法
	默念与自我暗示		降低难度法		比较法
直观法	动作示范法	身体锻炼法	负重锻炼法	自练	自我锻炼法
	教具模型演示				自我评定法
	条件诱导		持续锻炼法		自我控制法
练习法	完整分解		间歇锻炼法		自我评价法
	重复				自我调整法
	交换		循环锻炼法	成果展示	个人成果展示
	游戏				
	比赛法		综合锻炼法		分组成果展示

表 6-3　新体育教学观教学方法的结构与分类

以语言传递为主的体育教学方法	以直接感知为主的体育教学方法	以技能练习为主的体育教学方法	以活动情境为主的体育教学方法	以探究性活动为主的体育教学方法	以品德教育与发展个性为主的教学方法
讲解法 问答法 讨论法 反馈法	示范法 演示法 模仿法 反馈法 保护与纠错法	分解练习法 完整练习法 重复练习法 变换练习法 循环练习法	游戏法 比赛法 情境法	发现法 探究法 合作法 个人成果展示法 分组成果展示法	说服法 榜样法 评比法 表扬法 批评法

表 6-4　传统体育教学观教学方法的结构与分类

《学校体育学》，体育学院通用教材，人民体育出版社，1991年	(1)指导法：语言法、直观教学法、完整法、分解法等 (2)练习法：重复练习法、变换练习法、循环练习法、游戏练习法等 (3)思想品德培养的方法：说服法、榜样法、表扬法、评比法、批评法
《学校体育学》，金钦昌主编，高等教育出版社，1994年	(1)传授体育知识与技能的方法：语言法、直观教学法、完整法、分解法、矫正法 (2)发展体能的方法：负重法、持续法、间歇法、游戏法、综合法、比赛法 (3)思想品德教育与发展个性的方法：说服法、榜样法、表扬法、评比法、批评法
《学校体育学》，李祥主编，高等教育出版社，2001年	(1)体育与卫生保健知识教授法：讲授法、谈话法、演示法、讲练法 (2)运动技能教授法：语言法、直观教方法、完整与分解法、预防与纠正错误动作法、游戏与竞赛法 (3)思想品德教育与发展个性的方法：说服法、榜样法、表扬法、评比法、批评法
《体育科学词典》，高等教育出版社，2000年	(1)教师指导的方法：语言、直观教学、纠正错误动作等方法 (2)学生学习的方法（练习法）：重复练习法、变换练习法、循环练习法、游戏练习法、比赛练习法、综合练习法、集中注意力练习法、念动练习法、放松练习法等 (3)学生思想品德培养的方法：说服法、榜样法、表扬法、评比法、批评法

二、体育教学方法的选择与运用

教学实践证明，教学方法的选择与运用受人们思想认识的影响与制约。教师选择与运用什么样的教学方法，反映了教师对教育教学观念的不同取舍。例如，教师是以教为标准选择教学方法，还是以学为标准选择教学方法。前者反映出教师仍然是传统"教"的本位思想，后者体现教师是现代教育理念"学"的本位思想。两者反映出，教学应以向学生传授知识、技能为主，还是以发展学生的能力为主，这是教师对教学方法意义的不同认识的反映。两者之间的选择，是区分教师是传统教学观还是现代教学观的分水岭。不同的观点不但影响着对教学目标的设计，还影响着对教学内容和教学方法的选择。

（一）教师思想行为影响体育教学方法的选择与运用

体育教学方法是指教师对学生施加影响，引导他们有效地掌握所教内容，并形成和发展学生学习认知能力的方法。教学实践证明，在体育教学方法的应用中，教师的教学行为是这个方法得以运转的动力，也是对学习方法施加影响的主体。

对教学方法的教育学价值的认识过程是隐蔽的,其表现是由教师的思想行为决定的。教师的教学思想影响和制约着教学方法设计的动机和选择应用的预设。教师若没有正确的教学思想行为标准,教学方法的选择与运用就成为教学"工序"的机械组合,难以达到新时代对教学的要求。要想让学生自动,必由教学生学的教师先动。教师的教学思想是影响教学方法选择与运用的最直接因素。

教师良好的职业素养或思想,是教学方法科学实施的基础。一般由两个方面组成:

(1)教师的职业思想品质主要是指教师的职业道德,教师的责任感及对学生的情感态度、价值取向等,它对教学方法系统的运转起着导向作用。

(2)教师的业务水平主要是指教师的专业知识水平和教育教学能力等,它决定着教师对教学方法选择与策略调配的优化水平。前者主要是指教师的教育价值取向、知识结构状况等,而后者主要是指教育理论水平标识下的运用教材的能力、组织管理教学的能力、语言表达的能力、对学生状况的认识和因材施教的能力、对教学后果预测的能力、教学机制的水平等。

学生取得学习效果存在多方面的因素,教师要想建构一个有利于学生学习的教学方法,就必须分清课堂教学方法与学习方法的表层结构和学习过程的深层结构。教师教学的思想行为可划分为十种具体的行为类别,即陈述、指导、展示、提问、反馈、管理、观察、倾听、反思以及评价(如表6-5所示)。在课堂教学实践中,教师若能有意识地对这十条优质标准的所属领域进行领悟与拓展,便可构建出一张稳定的"教学质量网"。正如古人所云:"事必有法,然后可成,师舍是则无以教,弟子舍是则无以学。"一语道出教师在进行教学方法和学习方法设计时,还要注意与教学方法和学习方法相连的情境因果关系。体育学习过程深层结构的变化与影响如表6-6所示。

表6-5 体育教师课堂教学行为与教学方法选用

教学类别	教学特点	教学指向	教学方法	行为要求
理论陈述	教师为中心	传递信息	讲解法、问答法、讨论法	清晰的语言表达
学习组织	学生为中心	技能学习	分解练习法、完整练习法、循环练习法	恰当、有效
技能展示	教师为中心	加强感知	示范法、演示法、模仿法、保护与帮助法	多种感官媒介支持
讨论提问	师与生互动	启发思维	发现法、问题探究法、合作法	恰当设计问题
合作学习	学生为中心	提供信息	个人成果展示法、分组成果展示法	合作、共享、共进
品德教养	教师为中心	促进发展	说服法、榜样法、评比法、表扬法、批评法、奖惩法	讲究方式技巧
观察指导	教师为中心	促进教学	反馈法、保护与帮助法、榜样法、评比法、表扬法	准确、客观、鼓励

续表

教学类别	教学特点	教学指向	教学方法	行为要求
教学组织	学生为中心	激发渲染	游戏法、比赛法、情境法	多样化、多层次
反思行为	教师为中心	改进教学	评价法	及时、客观
评价行为	学生为中心	促进学习	评价法、榜样法、考核法、表扬法	全面、客观

表 6-6 体育学习过程深层结构的变化与影响

动作过程	学习内部过程	教学外部过程及其影响
泛化 分化 自动化	注意(接受)选择性知觉 编码 提取反应组织控制过程 预期	(1)刺激(强度)变化产生唤醒(注意强弱)、影响吸收、捕捉学习有关信息进入感觉登记器 (2)物体特征的增强和差异(对比、区分学习材料),可促进选择性知觉进行加工编码。巡回辅导、渲染鼓动,可促进编码形式,又影响学习者编码的认知策略 (3)针对练习的生成,及时提供或呈现各种学习线索方式,可帮助学习者搜索、提取,进一步完善学习目标 (4)为学习者提供正确反馈,告诉所要进行的学习行为要求,可避免错误发生,提高质量 (5)通过在多种情境呈现练习与及时的激励、反馈,可促进学习者认知策略的生成与提高 (6)评价学习优点与完成的情况,提出预期目标,激励学习行为进入自我学习

学者王策三在《教学论稿》中指出,"优化教学方法,就是使特定教学内容的学习得以符合学习行为的规律[①]"。教师没有树立正确的教学观念,教学方法便难以奠定在科学的基石上,教学方法改革就难以被纳入现代教育科学的大潮之中,难以走入新课程。

综上所述,教学方法的背后蕴含着教师的教学思想行为,包含着策略性方法的技术性和动机情感态度的精神性两个层面。教学行为是教学方法的具体表现,教学方法的打造源于教师教学行为的构筑。研究教学方法,是为了更有效地形成教学思想与行为。这也论证出,教学方法任一实践成功的背后,都有科学理论的踪迹可觅,以及正确思想行为的厚重支撑。

(二)体育教学方法的运用与组织

教学策略的指导适配性影响和制约着、支持和促进着学习量度的集合,测量着学习过程若干不同学习层级的变量发生和有效性的差异,即教学行为要符合学习者认知科学的记忆

[①] 王策三.教学论稿(第二版)[M].北京:人民教育出版社,2005.

性,教学认知量要与学习者的短时记忆、中时记忆和长时记忆的编码科学结合,要能引起注意、应答记忆、行为反馈;要能建立接纳性、支持性、乐学的课堂气氛,以促进学生的理解能力、思维能力、问题解决能力等高级认知的发展。其具体表现在两个方面:一是变化教学环境,与学生的能力和学习技能相适应;二是变化教学策略,科学认知学生的发展能力和学习技能。

传统教学方法设计以教为主,新教学方法设计以学为主。新的教学方法的选择与运用,就是实现为学习的理解而教以及为学习的理解而授。为理解而教是指有效教学发生在为理解而教的时刻,要根据不同学生的学习程度设计不同的变量。为理解而授是指要运用启发性、领会性教学行为引发学生的学习兴趣,提升学生的参与程度。

衡量教师教学思想行为的准绳,是教育研究者们借助科学理论研究在抽象实践中制定出来的标准,不同体育教学方法情境的取向如表6-7所示。教学实践指出,由于这些标准总是蕴藏着某个特定的教育情境,只有把握和理解了这些情境的特征,才可以较好地利用这些标准。教学方法是根据时代发展的新要求不断发展的,只有不断对原有方法进行否定之否定的扬弃,建构与创新才可能实现。恰如《孙子兵法》云:"水因地而制流,兵因敌而制胜;故兵无常势,水无常形"。

表6-7 不同体育教学方法情境的取向

方法	语言性教学方法	感知性教学方法	练习性教学方法	情境活动性教学方法	探究活动性教学方法	品德教育与发展个性方法
解决哪些任务效果最好	引起学习注意,唤起兴趣和动机,聚焦学习任务,激活记忆联结	调动多种感官的识记,促进形象思维表象与抽象思维表象结合	组块学习编码,促进表象加工,强化动作技能形成,提高技能质量	复现知识多维面孔,贯穿学习的懂会乐体验。检验知识技能,促进学习迁移与应用	推动直觉思维的低级记忆,生长发散性思维的高级记忆	运用榜样力量,采用渲染激励技巧,营造积极参与情境,渗透品德教育与个性发展于各个教学环节
理论来源	联结性学习理论、运算性学习理论	认知记忆规律、试误学习理论、生理机能活动变化规律	动作技能形成规律、心理机能活动变化规律、生理机能活动变化规律	快乐体育教学理念、成功体育教学理念	发现学习理论、素质教育理念	教养的外化规律、内化规律

续表

方法	语言性教学方法	感知性教学方法	练习性教学方法	情境活动性教学方法	探究活动性教学方法	品德教育与发展个性方法
适用学习者类型	中高年级	低中高年级	低中高年级	低中高年级	中高年级	低中高年级
教学服务指向	教学初期过程	教学初中期过程	全部教学过程	全部教学过程	教学中后期过程	全部教学过程
局限性	过多运用，影响动作技能的练习密度，减少练习的次数	物体特征的刺激（强度），制约信息的唤醒度	频繁的练习易产生枯燥感，丢失学习兴趣	不可不分教学内容盲目运用，只有符合学习目标的运用才是有效的	过多运用，影响动作技能的形成与掌握的情境	过多运用，影响教学进度

教学有法，但无定法。既然"有法"，那就是"法"掌握的多少决定着量变到质变的开阔，而"无定法"，则指出最有效地使用教学方法的人，就是对教学方法理解最佳的人，如表6-8、表6-9所示，一个不掌握教学方法全貌的教师，是不会胸怀宽广，支配和控制教学行为的。"登泰山而小天下，观于海者难为水"讲的就是这个道理。

表6-8 运动技能形成四个阶段教学方法运用的分析

教学阶段	初步学习阶段	改进与提高阶段	掌握与完善阶段	运动技巧阶段
教师教学主导性	强——以教为主	辅助——指导质疑	弱——学习总结	很弱——点拨领悟
学生学习主体性	接受	主体学习生发	意义学习建构	自学自悟
教学方式	感性描述与形象描绘，使学习者理解学习内容	组合归纳，利用已有经验，感知知识的建构	学习经验交流、内外反馈结合自我总结	点评感悟经验总结
教学方法	讲解与直观教学习方法、分解与完整教学习方法、情境教学习方法、口诀强化法	正误比较法、重复练习法、增大与降低条件法、游戏法、竞赛法	迁移法、个别指导法、成果展示法、变式练习法	情境应用法、竞赛法、自主学习法

表 6-9　高中一年级篮球动作技能教学策略与选用方法举例

（1）引起注意，唤起兴趣和动机：聚焦任务。
可通过语言法，运用听觉媒体时，可以通过停顿、口音、语音高低、快慢等变化来引起学生注意。可借用图示法，运用图像的动静、图表、模型、多媒体等的变化来引起注意。运用两者多样变化的学习情境条件，引起注意、引发动机、激活感受器。
（2）提出教学目标，新课概览明确要学习什么样的技能，说明将要学习的程序及应用范围。
通过示范讲解法，对所学内容进行感性描述与形象描绘，使学习者理解学习内容。运用演示法，比较重现技能特征、抽象结构要点，构成正确的学习逻辑思维。运用图示法把所学内容用程序线性组块的方式预览，可帮助学习者对学习什么和如何学有一个大体的了解。
（3）回忆相关旧知识、提取到工作记忆、复习相关概念和原理：让学习者知道做什么，指明掌握新技能将用到哪些旧技能，促进学习者重组知识。
运用问答法、讨论法、反馈法、迁移法等帮助学习者回忆先前学到的旧知或相似任务，帮助学习者用恰当的方式重组知识。
（4）聚焦注意力，指导质疑，纠正错误，提供学习要点、重难点的途径。
一是可通过图示法的直观形象与类比，加深理解，诱发行为，促进记忆和迁移。二是利用层级学习图式提纲挈领、一目了然、易于理解掌握的特点，突出关键特征，从而省略一些无关特征，突出特点帮助理解。三是通过正面、侧面、镜面的不同示范，对关键点、要点等予以提示。
（5）运用什么学习策略，保持动机，维持学习气氛，让每一个学生都参与进来。
利用情境教学法的新异刺激，点燃学生各种情感潜势；运用榜样示范法的力量，采用渲染鼓动的技巧，营造积极参与的氛围。还有评比法、表扬法、批评法等都可以适时运用。
（6）练习：分散练习和集中练习、整体练习和部分练习等的设计与安排。
可运用模仿练习法、分解练习法、完整练习法、合作练习法、循环练习法等，但运用时需要明确在哪一种情境或任务下运用什么样的策略才恰当。
（7）反馈与补救：确定学生是否有共同的错误和误解，让学生知道自己的技能掌握程度以及应该怎么做。运用外部反馈法提供解决问题的信息，以提供建议和讲评帮助学习者认知；内部反馈法是通过来自肌体练习的感受和感知觉帮助学习者认知。监控调整、指导质疑，促进问题图式的形成，促进学习过程的主动形成。
（8）复习与改进。
运用互帮互助学习方法、个人成果展示法、分组成果展示法等。一是通过学习者之间的点评和交流，指出主要步骤与原理之间的特征与结构，以及应用情境之间的恰当性。二是通过同伴评价、群体反馈示范恰当的应用，检查运用的成果。
（9）知识迁移：逐渐从分离的提示过渡到集合的提示，最后综合。
首先运用先行者组织策略，帮助学习者建立由顺应走向同化图式。再运用游戏法、比赛法、情境法等扩展变式练习，强化技能保持、技能运用。
（10）评估学习业绩，确定反馈与补救：让学生知道自己的技能掌握程度以及应该怎么做。
通过合作法、探究法观察同伴技能表现，深化对技能过程的理解。帮助学习者自我建立改进的步骤和完整性，识别教学是否完整得当。这一对认知过程和行为的回顾与情感激励可让学习者知道做了什么，怎么做。

上述研究指出，体育教学方法的运用，需要把握以下关系：

（1）由于学习者受教学质量的影响与制约，教学方法的运用存有范围与指向的关系。如果教师设计的教学情境或提出的新学习材料，符合学习者的认知性，学习动机就会发生。反之，教学情境是劣性的、不符合部分与整体关系的传导时，学习状态就不会发生。因此桑代克从有效条件对教学内容和学习过程进行论说，提出三大定律（准备律、效果律和练习律）。桑代克根据实验研究的结果认为，学习不是突然发生的，而是通过一系列细小的步骤按顺序达到的。学生学习过程存在三种由低级到高级的认知水平状态，这三种水平状态在学生的学习方式上,表现出不同的特征,影响着学习的质量和效果。准备律——怎样增强学习动机?练习律——怎样练习强化技能?效果律——怎样增强行为的满意度,这几个定律为教学方法的选择与运用提供了科学依据。

(2)由于学习者信息接收的通道是由低级记忆走向高级记忆的建构过程。教学方法的运用存有输入、编码、储存、提取、输出的序列递进关系。正如加涅指出,学习是加工系统、执行控制系统和预期动机系统的协同活动,存在着从外界信息输入经过感觉登记,进入短时记忆,再到与长时记忆相互作用的学习现象,与若干不同学习层级的变量同时发生关系。这一理论为教学方法的选用加工提供了科学依据。

(3)由于知识的识记存有"同化—顺应""正迁移—负迁移"的相互干扰,对教学方法的运用存有相互关涉的关系。心理学研究表明,当两种技能的学习具有相同因素时,一种机能的变化可促进另一种机能的变化。反之,前一种机能学习可干扰或弱化另一种机能的变化。因此,教师在教学方法选用的策略上,应注意知识之间内在个性特征相互迁移的关系。

(4)由于知识的认识过程存有下级知识是上级知识基础的连接,所以教学方法的运用存有上下过渡连接的关系。对此奥苏伯尔提出,新知识与头脑原有知识可以构成三种同化模式:上位学习、下位学习和并列学习,即教师在知识讲解策略上,必须注重知识与知识之间上下建构的联系,帮助学生把新旧知识联系起来,如此,学生才能真正将所学知识融会贯通。

(5)以整体观来看,教学方法是一个多种多样、博大而又深具开放性的体系。在其内部的各个层次上,不同方法各具特色。任何一种教学方法都不是万能的,每种方法都有它适用的时机和范围。在某一具体情境中是最优的方法,在另一情境中未必成功;反之,在一种情况下是低效的方法,在另一种情况下可能很有成效。因此,对其的运用要具有整体观,一方面要搞清楚该教学方法运用的有效性和局限性,另一方面,还要明白该方法有哪些同质的方法。以一种教学方法为主导,同时结合其他的方法,避免陷入模式化的境地。

(6)从学习观来看,现代教学方法不再只着眼于如何引导学生更有效地积累知识,为学习而设计,已成为现代教学方法的一个特色。任何一种教学方法的运用,如果忽视了调动学生学习的积极性都是不完善的。

(7)从乐学观来看,知识的传授不仅要让学生懂与会,还要让学生乐。在这一理念的支配下,现代教学方法正试图按照乐的法则来规划教学过程,努力把更多乐的因素带到学习活动中。这一发展信念正日益深入地渗透于教学方法之中,推动着现代教学朝着更令人向往的目标迈进,并已成为现代教学方法的一种新追求。

第三节 体育学习方法的选择与运用

"学会学习"不只是一种教育观念,也是一种方法论和认识论的命题。体育教学要由教的方法走向与学的方法相结合,使学习者由传统学习方式——知识的被动接受者,转变为知识意义的主动建构者。因而,教会学生学习的方法,学会学以致用,就成为体育学习方法的目的。正如联合国教科文组织教育发展委员会,在《学会生存——将于世界的今天和明天》报告中指出的那样:"教育应较少致力于传递和储存知识,而应努力寻求获得知识的方法(学会如何学习)"。

基于此,我们应解析体育学习方法的构成与组织,概括和总结其实施与策略,提出理论范式,为促进体育教与学方法的建设开辟活水,为教师在教学形态选择与运用、重组或再造提供启示认知,为教师联盟21世纪体育新课堂教学方法的设计提供完备的理论支撑。

一、体育学习方法的结构和要素

(一)体育学习方法的含义

什么是"学习方法"? 学习方法是学生完成学习任务的手段或途径。从认识论讲,它是指在教师指导下,学习者获得经验方法的总和。从方法论讲,学习方法即指导学生学会学习,或者说是教育者指导学习者,对学习方法进行的一种反馈与监控。因而释义出,体育学习方法即学生完成体育学习任务的手段或途径,是一种有意识地引导学习者主动学习状态发生的认知策略,是指导学习者由学会知识走向学会学习的方法。根据加涅的学习内部条件与外部条件的分类,体育学习方法的结构可由学习价值观的表述、学习方法的指导两部分构成。前者可由知识认知和学习意义建构等组成,如"为学习而设计""为理解而教""学习自由度"等。后者可分为定向引导阶段、理解应用阶段、领会创新阶段。沿着这一理解,体育学习方法的要素一般含有下列方面:预习发现、寻疑问难、边练边思、自我检验、自我校正、理解应用、意义建构等。正如现代教学理论认为,学习方法是一个在教师引导下,学生主动参与、独立思考、自主发现和不断创新的过程,而不是简单、被动地接受教师和教材提供的现成观点与结论的过程。因而,在课堂教学中,体育学习方法是推动"学会学习"的依托,是实现"学会学习""学会认知""学会做事"的根本方法。

(二)体育学习方法的分类

学习方法分类的构建,应从学习者主体素质两个方面着力。一是学习者的心理品质。可从学习者的兴趣、动机等情感因素去寻找学习方法的分类。二是学习者原有的文化水平、学习行为习惯。可从已有的认知结构、思维能力等认知方面的因素,去寻找学习方法的分类。因为这些因素往往会积淀为一种心理定式,影响着学生学习方法的唤醒。教学经验证明,这两点在意义建构体育学习方法中尤为重要,可帮助教师从不同角度,进一步认识学习方法的现象与规律。因此,对其进行探索和研究是必要的。体育学法的分类及其特点如表6-10所示。

表 6-10 体育学习方法的分类及其特点

自主学习的方法	合作学习的方法	知识与技能学习的方法	小组学习的方法
自学习方法	学习分析策略法	模仿性学习法	分组学习法
自练法	学习成果分享法	抽象概括学习法	分层学习法
自评法	同伴合作辅导法	解决问题学习法	分群体学习法
	合作探究学习法	逻辑推理学习法	
	差异学习法	总结提高学习法	

二、体育学习方法的组织和运用

根据加涅学习内部条件与外部条件的分类特征，可以认为体育学习方法的组织与运用从学习过程的指导、学习方法的指导两部分着手建构才是可行的。实践证明，以此作为划分学习方法组织与运用的依据，一是能够突出教学的目的性——使学习者掌握体育知识与技能，即教师指导教授的艺术性。二是能够体现出教学的主体性——使学习者领悟学会学习的方法，即学习者学练的艺术性。

(一)学习内容的学习方法组织与运用

心理学研究证明，学习主动性来自学习环境的情境适配与知识意义的建构。这一命题指出，学习过程存有学习者与学习内容策略设计、学习环境策略设计的有机匹配问题。正如建构主义认为，情境、协作、对话和意义建构，是构成有效学习的四大支柱。这些视角指出了学习的成功，不仅要靠智商，还要靠情商，有效学习方法的实施取决于"知、情、意、行"的发生。基于这一理解，指导学习内容的体育学习方法设计应在以下方面下功夫：

1. 从学习内容的设计着手

(1)学习内容的深度、难度与学习活动适配性的安排。指向完成什么学习任务，达成什么教学目标。

(2)学习活动内容的顺序性和进度性的安排。场地、时间、器材等能否符合学习者的学习要求，使有效学习的开展顺利达成。

(3)学习活动的差异性的设计安排。是否具有多元性、多样性、多层性等知识意义建构的发生，是否符合不同学习者的能力、条件、性格，实现有效学习的展开。

(4)学习活动的行为和效果的设计安排。能否引起生生互动、师生互动等合作学习的发生；能否为参与的学生提供成绩考察和奖励，即达成懂、会、乐。因为这些特点的重要性是它能够感染、引发、激励学习者的情感，并产生良好的自主学习行为，保障学习活动持续深入。

2. 从学习内容的方式着手

教学论指出，教学应根据学习活动的不同而不同，应根据学习对象的情境变化而变化。这一命题指出，学习具有个性化的特点，只有适应学习者特点的方法才是好的教学方法。基于此，可以参考以下学习方式：

(1)从求知需要的满足中求乐。对学习最好的刺激乃是对所学材料的兴趣。因此，增强教学内容的趣味性,满足学生求知的需要,以产生快乐情绪,便是必修课体育教学模式首先要重视的。

(2)从成功需要的满足中求乐。苏霍姆林斯基曾这样告诫教师:"请记住,成功的欢乐是一种巨大的情绪力量,它可以促进儿童时时学习的愿望。请你记住无论如何都不要使这种内在的力量消失。缺少这种力量,教育上的任何措施都是无济于事的。"[①]因而,教师在这方面所采取措施的关键在于,为学生尽可能创设获得成功体验的机会,改变传统教学方法,把学习与创设成功相联系。

(3)从建树需要的满足中求乐。所谓建树需要,就是学生把所学习的体育知识和技能灵活运用到实际环境中去。因此,教师应积极开展各种各样的活动,为学生的参与尽可能地创造必要的外部刺激和条件,刺激学生积极投身运动并获得运动的满足。教师要注重学生的情感体验,积极挖掘教学内容的快乐性、方法和手段的艺术性,要以知识本身吸引学生学习。

(4)从活动的形式中求乐。体育游戏法、竞赛法等由于内容丰富、形式灵活,又富有一定的情节性、竞赛性和趣味性等特点,长期以来,它们不仅是我国学校体育教学的重要内容,也是体育教学中常用的一种形式、方法和手段。体育游戏对于当前的体育教学改革至关重要,有了它,一个枯燥的练习可以变得津津有味,一个沉闷的教学可以生机盎然。因此,教师要在体育教学中科学运用体育游戏、竞赛法等扩展练习变式来提高学生的兴奋性,使学生在良性心理状态下学习技术,使学生中枢神经系统不断得到新的信息刺激,产生适宜的兴奋性,诱发学生的兴趣和学习的主动性、积极性,促进学生积极自愿地参加体育游戏活动,掌握自己所喜爱的运动项目的技能。

3. 从学习过程的指导着手

联合国教科文组织提出,学会学习是21世纪人类学习的特点。这一命题指出,形成一种独立的学习方法要比获得知识更重要。因而释义出,形成学习者学会学习的方法,是教学策略设置的最重要标识。阶梯发展论认为,客观事物的发展都有一个明晰的阶段划分过程。为此,从内涵和外延两个方面来看,指导学习者学会学习,需经由自身的习得和后天的教化两个阶段而成。其实现需要两个基本条件,一是外显学习(形成经验)。通过不同学习条件的习得与运用,完成"实践——认识——再实践——再认识"的新旧经验的循环与深化。教师要遵循由量变到质变的规律完成这一循环和认识,分阶段设计不同的环境和条件,逐段推动学生在实践学习中运用知识、经验和智慧,从而学会学习。二是内隐学习(养成学习习惯)。人类学习不仅有动物王国认识世界的自然性模仿,还存有抽象反思自我能动改造世界的属性。因而,可通过意向性学习的能动建构,缩短自然学习的时间,进入飞跃阶段。学习实践证明,学习者通过自我意向性学习的总结与领会,可促进学习者学会学习的方法,步入

---

① (苏)苏霍姆林斯基.周渠,王义高,刘启娴,等,译.给教师的建议[M].武汉:长江文艺出版社,2014.

精神境界,进入内隐学习,不受外界环境的影响与条件的干扰,可自主自觉地监控自己的学习,即唯物辩证法说的否定之否定,获得学习的能力。为此,指导学习过程的学习方法组织与运用,有以下学习方法供选择,具体设计如表 6-11 所示。

表 6-11 体育学习方法的教学设计

方法/活动	全班	小组	个人
教学方式	接受式教学与活动式教学相结合 发现式教学与能力式教学相结合	统一指导法与多元指导法相结合 统一学习法与合作学习法相结合	统一任务学习与学习策略相结合 统一作业教学与个别化作业相结合
学习活动	统一进度学习与分层学习相结合	教为中心与学为中心相结合	统一技能练习与差异练习辅导相结合 集体练习过程与个性练习过程相结合

基于上述理解,指导学习过程的体育学习方法教学设计,应围绕以下方面进行设计(如图 6-2、图 6-3 所示)。

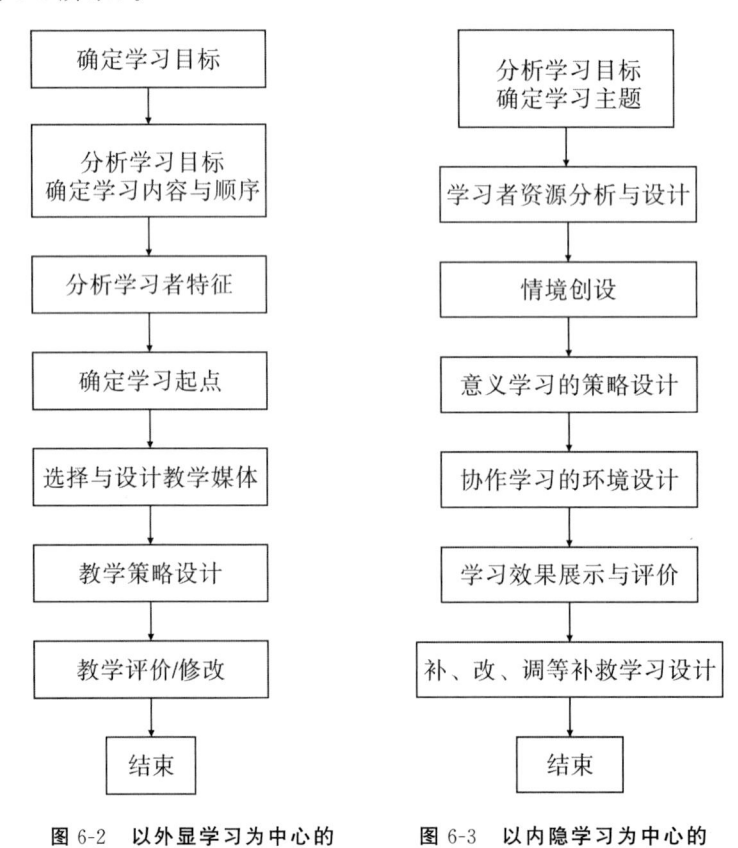

图 6-2 以外显学习为中心的教学设计流程:
确定学习目标 → 分析学习目标 确定学习内容与顺序 → 分析学习者特征 → 确定学习起点 → 选择与设计教学媒体 → 教学策略设计 → 教学评价/修改 → 结束

图 6-3 以内隐学习为中心的教学设计流程:
分析学习目标 确定学习主题 → 学习者资源分析与设计 → 情境创设 → 意义学习的策略设计 → 协作学习的环境设计 → 学习效果展示与评价 → 补、改、调等补救学习设计 → 结束

从体育学习方法策略中可以看出,体育学习方法教学设计有以下依据:布鲁纳的发现

式,不直接提供学习内容,让学习者自己领会、发现、消化学习内容;奥苏伯尔的接受式,把学习内容直接呈现给学习者,让其吸收内化;斯金纳的程序式,把教材系统条理化,让学习者按进程学习;布鲁姆的掌握式,在集体教学后,根据不同学习者知识掌握的程度,施以超前学习、扩大学习、补救学习等安排。需要注意的是,在其应用过程中,不存在先进方法与落后方法之分。它们之间尽管存有差异,不同方法有自我"供求"的指向与衍生的运行机理。但从学习的目的以及聚合效应来看,存有互补的关系,具有密不可分的统一的特征,对其的选择与运用,不能陷入非此即彼的误区。例如,外显学习与内隐学习两种教学设计,都有其教学结构特点,虽然它们是不可相互替代的,各有其教学方法的共同点,但应根据其学习的不同阶段,灵活选择方法。

综上所言,在学习方法教学方式的设计上应体现以下特点:

(1)交往性。现代教育理念指出,师生互动、生生互动等多向交往教学方式的学习效果最好。因此,学习方法的方式设计,既要重视学习者自身学习信息的获得,又要考虑学习者之间信息转化加工的反馈联系。

(2)多层性。因材施教原则告诉人们,学习者之间存有学习能力的"不平等"。每个学生都有自己的学习领域,有自己的学习类型和认知风格。只要根据学生的喜爱去教学,有意义的学习就能发生,学生终身体育的习惯就可能养成。因此,学习方法的方式设计必须面向学习者的差别,施以多层的个性化学习选择,让不同质的学生都能得到学习的收获和满足。

(3)信息性。奥苏伯尔从学生知识学习的过程、结果和有效学习条件进行研究,提出有意义学习与机械学习、直接学习与间接学习的方式。要求教师根据学习表征的特点施以设计,方可实现有效的学习。学习方法的方式组成既要有间接的接受式学习方式,也要有直接的发现式学习方式,还要有独立的自主发现式学习方式。因此,学习的过程不仅要有教师教学生学的过程,也要有学生之间的合作学习过程,还要有学生自主学习的领会过程。

体育学习方法的目的就是使学习者学会学习。学校面临的主要任务,首先是教会孩子学习,通过具体的学习方法就能够转化为一定的学习能力,既提高学生学习的积极性和科学性,又能达到促进学生举一反三的目的。

正如体育学习方法要素的构成指出,学习需要、动机、兴趣、毅力、情绪等非智力因素的指导,主要是解决学习目的和学习动力问题。学习过程各环节及其方法的指导,主要解决学习方法问题。学习能力的指导,主要解决学习习惯的问题。指导学习过程的学习方法运用与安排有以下几个方面:

第一,解决学习目的和学习动力的方式主要是提高学习的元认识。只有了解学会学习的意义、特点与策略,才能建立学会学习的认知与方法。正如心理学研究证明,行为是意识的反映。学习策略不是先天具有的,是在具体的学习过程中形成的。因此,学习策略在一定程度上讲,是一种学习技巧、学习习惯和学习情感体验的养成,它是内化学习者学会学习的基础。

第二,解决学习方法的选择与运用有以下方式:①建立学习策略。学习指导经验证明,根据学习内容的特点正确选择和使用学习方法,建立学习策略至关重要。如果学习方法不能与学习内容和个体学习的心理特点相匹配,实现学习的目的就会很困难。②学会评价学习策略。建立学习策略是低水平的认知策略,只有学会对自己学习的活动进行评价和监控,主动调节影响与制约自我学习活动的相关因素,才是真正的学会学习。

第三,解决学习能力的方式是学会比较总结。学习者通过对自己学习经验的总结,就能知道成功在哪里,失败在哪里,逐步提高自己的学习能力和水平,走入学会学习的阶段,形成学习策略。例如,通过与他人进行学习方法的交流,取长补短,做到有自知之明,提高自主学习的自觉性,形成适合于自己的学习特点。

三、常用的体育学习方法

在体育学习中,常用的学习方法有:

(一)观察学习法

观察法是学习者借助视觉有目的、有计划地对学习对象的活动进行深入观察以获得信息资料的一种方法。观察法由来已久,它来源于记忆的原理,形象的东西比抽象的东西更有利于记忆。通过观察获得的学习对象的整体印象更深刻,良性大脑皮层容易建立神经联系,形成动作技能的表象,可起到抽象思维难以达到的效果。借助此法,可使学生直观学习内容,明确教学对象,缩短学习时间,做到胸有成竹。因此,观察学习法是体育学习的首要方法。

(二)模仿学习法

模仿学习法是体育学习者自我练习不可缺少的学习方法,是学习体育运动技能的主要捷径,有不宜用其他学习方法来替代的特征。没有模仿学习法,教学就是混乱的,学习也是混乱的,因为学生学习体育的各种基本动作技能一般都是通过模仿学习而来。体育技能外显特征强,以直观为主的模仿性学习方法,易使学生理解体育动作的学习过程和要领。因此,在教学中,教师如何使学习者理解、掌握动作技能的要领与特征,是体育模仿性学习方法能否成功实施的关键。教师可以在动作学习的初期阶段,先大致讲解动作要领,不讲解精细动作的要领。在此过程中,完整动作示范与分解动作示范相结合,常速与慢速相结合。虽然模仿性学习方法是体育学习的一种基本方法,但它有比较明显的局限性和保守性。这种学习方法是一种低认知,长时间运用易限制学生探求和迁移学习的能力。

鉴于此,体育模仿性学习方法的教学安排需考虑以下几个因素:

(1)在动作学习初期,先大致讲解动作要领,后讲解精细的动作要领;在运动技能示范的过程中,每一练习阶段都应有该阶段的示范要点,而不是无目的的示范;教师对动作技能要点的详细分析,应在学生初步掌握动作技能后进行,而不是在初学阶段,这样才能使体育模仿性学习方法发挥积极作用。

(2)就整体讲解与分解讲解而论,应考虑动作的难度和结构,对于难度不太大但结构复杂的运动技能,采用整体讲解比分解讲解的效果要好,学习复杂运动技能不能仅单纯地采用各种分解形式,与多种辅导或诱导练习结合起来效果才好。

(三)抽象概括学习法

思维是明智的学习方法。体育学习是经验的积累,要遵循从形象思维逐步过渡到抽象思维这一基本认知规律。学生理解和掌握体育知识和技能,是概念认知、感觉认知、思维加工的运动形式。因此,抽象概括学习法对减少干扰因素、提高课堂效率和学习质量具有极为重要的作用。

运用抽象概括学习法时,要注意两点:一是教师应该努力给学生讲清新旧动作的相似点,才能促使学生更快地学习和掌握新动作;二是教师及时纠错与提供教学评价反馈,这对学生的学习十分重要。如在分化阶段,要将讲解动作精细要领、关键性示范和难点示范相结合,纠误示范与辅助练习或诱导练习相结合,这样配合教学效果才好。正如发现学习理论认为,要给予学习者学会学习的方法来促进学习者的学习。

针对抽象概括学习方法的教学安排,要想使学生的学习产生良好的效果,教师要注意以下两个方面:

(1)学生完成动作的形式及结果受以往经验的影响。为了更好地帮助学生完成动作,应帮助学生对现在的学习状况和过去的学习经历加以分析总结,这样才能促进学习者实施自我抽象概括的学习方法。

(2)从一个难的动作到一个容易的动作的迁移,比从一个容易的动作到一个难的动作的迁移更容易产生。假如一个适宜的应答动作需要不断地变化、刺激,而其形式又不可预测,那么学习应该从简单的状态过渡到复杂的状态才是可为的。

(四)解决问题学习法

问题是思维的本源,学生掌握新知的过程,实质上就是思维顿悟的过程,因而问题是学习的杠杆。不注意发现问题或是感觉不到问题的存在,是难以学好体育动作技能的。从方法论说,体育学习即是复习旧知和证明新知的过程,也是学习怎样解决问题的过程,因为这些联系有运动直观经验所证实的具体性。所以解决问题的学习能增进学习者对体育动作技能的理解,促进学生感知、领会、理解和巩固知识结构。因此,该法对体育学习实践有重要的指导意义。

交流与探究学习是解决问题富有情趣和意义的手段。因此,解决问题的学习方法可从两个方面着手:一是依靠内部信息反馈来改进自己的学习;二是依靠教师和同伴的外部信息反馈来改进自己的学习。解决问题学习方法的教学安排,有以下具体实施的方法可供参考。

（1）分析学习策略法。教学经验证明，让学生事先了解学习历程，引导学生根据学习内容拟定学习策略，制订学习步骤，提出注意事项，可促进有效学习的实现。

（2）学习成果分享法。相关研究指出，指导学生相互交流学习心得，彼此分享学习成果，可转化为有效的学习策略认知模式，促进学生学习与成长。

（3）同伴合作辅导法。心理学指出，学生在学习过程中的反映影响着同伴的学习行为。同伴的学习经验与策略可为学生提供参考，解决学习困难，提升同伴的学习能力，有效增进学习成效，对有效学习有正面的作用。

（五）逻辑推理学习法

逻辑推理学习法在体育学习中的应用，就是学生形成"去粗存精"抽象概括的习惯。这对于培养学生抓住动作学习的关键特征，建立主观能动性的逻辑体系，逐步形成正确的学习步骤和提高自学能力起到很大的作用。该方法可引导学生发现已知和未知之间的差异或矛盾，从抽象思维上升到具体思维活动以获得新知识。

针对逻辑推理学习法的特点，为帮助逻辑推理学习法产生良好的效果，需要注意下列因素：

（1）两个运动技能的动作要素，其刺激方式及应答动作越相似，引起的正相迁移就越多。为此，要教会学习者充分利用学习体验，对新运动技能的学习进行概括与总结，这样才能有助于学习者逻辑推理学习的积极产生。

（2）奥苏伯尔同化学习理论指出，学习前理解技能和领会要领知识，将有助于有效学习的发生。为此，课前提供切合教学目标的"先行者学习材料"，是促进学习者意义学习发生的重要先决条件。

（六）总结领会学习法

从方法论来看，可以说总结领会学习法，是元认知活动的最高水平。这一学习方法，在体育学习中的应用大体有两个途径。

（1）运用总结领会学习法，可促使学生初步理解体育知识和技能，使不大熟练的技能趋于纯熟，促进知识结构化。

（2）运用总结领会学习法，可促使学生回顾学习了一个阶段之后，取得了哪些经验，今后应该怎样继续开展学习。从某种意义上说，总结领会学习法能帮助学生形成"正确"的思维，可使体育学习活动从低级思维过渡到高级思维。

从上述内涵和外延两个方面来看，该学习方法的指导可从以下几方面进行：

第一，指导学生形成良好的学习心理状态。①养成迅速学习，不拖延时间的习惯。②培养学生耐心学习的习惯。③培养学生注意力集中，不为外物分心的习惯。

第二，指导学生有效记忆的方法和温习教材的方法。例如，养成运用教科书、参考资料自主学习或课前预习的习惯，或者了解和把握记忆遗忘规律、序进累积规律、学思结合规律、知行统一规律等,使学生自觉意识到这一点,可为学生有效学习提供巨大的帮助,对开展有效学习活动有重要的指导作用。

第三,指导学生特殊的学习方法。如辨别学习材料从上到下、从里到外、从整体到部分的性质、原理、特征、异同,以及选用合适的学习方法与策略、动作技能训练的方法与策略,教学生学会学习。

第四,指导学生做笔记总结,诊断学习困难,形成学习策略,使学生掌握主动权,提高学习效率。

第七章 体育教学训练方法的创新与实践

第一节 体育教学训练方法的创新

弘扬中华体育精神,建设世界体育强国,是中国梦的重要内容。而实现这样伟大的战略梦想,需要我们每个人的参与。体育既能增强人的身体素质,又能磨炼人的意志力。高质量的体育教学是中国迈向体育强国的第一步。在体育教学中,高校作为前沿阵地,要不断创新教学训练方法,使学生更好地利用创新成果,增强自身体育水平。

一、体育教学训练方法的创新意义

高校是为国家培养技术型人才的教育基地,高校培养的是综合型的人才,其教学培养方式应该紧跟时代发展潮流,在教学实践中不断实施教学改革,改革中不断提升学校自身内涵,应用现代化的教育理念推动学生向前发展。学校要立足于学生的发展,为学生营造校园体育文化氛围,构建优秀和谐的体育教学环境,在开展体育教学中达到育人效果,为社会输送优秀的人才。在谈及国家发展和国家竞争力时,创新常被提起,中国正处于经济结构转型升级和世界新一轮技术革命交汇时期,创新驱动高质量发展渐成共识。现实中,一些高校把体育课变成了"休息课",认为体育教学可有可无,迫不得已上体育课是因为教学大纲中的规定。在这样的认知下,一方面,学生在上体育课时缺乏积极性,参与程度普遍较低,体育课的精神面貌萎靡不振;另一方面,老师也存在应付课堂的情形,没有体育教学规划,在课堂只是单纯地带学生做做运动,教学模式老旧,教学方法与时代脱轨,体育教学无法满足现行标准下的教学要求。

二、体育教学训练方法的创新措施

(一)激发学生兴趣

在体育教学中,老师要调动学生的积极性,要关注学生的心理状况,站在学生角度分析体育教学中存在的问题。面对那些上课提不起精神的学生,要唤起他们的运动热情,做好学生的思想动员工作。在课堂上就训练内容即时进行小测试,带领学生融入体育教学课堂。在高校体育教学球类项目中,可以多采用领会教学法,在训练中从整体入手,先讲比赛规则,先让学生感受一项运动的魅力,激发学生学习的兴趣,再在比赛过程中让学生发现自身的不足,促进技术的学习,效果斐然。无论是高校大学生,还是其他年龄段的学生,都喜欢轻松欢乐的教学氛围。体育老师可以在课堂上带领学生做相关游戏,在游戏过程中愉悦学生的心情,从而激发学生的兴趣,提升课堂的参与度。

（二）改变教学方式

在高校体育教学中,一些教师还在沿用传统的训练方法,并不是说传统的训练方法都是错误的,而是在教学实践中已经被证明不科学的训练方法还有部分教师在使用。体育教学相比于其他专业科目,有其自身的特殊性,在教学中更注重学生能力的培养,所以体育教学训练方式的科学性与合理性显得非常重要。长期以来,实践教育环节薄弱甚至缺失,成为制约高校实施素质教育、改革人才培养模式的重要瓶颈。在高校体育教学中,为了改进体育教学中的训练方法,老师可以改变传统的教学方式,在具体教学实施中使用翻转课堂的教学模式,比如在学习篮球训练方法时,教师课前将课堂要学习的知识和技巧上传到教学平台,学生在课前通过观看视频的形式将大部分内容掌握,有条件的学生可以边观看边实践,兴趣高的学生可以通过互联网寻找相关的教学视频资源,充分了解篮球的相关知识。课堂上,教师不用刻意地强调基础知识,这样可以有效地延长课堂练习时间,翻转课堂,教师要做好课堂的组织和引导工作,对学生进行合理分组,让小组内的学生展开训练,学生在练习中可以共同探讨训练方法,每个人贡献一点想法,凝聚在一起可能就是一个有效的训练方法。教师在这一过程中除了要适应角色的转变,还要掌握一些新技术,这样也可以有效提高教师的综合素养。

总之,高校体育教学不容忽视,在教学中要结合教学实践不断创新训练方法,向学生传递终身运动的体育理念,让体育运动既能增强学生体魄,又能磨炼学生心智。

（三）创新训练内容

提到体育训练,人们往往会想到跑步、做操、汗流浃背、疲惫不堪等字眼,因此,传统的体育训练内容很难调动学生的学习积极性。基于此,体育教师应当注意创新体育训练的相关内容。第一,要注意在训练中体现时代特点。第二,要结合学生的心理特点以及心理需求。例如,当前体育舞蹈成为一种时尚,成为一种人们喜闻乐见的运动形式,在高校体育训练中安排体育舞蹈的训练,可以投学生所好,有效增强学生的练习积极性。第三,要运用学生易于接受的教学形式。游戏创新训练形式可以用于体育教学训练中。体育游戏的运用,可以有效增强体育教学的趣味性,成功调动学生的学习兴趣。教师可以在教学过程中安排与教学内容相关的体育游戏,使学生在游戏过程中锻炼体育技能,增强身体素质。例如,在篮球教学过程中,教师为了锻炼学生的带球能力,可以将单纯的带球练习改造成游戏的形式,将学生分为几个小组,以小组为单位展开带球接力赛,在学生带球接力的过程中设置一些花样带球环节,如盘球、颠球等,使学生在娱乐中增强技能,从而感受到体育训练的魅力,更加主动地参与训练。

综上所述,在高校体育教学过程中,教师应当安排适合高校学生的教学内容,注重创新教学方式和教学内容,充分发挥学生的主体性,在锻炼过程中通过创新方式增强学生对体育锻炼的兴趣,在此基础上以竞争方式调动学生参与体育锻炼的热情,使体育锻炼成为高校学生学习生活的重要内容之一,真正起到促进学生身心健康发展的重要作用。

第二节 田径运动与训练

一、跑

(一)短跑

短跑是田径赛项目中的一类,一般包括60米跑、100米跑、200米跑和400米跑等几项。短跑运动的特性是人们同时以最快的速度,在确定的跑道上跑完规定的距离,并以最先跑完者为优胜的项目。在人体机能供能方面,短跑表现为人体最大限度地发挥人的本能,并以无氧代谢供能的方式供能。

短跑技术是一个不可分割的完整体,为了便于分析,可把它分为起跑和起跑后的加速跑、途中跑和终点跑四部分。

1. 短跑的技术

起跑的任务是获得向前冲力,使身体迅速摆脱静止状态,为起跑后加速创造有利的条件。

(1)起跑器的安装

起跑器安装的方法有"普通式""拉长式""接近式"三种。

我们通常采用"普通式",前起跑器安装在起跑线后一脚半(约40~45厘米)处,后起跑器距离前起跑器一脚半,前后起跑器的支撑面与地面分别成40~45度角和70~80度角,两个起跑器的中轴线间隔约15厘米。

(2)起跑技术

起跑技术包括"各就位""预备""鸣枪"(或"跑")三个阶段。听到"各就位"口令后,做2~3次深呼吸,轻快地走到起跑器前,两手撑地,两脚依次踏在前后起跑器的抵足板上,后膝跪地,两手放在紧靠起跑线后沿处,两臂伸直,肩与起跑线平行,两手间隔比肩稍宽,四指并拢和拇指成八字形支撑,颈部自然放松,两眼视前下方约40~50厘米处,注意听"预备"口令。

听到"预备"口令后,随之吸一口气,平稳地抬起臀部,与肩同高或稍高于肩,重心适当前移,肩部稍超出起跑线,这时体重主要落在两臂和前腿上。"预备"姿势应当稳定,两脚贴起跑器抵足板,注意力高度集中。

听到枪声,两手迅速推离地面,两臂屈肘有力地做前后摆动,两腿迅速蹬离起跑器,使身体向前上方运动,前腿快速有力地蹬伸髋、膝、踝三个关节。

(3)起跑后的加速跑

起跑后的加速跑是从后腿蹬离起跑器到途中跑之间的一个阶段,其任务是充分利用向前的冲力,在较短距离内尽快地获得高速度。

当后腿蹬离起跑器并结束前摆后,便积极下压着地。第一步着地应尽量靠近身体重心投影点,脚着地后迅速转入后蹬。前腿在蹬离起跑器后也迅速屈膝向前摆动。

起跑后的最初几步,两脚沿着两条相距不宽的直线前进,随着跑速的加快,两脚着地点就逐渐合拢到假定的一条直线两侧。加速跑的距离,一般约为 25～30 米。

(4)途中跑

途中跑是短跑全程距离最长、速度最快的一段,其任务是继续发挥和保持高速度跑。摆动腿的膝关节迅速有力地向前上方摆出,支撑腿在摆动腿积极前摆的配合下,快速有力地伸展髋、膝和踝关节,蹬离地面,形成支撑腿与摆动腿协调配合的动作。

腾空阶段小腿随着蹬地后的惯性和大腿的摆动,迅速向大腿靠拢,形成大小腿边折叠边前摆的动作。与此同时,摆动腿以髋关节为轴积极下压,膝关节放松,小腿随摆动腿下压的惯性,自然向前下伸展,准备着地。

着地缓冲阶段着地动作应是非常积极的,在途中跑时,头部正直,上体稍有前倾,两臂前后摆动要轻快有力。

从直道进入弯道跑时,身体应有意识地向内倾斜,加大右腿的蹬地力量和摆动幅度,右臂亦相应地加大摆动的力量和幅度,有利于迅速从直道跑进弯道。

弯道跑时,身体应向圆心方向倾斜。后蹬时右腿用前脚掌的内侧用力,左腿用前脚掌的外侧用力。弯道跑的蹬地与摆动方向都应与身体向圆心方向倾斜趋于一致。

(5)终点跑

终点跑是全程跑的最后一段,任务是尽力保持途中跑的高速度跑过终点。终点跑的技术是,在离终点线 15～20 米处,尽量保持上体前倾角度,加快两臂摆动的速度和力量。在跑到距离终点线一步时,上体急速前倾用胸部或肩部撞终点线,并跑过终点,然后逐渐减慢跑速。

2.短跑的专门练习

(1)小步跑

上体正直,肩放松,两臂前后自然摆动,髋、膝、踝关节放松,迈步时膝向前摆出,髋稍有转动。当摆腿的膝向前摆动的同时,另一腿的大腿积极下压,足前掌扒地式着地。着地时膝关节伸直,足跟提起,踝关节有弹性。

(2)高抬腿跑

上体正直或稍前倾,两臂前后摆动。大腿积极向前上摆到水平,并稍稍带动同侧髋向前,大小腿尽量折叠,脚跟接近臀部。在抬腿的同时,另一腿的大腿积极下压,直腿足前掌着地,重心要提起,用踝关节缓冲。

（3）后蹬跑

上体正直或稍前倾，两臂自然摆动，摆动腿积极向前上方摆出，躯干扭转，同侧髋带动大腿充分前送。在摆腿的同时，另一腿的大腿积极下压，足前掌着地，膝、踝关节缓冲，迅速转入后蹬。后蹬时摆腿送髋动作在先，膝、踝蹬伸在后，腾空阶段重心向前，腾空时要放松，两腿交替频率要快。

（4）后踢小腿跑

上体正直或稍前倾，两臂前后自然摆动，足前掌着地，离地时足前掌用力扒地。离地后小腿顺势向后踢与大腿折叠，膝关节放松，足跟接近臀部。

（5）折叠腿跑

上体正直或稍前倾，两臂前后摆动。后蹬结束立即向前上方抬大腿和收小腿，膝关节放松，大小腿充分折叠，边折叠边向前摆动。在摆腿折叠前摆的同时，另一腿的大腿积极下压，足前掌着地，膝关节缓冲。

3.创新的训练方法

（1）惯性跑训练

采用惯性跑让学生体会放松技术。众所周知，如果让一个物体突然由运动状态转为静止状态，其还会在惯性的作用下，继续保持运动状态一段时间。在进行短跑训练时，亦可以采用惯性来进行放松技术的训练，使学生能够在惯性的帮助下更好地体会放松技术，提高其应用放松技术的能力。具体方法如下：在200米的赛道中，先让学生快跑60米，而后借助惯性慢跑40米，再快跑60米，而后慢跑40米，如此循环往复，使学生能够在60米的快速跑中获得惯性，继而在40米慢跑中，借助惯性体会放松技术，以此来提高其放松技术的应用能力。需要注意的是，在进行慢跑时，学生必须要停止主动用力，否则惯性就会因为学生的主动用力而消失，致使惯性跑的作用丧失。

（2）大步跑训练

在进行短跑训练时，教师可以让学生进行大步跑训练，即通过一定的速度来提高学生的步长，继而使其能够更好地体会踝关节的缓冲情况。具体的操作方法如下：首先，教师可以让学生走或者慢跑100米，继而迈大步跑一定距离。在进行这一训练时，教师需要做好两个方面的工作。一是要对学生的速度进行控制，使其保持在学生最大速度的80%到85%之间。二是大步跑的距离要根据慢跑或者走的距离进行调整，如果之前采取的是慢跑，则大步跑的距离应该小于慢跑的距离，如果是走，则大步跑的距离应该大于走的距离。除此之外，在进行训练时，伴随着速度的增加，学生应该逐步提高步长并要增加摆腿幅度与蹬地的力量，确保能够充分地将大腿抬起，胯关节打开。只有这样才能够更好地在慢跑训练中掌握放松技术并学会如何应用放松技术，继而提高短跑训练的质量和效率，提高学生的成绩。

（二）接力跑

接力跑技术包括短跑技术和传接棒技术。接力跑的成绩不仅取决于队员跑的速度，而且取决于队员之间的相互配合。

1. 起跑

持棒起跑：第一棒传棒人持棒（以右手为例），采用蹲踞式起跑，按规则接力棒不得触及起跑线和起跑线前的地面。持棒起跑技术和短跑的起跑相同，持棒方法主要有三种：

第一，右手的食指握住棒的后部，拇指与其他三指分开撑地。

第二，右手的中指、无名指握住棒的后部，拇指、食指和小指成三角撑地。

第三，右手的中指、无名指和小指握住棒的后部，拇指和食指分开撑地。

接棒人起跑：接棒人站在接力区后端线或者说预跑线内，选定起跑位置，两脚前后开立，两膝屈着，上体前倾。接棒人应站在跑道外侧，左腿在前，右手撑地保持平衡，身体重心稍偏右边，头部左转，目视传棒人跑进自己起动的标志线。当传棒人员跑到标志线时，接棒人员便迅速起跑。

2. 传接棒方法

（1）上挑式

接棒人的手臂自然向后伸出，手臂与躯干约成40～50度角，掌心向后，拇指与其他四指自然张开，虎口朝下。传棒人将棒向前上方送入接棒人的手中。

这种传棒方法的优点是接棒人向后下方伸手臂的动作比较自然，传棒人传棒动作也比较自然，容易掌握。上挑式传棒方法的缺点是接棒后，手已握在接力棒的中部，如不换手再传给下一棒时，则只能握住接力棒的前部，容易造成掉棒和影响快速前进。

（2）下压式

也称"向前推送"的传接棒方法。在传棒时，手臂不要太高，而是用手腕动作将棒向前下方推送入接棒队员手中。并且，传棒人可以用手腕动作来调整传棒动作的准确性。在做此动作时，接棒人的手臂向后伸出，手臂与躯干约成50～60度角，手腕内旋，掌心向上，拇指与其他四指自然张开，虎口朝后，传棒人将棒的前端由上向下传到接棒人手中。

下压式传接棒技术的优点是每一棒次的接棒都能握住棒的一端，便于持棒快跑；缺点是接棒时，接棒人的手臂比较紧张，不够自然。

（3）混合式

第一棒用"上挑式"传棒，第二棒用"下压式"传棒，第三棒仍用"上挑式"传棒。

3. 创新的训练方法

（1）弯道跑练习

弯道跑练习主要是针对第一、三棒学生而言的。学生要反复地持棒进行弯道跑练习，增加对器械的感觉，消除不习惯的感觉，并由此找到适合自己的道次，以及找到适合自己的持棒方式。

（2）双人练习

在接力跑的道次安排确定后，第一棒队员与第二棒队员配对练习，第三棒队员与第四棒队员配对练习，在熟练掌握传接棒技术后，第二棒队员与第三棒队员再配对练习。

画好接力区，50～80米分段进行传接棒练习，传棒队员跑到标志点后发出口令，接棒人听到口令后,向后伸臂果断、稳定,不可左右晃动。传棒队员发出口令后,必须有一定的间隙,便于看清同伴伸出手后,准确传棒。两人跑进的速度根据传接棒的熟练程度由慢到快,多次重复。通过反复练习,两名队员要确定起动标志点和传接棒的方式。

(三)跨栏跑

1.110米栏技术

110米栏的栏架高1.067米,过栏和栏间跑的速度相当快,是跨栏跑中技术难度最大的项目。

110米栏采用蹲踞式起跑。前起跑器安装在距起跑线一脚半到两脚处,后起跑器距前起跑器约一脚远,两个起跑器间宽15~20厘米。做"预备"姿势时,臀部抬至超过肩的部位,体重由撑地的两臂和前腿负担,头保持和躯干成一直线,集中注意力等待鸣枪。

(1)起跑至第一栏技术

鸣枪后跑出的动作和短跑的起跑动作基本相同,起跑时应把起跨腿放在前起跑器上,起跑后前几步都必须有足够的步长。

110米栏起跑因受第一栏前固定距离(13.72米)和固定步数的制约,应特别注意步长的准确。

(2)栏间跑技术

栏间第一步的水平速度因过栏有所降低,为了争取第一步必要的步长,应充分发挥踝关节及脚掌力量,用力摆臂也能起到提高蹬地效果和加快动作频率的作用。

第二步动作结构的支撑与腾空时间关系大致与短跑途中跑相同。第三步因准备起跨形成一个快速短步,动作特点与跨第一栏前的最后一步相同。第三步应是栏间跑速度最快的一步。

(3)过栏技术

原地做摆动腿模仿练习:栏前直立,面对栏架,摆动腿屈膝高抬,膝盖达到栏架高度时,小腿迅速向前摆出,接着积极下压大腿,摆动腿基本伸直,脚掌靠近栏板,然后下落,用脚掌在身体重心投影点前落地,熟练后可连续做。

走步中做摆动腿、"鞭打"动作:腿的折叠、高抬,前摆小腿及下压大腿都与前一练习相同。走三或五步做一次,强调膝高于踝,不出现踢小腿的动作,熟练后加上两臂的配合动作,练习速度适当加快,注意动作放松。

走步中做摆动腿经栏上的栏侧过栏:站在起跨腿一侧,从栏前一米处起跨,摆动腿屈前摆,伸出小腿,经栏板上向栏后积极直腿下落,起跨腿配合做小幅度的提拉动作,熟练后在慢跑中接连跨3~4架栏。

原地提拉起跨腿过栏:双手扶肋木站立,在起跨腿一侧距肋木1~1.2米远横放架栏,上体稍前倾,眼平视,起跨腿屈膝经腋下向前提拉,膝部提举到身体正前方,身体不要扭转或偏斜。先做单个提拉动作,后连续做,动作速度由慢到快。栏架也可以纵放。

起跨腿过栏动作:动作同前,栏前走两三步后经栏侧提拉起跨腿,摆动腿做小幅度动作配合,以体会两腿的剪绞,身体过栏后,双手抓肋木,起跨腿提举至身体正前方。

栏侧做起跨腿练习:过3~4架栏,栏距7~8米,先走步中做栏侧过栏,后慢跑或快跑。

做起跨腿经栏上过栏。起跨腿蹬地要充分,不急于向前提拉,当摆动腿移过栏架下落时,迅速提拉起跨腿过栏。

学习过栏时两腿的剪绞动作和上下肢的配合动作:从原地站立开始做"跨栏步"中两腿剪绞换步动作,摆动腿屈膝高抬大腿,随之前伸小腿用前脚掌落地,摆动腿下落的同时,蹬离地面的起跨腿屈膝经体侧向前提拉超过摆动腿。

动作同上,在小步跑中连续做过栏模仿动作,跑三步后做一次"跨栏步"。应注意跑的直线性并有节奏,身体正对前方,同时注意两臂的配合用力。

原地摆腿过栏:上体正直面对低栏站立,将摆动腿大腿放在栏架横板上,小腿放松下垂,做两三次轻微摆小腿后,起跨腿蹬地,当伸直的摆动腿下压时,起跨腿迅速收起提拉过栏。

在走、跑中做栏侧过栏:强调两腿配合,摆动腿虽然不经过栏板上方,也必须完成折叠、举膝、伸下腿下压的动作。练习时在跑道上放3~6架栏,栏间相距7~8米,跑三步。当两腿配合剪绞的同时,两臂按动作要点做好前伸后摆等动作。

高抬腿跑中从栏侧或经栏上过栏:高抬腿跑至栏前,保持高重心,距栏约1米处起跨,过栏动作同前,但幅度小,腾空时间短,注意上下肢配合,身体始终直立不前倾,尽量不上跳,下栏后继续高抬腿跑准备过下一个栏。

2. 过栏技术的主要错误和纠正方法

(1)起跨时身体重心低,蹬地不充分,屈腿跳栏

产生这种情况的原因在于栏前跑的技术差,速度过慢,后两步拉大步降低身体重心,用脚跟踏地起跨或全脚掌击地造成很大制动,起跨时蹬摆配合差,下肢力量差,屈膝缓冲过大,心理上怕栏。

纠正方法有三个:一是纠正栏前跑的技术,形成较准确的步长,提高起跨点准确度,降低栏架高度,缩短栏间距离,用高重心跑。在最后两三步按标志跑,检查纠正后两步的"短步"关系。二是做起跨攻栏模仿练习,建立高重心起跨的肌肉感觉。三是练习跳绳、负重跳跃、长距离多级跳及双脚连续跳栏架(栏高 76.2 厘米),发展下肢各关节及脚掌肌肉力量。

(2)高跳过栏,身体腾空时间过长

产生这种情况的原因在于起跨腿膝关节弯曲过大,脚跟着地,蹬地角度大,垂直分力过大。起跨点离栏架太近,限制摆动腿向栏迅速前摆,怕碰栏受伤。摆动腿踢腿上摆,前伸小腿缓慢,下放摆动腿消极。

纠正方法有两个:一是改变起跨点,使之不短于自己七个脚掌长,适当加快栏前跑的速度。学习正确放脚起跨技术,保持高重心起跨姿势,用橡皮条代替栏的横板,消除怕栏顾虑。二是掌握摆动腿屈腿摆动攻栏技术。

(3)摆动腿直腿摆动攻栏或屈小腿绕过栏板

产生这种情况的原因在于对摆动腿的动作概念不清。摆动腿膝关节紧张,小腿过早前伸。摆动腿大小腿折叠不够,大腿屈肌力量差,起跨前大腿抬不高。

纠正方法有三个:一是详细讲解摆动腿屈膝摆的技术,反复做屈腿摆的各种模仿练习。例如,面对肋木站立,距肋木1.2~1.4米,摆动腿在体后开始折叠大小腿,以膝领先屈腿前摆,大腿在体前抬平后迅速伸出小腿,脚掌伸向肋木约与腰高的部位,支撑腿蹬地的同时前倾上体,手扶肋木。二是连续做摆动腿屈膝前摆的"鞭打"动作。三是身体直立或双手撑肋木站立,摆动腿屈膝前抬,膝部负10~15公斤重沙袋连续高抬,以发展髂腰肌和大腿屈肌的力量。四是大量重复做摆动腿栏侧过栏练习,要求大腿高抬后再前摆小腿,膝关节放松。

(4)腾空后两腿动作消极,剪绞时机不正确

产生这种情况的原因在于起跨腿蹬地不充分,过早开始提拉。两腿肌肉伸展能力差,髋关节灵活性差,不能在空中做出较大幅度的劈叉分腿动作。摆动腿时直腿摆动下压不积极。上体直立妨碍起跨腿用力提拉,或两臂摆动和腿的动作不协调。

纠正时要做到做起跨腿栏侧过栏,要求充分蹬伸起跨腿,不急于提拉。适当加长起跨距离,加快跑速,用大幅度动作完成快速剪绞过较低的栏架。发展两腿后群肌肉伸展性,改善髋关节灵活性与柔韧性,经常做压腿和劈叉练习,包括纵劈叉与横劈叉练习。

(5)过栏时摆动腿的后侧或起跨腿的膝、踝内侧碰及栏板

产生这种情况的原因在于因为起跨点过远,摆动腿向前速度太慢,或折叠高摆不够,上体前倾过大,摆动腿碰栏。起跨腿的膝、踝内侧碰栏板是因为大小腿和脚掌在提拉过程中部位不正确,另一原因是起跨腿提拉时膝未外展。

纠正方法有两个:一是重复练习原地支撑提拉起跨腿过栏动作,要求膝稍高于踝,小腿收紧,足内侧保持和地面平行(足尖勿下落)。二是提拉起跨腿时,及时做出前倾上体的动作。调整起跨点,加强摆动腿大腿高抬的能力。

3.创新的训练方法

(1)循环训练法

循环训练的运作方式多种多样,在选用所需内容时应反复甄别、试用或微调,只有合理地采用多种训练处方的优化组合及综合应用,才有可能获得最佳的运动效果。

第一,仰卧起坐12次;第二,原地团身跳12次;第三,俯卧挺身12次;第四,俯卧撑12次;第五,立卧撑12次;第六,弓步交换跳12次;第七,快速跑。要求动作转换连贯、不间断,认真完成每个点的动作,跑速为匀速跑,重复练习2~3组。

(2)递进训练法

在不破坏跨栏跑完整动作结构的前提下,暂时降低练习标准,先采用低栏和较近距或简栏架,降低动作难度,使学生由易到难,循序渐进地学习跨栏跑技术。以自主练习为主,教师

适当引导，当学生掌握前一项练习后，方可进入后一项练习，如同上台阶，步步升级。在教学中多采用4步跨栏技术，即左右腿轮换跨栏，取得较为理想的成绩。4步跨栏技术有两个优点：第一，消除了因为步幅不够大而不敢继续跨栏的畏惧心理；第二，解决了用5步上栏浪费时间、离栏过近形成跳栏动作等问题。

（四）中长跑

中长跑是中距离跑和长距离跑的简称，属800米以上距离的田径运动项目。中距离跑项目有男、女800米和1500米；长距离跑项目有男子5000米和10000米，女子3000米、5000米和10000米。中长跑是历史悠久且开展普遍的运动项目，在两千多年前的古代奥林匹克运动会上就有中长跑比赛。19世纪，中长跑在英国已盛行，后来世界各国也相继开展起来。中国从1910年起也有了中长跑的比赛。中长跑的动作要注意向前运动的效果，身体重心不要下降过大，两腿、两臂动作自然放松，两腿落地要柔和并有弹性。中长跑采用的训练方法有重复训练法、间歇训练法、快慢交替训练法以及山坡跑、沙滩跑、高原训练等。

中长跑的技术要领及其训练有如下各项：

1. 呼吸

中长跑的距离长，消耗能量大，对氧气的需求量也大。因此，掌握正确的呼吸方法至关重要。中长跑能量消耗大，机体要产生一定的氧债，为了保证机体对氧气的需求，呼吸必须有一定的频率和深度，还必须与跑的节奏相配合，一般采用两步两吸、两步两呼，呼吸时采用口呼吸的方法。随着跑的速度加快和疲劳的出现，呼吸的频率也有所增快。

2. 起跑及起跑后的加速跑

（1）站立式起跑

各就位时，学生从集合线走到起跑线处，两脚前后开立，将有力的腿放在前面，前脚尖紧靠起跑线后沿，后脚距前脚约一脚的距离，两脚自然开立，上体前倾，两膝弯曲，两臂一前一后，身体重心主要落在前脚上，保持稳定姿势，集中注意力听枪声。

（2）起跑后的加速跑

起跑后上体保持前倾，脚尖着地，腿的蹬地和前摆以及两臂的摆动都应快速积极，逐渐加大步伐和加快速度，随着加速段的延长，上体逐渐抬起，进入途中跑。加速段距离的长短和速度，应根据个人特点、战术需求和临场情况而定。

3. 途中跑

（1）直道跑技术

跑直道时要求两脚沿平行线跑，抬腿既不靠内也不靠外，正直向前，两脚皆用脚前掌扒地跑。

（2）弯道跑技术

跑弯道时要求左脚前脚掌外侧、右脚前脚掌内侧着地，左腿膝关节外展和右腿膝关节内扣，身体重心向内倾斜协调用力，速度越快倾斜角度越大，右臂的摆幅稍微大于左臂摆幅。

4.冲刺跑

冲刺跑是临近终点前一段距离的加速跑。其主要任务是运用自己的全部力量,克服疲劳,力争在最后阶段跑出好成绩。冲刺跑的技术特点是在加快摆臂速度和加大摆幅的同时配合腿部动作加快频率。冲刺跑的距离根据自己的体力情况、战术要求和临场情况而定。在通过终点时,在接近终点一步前身体躯干前倾,做出撞线动作。

5.创新的训练方法

(1)"法特莱克"训练法

"法特莱克"训练法,即速度游戏训练法。这种训练法主要选择空气新鲜,地形、地势变化较多,学生喜欢的自然环境,有意识地采用变速越野游戏的方法,进行不同强度的跑、走交替运动。加速跑的持续时间、休息时间及跑的形式由学生的自我感觉决定。"法特莱克"训练法的创造和采用,丰富了训练思路和训练手段,不会使学生很快出现疲劳,又能达到很好的训练效果。

(2)高原训练法

高原训练法能提高体内糖代谢的调节能力,对提高耐力大有好处。高原训练法的总的特点是学生要经受一定的附加刺激(如氧压变化和缺乏氧气等)使机体产生适应性效果。

二、跳跃

田径运动项目中的跳跃项目包括跳高、跳远、三级跳远和撑竿跳高。由于体育科学的发展、场地器材的更新、运动技术的改进和训练方法的合理,跳跃项目成绩得到大幅度的提高。跳跃项目有很强的趣味性,很受青少年的欢迎,在国内外得到了广泛开展。从事跳跃项目的训练和比赛,学生不但可以发展速度、力量和灵敏性等身体素质,而且有助于提高弹跳能力和培养勇敢、果断的性格。

(一)跳远

1.技术要领

助跑要提高重心、高抬腿、富有弹性、节奏明显。最后几步要有积极向踏板进攻的意识。快速、准确是助跑技术的要点,节奏是完成这一要点的关键。技术动作由助跑、起跳、腾空、落地组成,重点为助跑和腾空步。动作姿势分为蹲踞式、挺身式、走步式。

2.训练方法

练习1:原地摆臂动作模仿练习。两腿前后站立,起跳腿在前,起跳腿同侧臂以大臂带动小臂由后下方向前上方摆动;摆动腿同侧臂由前下方向后上方摆动。摆动时要做到耸肩带上体,头部正直,眼看前上方。

练习2:原地摆动腿模仿练习。两腿前后站立,起跳腿在前。摆动腿前摆时,大小腿要充分折叠,大腿带髋部向上高摆。踝关节自然放松,脚尖不得超过膝关节。两臂配合摆动。

练习3:原地蹬摆结合练习。摆动腿在前,起跳腿前摆做着地动作。重心前移缓冲,当放脚缓冲后,重心和脚跟的连线垂直地面时,开始做蹬摆动作。摆动腿在蹬的基础上向前上方摆,起跳腿在摆的同时快速蹬伸髋、膝、踝关节。摆动腿可落在适当的台阶上。

练习4:两步助跑起跳练习。两腿前后站立。起跳腿在前,摆动腿向前跑出第一步落地后,积极后蹬推动髋部迅速前移,起跳腿积极放脚起跳。同时,摆动腿积极前上摆,落地时摆动腿先着地。

练习5:短、中距离的助跑成腾空步练习。丈量步点,采用走步丈量法。先确定助跑步数,然后根据助跑步数确定走的步数。走的步数一般为跑的步数乘2减2。例如,8步助跑的步数确定:8×2-2=14(走步)。助跑要做到"三高":高重心、高频率、高速度。起跳强调一个快字。

练习6:利用俯角跳板或斜坡跑道的短、中程助跑起跳腾空步练习。

3.创新的训练方法

(1)走步式跳远

走步式跳远是急行跳远的一种腾空技术。在走步式中,起跳后两腿在两臂的配合下,在腾空时采用2步半和3步半两种动作技术。要求在空中做大幅度的前后绕环摆动迈步换腿动作来维持身体的平衡,并与两臂协调配合。落地前,收腹举小腿前伸,上体前倾,两臂同时向下后方摆动。

(2)挺身式跳远

挺身式跳远是技术环节较多的复杂跳远技术动作。快落地时,双脚、双手向身体前方合拢落地。挺身式跳远的练习方法分为五步:①原地模仿挺身式跳远的空中动作。支撑腿为起跳腿,摆动腿屈膝前摆,随即放腿并向右摆,髋部前展,同时两臂配合腿的动作向下侧后方绕摆至侧上方,注意体会放腿与展髋的动作。②起跳腿支撑站立,随口令做摆臂、摆腿、放腿、挺身、展髋的单足立定跳远,着重体会臂和腿的配合动作。③利用弹簧板做短程助跑起跳成腾空步后,下放摆动腿并落在沙坑内然后跑出,体会摆臂与展体的动作。④利用起跳板做短中程助跑挺身式跳远,要求摆动腿自然下放,髋部前移,展体挺身,收腹举腿落入沙坑。⑤全程助跑挺身式跳远练习,体会完整的技术动作。

(二)跳高

1.技术要领

助跑要积极加速、步点准、有弹性、节奏好。后段弧线助跑保持身体向内倾斜。过杆时形成较大背弓,充分利用身体重心腾起的高度和身体各环节之间的补偿作用。技术动作由助跑、起跳、过杆、落地组成。动作姿势分为跨越式、俯卧式、背越式。重点是助跑、起跳的结合,过杆动。

2.训练方法

练习1:利用跳箱仰卧做背弓成"桥"练习。

练习2:在垫子上原地站立,后倒背弓练习。

练习3:原地双腿跳起做后倒背弓练习。背对海绵包站立,然后双脚跳起,肩后倒挺髋,成背弓仰卧落在垫子上,先不要抬大腿,保持小腿自然下垂姿势。

练习4:原地双脚跳起做背弓过杆练习。背对海绵包站立,背后放一低横杆,屈膝半蹲,两臂在体侧后下方,两臂上摆,提肩提腰,两腿蹬伸跳起,肩后倒挺髋成背弓,小腿自然下垂。下落时,提大腿,甩直小腿。过杆后,以肩背落在海绵包上。

练习5:确定助跑步点,全程助跑起跳练习。

练习6:4步弧线助跑起跳成背弓练习。助跑起跳后,呈背弓姿势,落在高于臀部的海绵垫上,小腿放松自然下垂。强调倒肩、放摆动腿的时机。

练习7:4~6步助跑起跳过杆练习。

进行逐渐升高横杆高度的全程助跑背越式跳高完整技术练习。

3.创新的训练方法

(1)背越式跳高训练

背越式是跳高运动中一种最为实用的技术形式。在背越式跳高的过程中,学生通过助跑能够为起跳积蓄一定的能量,换言之,助跑实质上就是起跳的根本动力,如果缺少了助跑这一环节,学生很难完成整个背越式跳高的动作。学生在助跑起跳的过程中,其身体的重心会从助跑的最后一步摆腿支撑开始到起跳蹬地结束,使身体保持一个持续上升的状态。起跳以及预先的准备动作完全都是在助跑的行进中完成的,学生在助跑过程中为了降低身体的重心往往会选择身体前倾,这样有利于缩短倒数第二步时的摆腿支撑时间,使整个助跑的速度得到最大限度的提升,为进一步缩短起跳时间创造有利条件。助跑和起跳过程中身体重心的降低以及起跳过程中摆腿的蹬伸动作能够使速度由水平方向转化为垂直方向,这样便可以使学生跳得更高。

(2)剪式跳高

剪式跳高又称"东方式跳高",是急行跳高姿势之一。剪式跳高的训练方法是沿垂直横杆方向或稍偏摆动腿一侧的方向助跑。起跳腾空后,摆动腿上杆,做内旋下压动作,上体侧转并向下运动,使臀部弓起;起跳腿外旋绕过横杆下落,下压的摆动腿向上振起,与起跳腿成剪绞状动作,同时主体与头部越过横杆。

三、投掷

投掷比赛项目有铅球、铁饼、标枪和链球。通过投掷项目的练习可以增强体质,发展躯干和上下肢力量,特别是对发展爆发力量有明显作用。同时,投掷也是人们日常生活、生产劳动所需要的一种最基本的活动能力。

(一)推铅球

推铅球是一个速度力量性项目。投掷原理表明,铅球出手的初速度、出手角度及出手的高度决定了铅球飞行的远度。

推铅球的方法目前主要有两种,背向滑步推铅球法和旋转推铅球法。由于旋转推铅球对学生的技术、身体素质要求高,故而,大多采用背向滑步推铅球。

完整的背向滑步推铅球技术可分为握球、持球、滑步、转换、最后用力五个部分。这五部分都要注意维持身体平衡。

1. 握球技术

握球的手五指自然分开,将球放在食指、中指、无名指的指根处,拇指和小指贴在球的两侧,以保持球的稳定。握好球后,将球放在锁骨内端上方,紧贴颈部,掌心向上,右上臂与躯干约呈90°,躯干与头部保持正直。

2. 滑步技术

完整的滑步技术包括预备姿势、团身、滑步3个部分。

(1) 预备姿势(以右手为例)

学生持好球后,背对投掷方向,身体重心落在右脚掌上,左脚置于右脚跟后方20~30厘米处,以脚尖点地,帮助维持平衡。上体与头部保持正直,两眼平视,两肩与地面平行。这种预备姿势(常称高姿势)较为自然,有助于集中精神开始滑步。

(2) 团身动作

学生站稳后,从容地向前屈体,待上体屈到快与地面平行时,屈膝下蹲,同时头部和左腿向右腿靠拢,完成团身动作。

(3) 滑步动作

滑步由身体重心后移,左腿向投掷方向伸摆开始,经过蹬伸右腿、回收右脚来完成这一动作。滑步技术要点:一是两腿动作顺序为左腿在先,蹬伸右腿在后,最后收回右小腿。二是左腿与躯干的关系是左膝伸开应保持与躯干成一直线,直至最后用力开始。三是处理好铅球的位置。当右膝伸开后,铅球约处在右小腿的二分之一处,外侧的垂直线上。当右腿回收后,铅球约处在右膝上方外侧。

3. 转换技术

转换技术也叫过渡步技术。回收右小腿结束,以脚尖着地,紧接着将左脚插向抵趾板,以脚掌内侧着地。右腿着地时,体重大部分落在右腿上,左腿着地时,身体重心移至两腿之间,在这一过程中,学生上体和头部姿态没有明显变化。

4. 最后用力

最后用力可分为准备和加速两个部分:

(1) 最后用力的准备部分

从左腿落地到身体形成侧弓。在这一过程中,投掷臂尚未给铅球加速,仅是依靠右膝的内压,右腿的转蹬推动骨盆侧移。由于上体不主动抬起,头颈不主动扭转,而使身体左侧保持最大拉紧状态,为最后的加速用力创造有利条件。

(2) 最后用力的加速部分

躯干形成侧弓后,在左腿有力的支撑下,利用躯干的反振作用,顺势转肩伸臂完成整个投掷动作。在最后用力过程中,左腿的支撑作用十分重要,它不仅可以提高铅球的出手点,更重要的是可以提高手臂的鞭打速度。左臂通过上、下方位的摆动,可控制胸大肌横向弓展和推球手臂鞭打的距离。

5.身体平衡

铅球出手后,为了防止犯规,常采用换步和降低身体重心减缓冲力,以维持身体平衡。

6.创新的训练方法

推铅球创新的训练方法以超等长训练法最具代表性,超等长训练法在推铅球训练中的应用有两个重点:超等长俯卧撑和预抛接球后快速推出。

超等长俯卧撑是指将双手的手指相对,肘关节向外,模仿进行铅球投掷时的动作,用手臂向上撑起身体,双手击掌后落回地面,手臂应缓慢地进入连续的曲臂阶段,对手臂的主动肌进行充分的拉长。超等长俯卧撑能够有效地对上肢的肌肉拉伸度进行锻炼,激发上肢的爆发力,对于解决铅球投掷中容易出现的掉肘的错误动作有很好的锻炼效果,可以增加手指和手腕的力量和锻炼学生的推拨动作。

预抛接球后快速推出是指身体采取正面或者侧面站立,投掷臂在进行肩上预抛接球之后迅速地进行推球。这种训练方法的原理是,抛球后预接推动,能够使身体形成一个反弓形,形成力量的积蓄,使相关的肌肉得到一定的拉伸,存储了一定的拉伸势能,在第二次推球用力储备强大的爆发力。抛球和接球的过程中,右肩低于左肩,头部向右旋转,身体左侧肌肉群被拉伸,处于最大的拉伸状态,加长了推手臂的鞭打距离,为铅球抛出的最后爆发力提供基础。

(二)掷铁饼

掷铁饼是奥运会和世界田径锦标赛的一个比赛项目。比赛时,投掷者一手持铁饼,在投掷圈内通过旋转动作将铁饼掷出尽可能远的距离。正式比赛中铁饼的重量男子为2公斤,女子为1公斤;投掷圈内圈直径为2.5米,有效区角度为40度。从技术结构上讲,完整的掷铁饼过程可以分为握法、预备姿势和预摆、旋转、最后用力和铁饼掷出后的身体平衡四个部分。

1.技术和要领

(1)握法

五指自然分开,拇指和手掌平靠铁饼,其余四指的最末指节扣住铁饼边沿,铁饼的重心在食指和中指之间,手腕微屈,铁饼的上沿靠在前臂上,持饼臂自然下垂于体侧。

(2)预备姿势和预摆

预备姿势要背对投掷方向,两脚左右开立约一肩半,站于圈内靠后沿处的投掷中线两侧。两脚平行开立或左脚稍后,持饼臂自然下垂于体侧,眼平视。

预摆是为了获得预先速度,为旋转创造有利条件。目前常见的预摆有两种:左上右后摆饼法和身体前后摆饼法。

一是左上右后摆饼法。开始时,持饼臂在体侧前后自然摆动,当铁饼摆到体后时,体重靠近右腿,接着以躯干带动持饼臂向左上方摆起;当铁饼摆到左上方时,左手在下托饼,体重靠近左腿,上体稍左转。回摆时,躯干带动持饼臂将铁饼摆到身体右后方,身体向右扭紧,体重处于右腿上,上体稍前倾,左臂自然微屈于胸前,眼平视,头随上体的转动而转动。

二是身体前后摆饼法。开始时,持饼臂在体侧前后自然摆动,当铁饼摆向体前左方时,手掌逐渐向上翻转,右肩稍前倾,体重靠近左腿。铁饼回摆到体后时,手掌逐渐翻转向下,体重由左向右移动,上体向右后方充分转动,使身体扭转拉紧。这种方法动作放松,幅度大,目前大多数优秀选手都采用这一方法。

(3)旋转

预摆结束后,弯曲的右腿蹬地,上体向左转动,同时左膝外展,体重由右脚向边屈边转的左腿移动;接着,两腿积极转动,并以左脚前脚掌为轴向投掷方向转动,身体向投掷方向倾斜,投掷臂在身后放松牵引铁饼。当左膝、左肩和头即将转向投掷方向时,右膝自然弯曲,以大腿发力带动整个腿绕左腿向投掷方向转扣(右脚离地不能过高),这时左髋低于右髋,身体成左侧单腿支撑旋转,接着以左脚蹬地的力量推动身体向投掷圈的中心移动,右腿、右髋继续转扣。当左脚蹬离地面时,右腿带动右髋快速内转下压,左腿屈膝迅速向右腿靠拢,左肩内扣,上体收腹稍前倾。接着,左脚积极后摆,以脚掌的内侧着地,落在投掷圈中线左侧、圆圈前沿稍后的地方,身体处于最大限度的扭转拉紧状态,铁饼远远留在右后方,左臂自然微屈于胸前,为最后用力做好准备。

(4)最后用力和身体平衡

当左脚着地时,右脚继续蹬转,使右髋积极向投掷方向转动和前送。接着,头向投掷方向转动,左臂微屈于胸前,胸部开始向前挺出,体重逐渐移向左腿。当体重移向左腿时,右腿继续蹬伸用力,以爆发式的快速用力向前挺胸挥饼。与此同时,左腿迅速用力蹬伸,左肩制动,成左侧支撑,使身体右侧迅速向前转动,将全身的力量集中在铁饼上,当铁饼挥至右肩同高并稍前时,小指到食指依次用力拨饼出手,使铁饼顺时针方向转动向前飞行。

铁饼出手后,应及时交换两腿,身体顺惯性左转,同时降低身体重心,维持身体平衡。

2. 错误及纠正方法

(1)双腿支撑起动进入单腿支撑旋转阶段,身体失去平衡

产生原因在于进入旋转时上体过早倒向圆心,身体还没有形成左侧支撑转动轴时左肩和上体过早倒向圆心。

纠正方法有两种:一是徒手双支撑进入单支撑的模仿练习,体会身体由右向左向圆心转动的路线及单支撑时身体的平衡感觉;二是徒手或持辅助器械做旋转至双脚着地成用力姿势的练习,重点体会双支撑进入单支撑身体平稳地转动与向前的结合。

(2)双腿支撑进入单腿支撑旋转阶段,上下肢的动作结构不合理

产生原因在于左肩和左臂过早打开并过早向圆心方向摆动,使上体突然加速,破坏了上下肢的合理动作结构。

纠正方法有两种:一是徒手做开始起转练习,强调下肢的积极主动转动,特别是左腿的屈膝转动;二是徒手旋转至双腿支撑用力前姿势,重点体会左肩和左臂向圆心做弧形摆动的

路线,使左肩、左臂与左腿和左膝形成一体转动。

(3)旋转后两脚落地的位置过于偏左或偏右

产生原因在于起转时,左脚转动的方向没有到位,右脚弧形摆动转髋的方向控制不准确。

纠正时要多做开始起转的练习,重点要求两腿支撑转动的程度和右腿弧形摆动与左腿支撑转蹬的配合,在圈内使用标志进行检查。

(4)旋转后用力前,上体过早抬起使身体重心前移

产生原因在于对最后用力技术概念不清楚,上体发力时间过早,同时,身体素质较差,特别是腿部和腰背腹肌力量差。

纠正方法有两种:一是明确技术概念,多做徒手或持辅助器械旋转至用力前的姿势,强调旋转过程中始终保持半蹲收腹扭转;二是发展腿部和腰背腹肌力量。

(5)旋转后用力前,髋轴与肩轴没有形成扭转拉紧的最后用力姿势

产生原因是旋转后没有控制好上体的继续旋转和有意识留住持饼臂,使饼过早前摆;下肢转动不积极。

纠正要在教师的帮助下,做徒手旋转练习,要求学生适当控制上体,让学生体会旋转过程中下肢积极主动,特别是单腿支撑的转动,要求前脚掌支撑转动,不能用全脚掌着地,并且体会上体被动放松,投掷臂留在身后的肌肉感觉,并指出旋转后、用力前铁饼所在的位置。

(6)旋转至右脚着地成单支撑阶段明显停顿或转不起来

产生原因有三方面:一是右腿摆动右髋转扣时左腿蹬地力量不够,使重心没有移到右脚的支撑点上方;二是右腿弧形摆动与左腿转蹬过于向上,形成跳起过高,重心起伏较大,易使落地形成制动,从而造成旋转动作停顿;三是右脚落地使用全脚掌着地。

纠正方法有三种:一是多做开始起转腾空后衔接单支撑的转动练习,要求学生低平摆动,防止高跳;二是多做单支撑转动的专门练习,要求学生掌握单支撑转动阶段合理的身体结构,特别是重心、转动轴和左腿的积极后摆,体会单支撑转动的肌肉感觉。

(7)最后上体过早发力,没有发挥下肢转动用力的能力

产生原因在于右腿右髋转动用力技术不熟练,上体和手臂用力时机掌握不好。

纠正方法有三种:一是双人对抗练习,使学生体会右腿右髋主动用力的肌肉感觉;二是练习原地投,强调由下而上的用力顺序;三是投掷辅助器械,强调最后用力时前半部分下肢的积极用力作用与后半部分上体爆发式用力的配合动作感觉。

(8)最后用力向前不够

产生原因在于最后用力两脚开立距离过小,同时右腿右髋转蹬前送不够,没有形成良好的左侧支撑用力。

纠正方法是徒手或持木棒做打树叶练习。要求:一是两脚开立宽于肩;二是右腿右髋转

动中推动身体重量靠近支撑的左腿;三是手或木棒接触树叶的那一点即出手点;四是胸带臂向前平打,不要提肩。

(9)最后用力向左侧倒

产生原因在于左侧支撑用力意识差,左肩没有制动动作。

纠正方法有两种:一是徒手或持辅助器械做最后用力模仿练习,重点强调左腿的支撑用力动作和左肩的制动动作;二是初学者要求以"支撑投"动作类型为主,强调发挥支撑转动用力的作用。

以上各项是训练时常见的易犯错误动作,由此而派生的错误动作多种多样,教师纠正时首先要分析错误产生的原因,根据学生的具体情况和教学条件,采用纠正的手段。一般应让学生明确该环节技术的概念,采用单个的、局部动作的专门练习体会肌肉感觉,再要求在完整技术中能做出正确的动作,反复练习,达到改进动作的目的。

3.创新的训练方法

目前,数字铁饼已经成为掷铁饼项目中的创新训练方法。由于数字铁饼规格符合国际田联对男子用铁饼的标准,因而可以作为学生实际训练用饼,在正常训练的同时,采集学生投掷中铁饼的加速度和角速度信息。数字铁饼能够提供铁饼投掷过程中的加速度和角速度信息,这些信息直接为学生的训练提供帮助。

数字铁饼的整体结构为:数字铁饼通过螺丝将上下壳联结,构成一个整体,功能电路与下壳固定连在一起,上下壳之间在适当位置放置质量补偿块和弹性体材料,以减小数字铁饼在触地时的冲击对内部结构的损伤。

学生采用现在比较常见的背向旋转投掷技术时,数字铁饼把学生每次投掷中铁饼的运动学数据都存储在饼体内的存储器中,训练测试完毕后,由上位机通过 USB 接口读取铁饼的运动学信息,并按一定格式保存,上位机可以通过专门软件对这些数据进行分析。

第三节 球类运动与训练

球类运动是世界最流行的运动之一。本节只对足球、篮球、乒乓球、羽毛球进行详细阐述。

一、足球

现代足球起源于英国,是当今世界上最有影响、开展最广泛的一项运动,被誉为"世界第一运动"。足球运动是以脚支配球为主体,在踢、运、停、顶、守门等基本技术的基础上两队互相攻击、对抗,以射门为目标,以射入球多少判定胜负的球类运动。足球运动的激烈对抗性有利于培养队员的顽强拼搏精神、团队精神和意志品质,以及全面改善和增强身体素质。

(一)技术

足球的基本技术分为控球、踢球、运球、接球、头顶球、抢截球、掷界外球等。

1. 控球

控球是持球队员以脚的各个部位,通过拖、拨、扣、颠、推、挑等动作,将球置于自身控制范围之内的技术。

(1)拖球

拖球是脚底触球的上部,将球由前向后或由左(右)向右(左)进行拖拉的动作。当拖球到位后,一般均以脚内侧做挡球动作,然后进入下一动作。

(2)拨球

拨球是持球队员用脚腕抖拨的动作,以脚背内侧或脚背外侧触球,使球向侧方或侧后(前)方滚动。拨球根据脚触球部位的不同分"内拨"和"外拨"两种。运用脚背内侧拨球称为"内拨",用脚背外侧拨球称为"外拨"。拨球技术通常是与对手相持时,当对方伸脚抢时运用。

(3)扣球

扣球是持球队员快速转身变向,用踝关节急转压扣的动作,以脚背内侧或脚背外侧触球,将球迅速停住或转变球滚动的方向。用脚背内侧扣球的动作称为"内扣",用脚背外侧扣球的动作称为"外扣"。扣球动作改变方向后,用推拨动作突然加速越过对手。

(4)颠球

颠球是持球队员用身体各有效部位连续击球,并尽量不使球落地的技术动作。练习者经常练习,能有效地促进人体对球的各种特性(弹性、重量、旋转等)的熟练程度,同时加深对触球部位击球力量的感觉,颠球的部位包括脚背、脚内侧、脚外侧、大腿、头部、胸部、肩等。

2. 踢球

踢球是有目的地把球传给同伴或射门,它是完成战术配合的主要手段。同时它也是足球基本技术中的主要技术。踢球的方法有很多种,包括脚内侧踢球、脚背正面踢球、脚背内侧踢球等。

(1)脚内侧踢球

动作要点:①直线助跑,最后一步步幅稍大,支撑脚踏在球侧12～15厘米处,膝关节微屈,脚尖正对出球方向。②踢球脚屈膝外展,脚底与地面平行,脚尖微上翘。③小腿加速前摆,用脚内侧部位击球的中后部,用推送或敲击的踢法将球击出。

(2)脚背正面踢球

动作要点:①直线助跑,最后一步步幅稍大,支撑脚积极着地,踏于球侧约10～12厘米处,膝关节微屈,脚尖正对出球方向。②踢球腿以髋关节为轴,大腿带动小腿由后向前摆动,击球一刹那,脚面绷紧,脚背绷直。③小腿加速前摆,以脚背正面部位击球的后中部。④击球后,身体及踢球腿随球前移。

(3)脚背内侧踢球

动作要点:①斜线助跑,与出球方向约成45°角,最后一步略大,支撑脚外沿积极着地,踏于球的侧后方约20~25厘米处,膝关节微屈脚尖指向出球方。②身体稍向支撑方一侧倾斜,踢球腿以髋关节为轴,大腿带动小腿向前摆,大腿摆至与支撑腿接近同一平面时,小腿加速做鞭打动作。③踢球腿击球时,脚尖稍外转指向地面,脚趾紧扣,脚背绷直,脚跟提起。④以大腿带动小腿加速前摆,根据传球的目的,击球的后中部或中下部,传出的球会出现高、中、低不同的效果,击球后继续随球前移。

3. 运球

运球技术是指持球队员在跑动过程中有目的地用脚的某一部位推拨球,使球保持在自己控制范围内的连续触球动作。运球技术包括运球和运球突破,常用的运球方法有正脚背面运球、脚背内侧运球、脚背外侧及脚内侧运球等。

(1)脚背外侧运球

动作要点:①持球队员身体自然放松,上体稍前倾,双臂自然摆动,步幅中小。②运球时膝关节弯曲,提脚跟。③脚尖内扣,用脚背外侧推拨球的后中部。

(2)脚背内侧运球

动作要点:①持球队员身体自然放松,上体前倾并向运球方向转动,步幅小,双臂自然摆动。②运球时膝关节稍弯曲,脚跟提起。③脚尖稍向外转,在迈步前冲着地前,用脚背内侧推拨球。

4. 接球

接球是队员有意识、有目的地利用身体的合理部位,把运行中的来球停挡在自身控制范围之内的技术。一般常用的接球方法有:脚内侧接球、脚底接球、胸部接球、大腿接球等。但不管采用何种接球方法,都应包括判断球速、落点、接球及接球后控球四个过程。接球形式包括接地滚球、空中球和反弹球三种。

(1)脚内侧接球

接地滚球动作要点:①支撑脚正对来球,膝关节微屈。②接球脚屈膝外转,脚尖稍翘起主动前迎来球。③球接触脚内侧一刹那,接球脚后撤缓冲,把球控制在便于衔接下一个动作处。

接反弹球的动作要点:①支撑脚踏在球的落点侧前方,屈膝上体稍前倾。②接球脚放松提起,用脚内侧对准球的反弹角度。③当球反弹刚离地时,用脚内侧部位推压球的中上部。

接空中球的动作要点:①根据来球的高度,接球脚举起前迎,对准来球路线。②当球与脚内侧接触瞬间,后撤缓冲。③把球控制在有利于衔接下一个动作的位置。

(2)脚底接球

脚底接球包括接地滚球和接反弹球两种技术。

接地滚球动作要点:①支撑脚踏于球的侧后方,屈膝脚尖正对来球。②接球脚提起,自然屈膝,脚尖上翘高于脚跟,踝关节放松。③用脚掌前部触球的中上部。

接反弹球的动作要点:①支撑脚踏在球落点的侧后方,对准来球反弹角。②当球着地瞬间,用脚掌前部对准球的反弹路线,推压球的中上部。

(3)胸部接球

胸部接球是利用胸部接球的一种技术动作。其特点是面积大,有弹性,争取接球时间,易于掌握。胸部接球分挺胸式和收胸式两种。

挺胸式接球动作要点:①面对来球,双臂自然张开,两脚分开微屈膝,重心落于两脚之间。②当胸部与球接触前瞬间,两脚蹬地,胸部稍上挺,收腹,上体后仰缓冲来球力量。③以胸部触击球后,使球落于自己能控制的范围。

收胸式接球动作要点:①面对来球,两脚开立,双臂自然张开,挺胸迎球。②当球与胸部接触前瞬间,收胸、收腹,同时臂部后移,使来球缓冲。③以胸部接球后,使球落于自己能控制的范围。

(4)大腿接球

动作要点:①大腿与球接触的刹那,迅速撤引缓冲;②以大腿中部接触下落的球,使球落于有助于衔接下一个动作的位置处。

5.头顶球

头顶球作为争取时间、争夺空间的有效手段,在比赛中被广泛使用,它是指队员有意识、有目的地用前额正面或侧面将球击向预定目标的动作。

(1)原地前额正面头顶球

动作要点:①身体正对、两眼注视来球,两脚前后开立,微屈膝,上体后仰展腹,重心落于后脚,双臂自然张开。②球运行至身体垂直上方时,后脚用力蹬地,收腹,快速向前屈体,重心由后脚移向前脚。③击球时,颈部肌肉紧张,用前额正面顶球的后中部,上体随球前摆。

(2)跳起前额正面头顶球

动作要点:①原地起跳时,双脚用力蹬地,两臂屈上摆自然张开,身体在上升中,上体后仰展腹呈反弓形,注视来球。②球运行至身体垂直上方时,收腹,上体快速前摆,颈部紧张。③用前额正面把球顶出,随后屈膝缓冲落地。

6.抢截球

抢截球是转守为攻的积极手段,是防守技术的综合体现。抢截球包括抢球和截球。

抢球是指在足球规则允许的条件和动作下,把对手控制的或将要控制的球抢夺过来或破坏掉。

截球是指将对手相互间传出的球,堵截或破坏掉。

(1)正面跨步抢截球

动作要点:①两脚前后开立,膝微屈,身体重心下降并落于两脚间。②当对手脚触球后,脚即将落地或刚落地瞬间,抢球者后脚用力蹬地,抢球脚以脚内侧堵截球,当球被堵时,另一脚快速跟上。③如双方同时触球,则抢球脚顺势向上提拉,使球从对手脚背滚过,并身体重心迅速跟上,控制球。

(2)侧面合理冲撞抢球

动作要点:①当防守队员与对手并肩跑动追球时,身体重心下降。②用靠近对手方一侧的手臂,以肩部以下,肘以上的部分贴紧自己身体去冲撞对手相同部位。③使对手失去平衡而失去球的控制,乘机把球夺下。

7.掷界外球

掷界外球是指在比赛中越出边线的球,按足球竞赛规则规定用手将球掷入场内,恢复比赛的一项技术。

掷界外球有原地掷界外球和助跑掷界外球两种。

(1)原地掷界外球

动作要点:①面向比赛场地,双手持球于头后。②把球从头后经头顶用连贯的动作把球掷入场内。③球掷出后,双脚均不得离地和踏进场内。

(2)助跑掷界外球

动作要点:①助跑时双手持球于胸前,助跑距离不宜太长。②掷球的动作与原地掷界外球相同。

(二)训练

1.比赛阵形

比赛阵形是比赛场上队员的位置排列、攻守力量搭配和职责分工的形式。阵形人数排列一般是从后卫排向前锋,根据队员排列层次分成后卫线、前卫线、前锋线。守门员职责固定,一般不予计算。常见的比赛阵形有"4-3-3""4-4-2""3-5-2""4-5-1"等。

(1)4-3-3阵形的特点

在这个阵形中,把三个前锋放在前锋线上,中场也设立了三名球员,不但加强了防守能力,还使进攻的方式变得更加灵活。一般来说,此阵形中的后卫可分为两个中后卫,两个边后卫,使得防守更加有层次,更加有立体性。前卫可分为一前二后或二前一后,不管哪种安排,中场都必须起到一个攻守的枢纽作用。边前卫主要负责加强进攻,中前卫主要负责组织进攻和参与防守。前锋也可分为中锋和边锋两种:边锋主要通过运球突破对方防守、射门或传中,同时要负起门前抢点射门的任务;中锋是锋线的尖刀,主要是突破、抢点和射门。

(2)4-4-2阵形的特点

此阵形和4-4-3阵形最大的区别就是把一个前锋队员放到了中场,加强了防守的能力。后防的位置和任务基本和4-4-3阵形一样。中场有四名队员,有利于防守,同时也有利于夺取中场的优势和主动权。前锋的要求是突破能力强,善于把握破门的机会。整个队员的分布虽然是攻少守多,但是可以通过合理有序的组织,保证比赛中攻守力量的平衡。

(3)3-5-2阵形的特点

此阵形最明显的特点是中场人数多,力量强大,有利于控制中场主动权,有效地阻止对方的进攻,减轻后场的防守压力。后卫线的三名队员大胆地紧逼盯人,相互保护补位。中场队员插上进攻的点多,而且隐蔽性较强。

(4)4-5-1阵形的特点

此阵形是一个相对侧重于防守的阵形。后卫线的4名队员主要的力量用于防守,并协助控制中场和组织进攻;中场人数多,力量大,能够很好地控制中场的主动权,减轻后场的防守压力;前锋线上只有1名队员,进攻的力量相对薄弱,不过从防守反击战术来说,也有它的优势所在。

2.进攻战术

(1)个人进攻战术

个人进攻战术是队员在比赛中,为了战胜对手,完成整体进攻任务而采取的个人行动。它包括摆脱与跑位、传球、射门等。

第一,摆脱与跑位。每当队员得球,都要发动进攻,同队队员要迅速摆脱对手,造成空当,给有球同伴创造多条传球路线,以更好地进攻。摆脱对手紧逼,可采用突然启动、冲刺跑、急停、突然变向、变速和假动作等。跑位就是有目的地跑向有利位置或空当。跑位能使自己在短时间内摆脱对手接球,推进进攻。

第二,传球。传球是配合的基础,是完成战术配合创造射门机会的主要手段。选择目标、把握时机、控制力量与方向是传好球的重要环节。

第三,射门。射门是一切战术配合的最终目的。准确、有力的射门,往往使守门员猝不及防而失球。

(2)局部进攻战术

局部进攻战术是指进攻中两队或几个队员之间的配合方法。它是集体配合的基础。其配合形式有"二过一"配合、传切配合、三人配合等。局部进攻战术通常以"二过一"配合为基础。"二过一"配合是在局部地区两个进攻队员通过两次以上的连续传球配合,越过一个防守队员的配合行动。"二过一"配合包括"斜传直插二过一""直传斜插二过一""回传反切二过一",以及"踢墙式二过一""交叉掩护二过一"。

(3)整体进攻战术

阵地进攻中的边路传中、中路渗透、中路转移。边路传中是指在对方半场两侧地区发动的进攻,通过传中来创造射门机会。此方法是针对对方边路防守人数较少、空间较大的缺点,突破防线,然后传中,由中路或异侧的同伴包抄完成射门。

中路渗透一般由后场发动进攻、中路发动进攻、前场发动进攻三种形式。

中路转移是针对在比赛中,中路聚集着双方较多的队员,中路渗透不能奏效的情况,将球从中路转移到边路以分散防守力量,然后再从边路突破或者传中的一种进攻战术。

快速进攻是非常有效的一种进攻战术。其主要特点就是由守转攻时对方的防守还不是很到位,通过最简单的快速传递配合来创造射门机会。其方法主要有:一是守门员获得对方射门的球时,守门员快速地踢球或手抛球发动进攻;二是在中前场抢断截到对手的球时快速发动进攻;三是在中后场获得任意球时,快速发球也能形成快攻机会。

3. 防守战术

(1) 基础战术

选位和盯人。它是防守战术中的基础。防守队员站位一般应处于对手与本方球门中心所构成的一条直线上。一般情况下,对对方有球队员以及可能接球的队员要紧逼;对离球远的对手可采用松动盯人。

局部防守配合。保护和补位是局部地区集体防守的基础,队员之间应保持适当的斜线站位。当一侧被突破时,另一个应立即补位,被补位队员迅速回到补位队员的位置。

(2) 全队战术

人盯人防守。除拖后中卫外,每个队员都要盯住一个指定对手。原则上对手跑到哪里就盯到哪里,拖后中卫进行区域防守,执行补位的任务。

区域盯人防守。每个队员在自己防守的区域内进行盯人防守,无论哪个对手进入自己的防区就盯住他,一般不越区盯人,拖后中卫执行补位的任务。

混合防守。混合防守是现代足球用得较多的一种防守方法,就是把人盯人防守和区域盯人防守结合起来。一般拖后中卫执行补位,另外三个后卫盯人,前卫和前锋区域盯人。"全攻全守"的踢法在防守时,每个队员都有防守任务。防守的关键是:场上队员要做到延缓对方进攻;快速回防到位,保持防守层次,紧逼盯人,严密守住球门前30米区域。

在现今的比赛中全队的防守方法一般有三种:一种是在进攻丢球后立即就地抢截;另一种是在进攻中丢球后,前锋队员在前场封抢,其他队员立即退回本方半场防区进行防守抢截;第三种是在进攻失误丢球后,全队退至禁区前组织密集防守,阻击对方的进攻。

4. 创新的训练方法

(1) 街头训练法

街头训练是通过增加球员的触球次数和足球练习时间,调动球员的积极性和热情,进而提高球员的技术能力、对抗能力、对抗中的技术运用能力、即兴发挥能力和创造力等。

在街头训练中,球员要综合发展,适应不同的位置,进而提升其比赛的能力。传统训练的缺点是一名球员从小就被固定在一个位置,长此以往,一个边前卫,往往只会顺着边路走,一到中路就表现出一脸不懂,或者防守队员不会进攻,进攻队员不会防守,街头足球不限规则和形式,球员自由组合,恰恰可以弥补这个缺点。

(2) 多球训练法

多球训练法训练学生脚内侧运球能力。在训练时,将学生进行分组,以20分钟为单位,每个小组的学生依次进行运球练习,在带球到达终点时,再用脚内侧将另一球运转折返,循环往复,每一个人大概连续进行了十个球的运球练习。当一名学生生完成以后,便轮换至另一学生,教师在旁边轮流进行纠错指导。学生对运球过程中出现的错误进行改正,接着反复进行高密度的练习,自身肌肉记忆容量也会得到提升,对脚内侧运球的技术动作便会定型,教师的训练也会收到事半功倍的成效。

二、篮球

篮球运动起源于美国,最初是两个竹制桃篮钉在健身房内看台的栏杆上,向桃篮投球的游戏。篮球运动是将球投入对方球篮、以得分多少决胜负的集体球类运动项目,是最受人们喜爱的球类运动项目之一。

(一)技术

篮球技术是队员在比赛中以攻守为目的所运用的各种专门动作的总称,是队员进行比赛的主要手段。基础阶段基本技术掌握得好坏,直接影响着队员高难度动作的掌握和篮球水平的提高。因此在开始阶段练好基本技术,对在今后比赛中取胜有着重要的意义。

1.移动技术

(1)起动

从基本站立姿势开始,向前起动时以后脚或异侧脚(向侧起动)前脚掌短促有力地蹬地,同时上体迅速前倾或侧转,向跑动方向移动重心,手臂协调摆动,充分利用蹬地的反作用力,迅速向跑动方向迈出。

动作要点:移重心,起动后的前两三步前脚掌蹬地要短促有力。

(2)变向跑

变向跑是队员在跑动中利用方向的变化完成攻守任务的一种方法。从右向左变向时,最后一步用右脚前脚掌内侧用力蹬地,同时脚尖稍加内扣,迅速屈膝降重心,腰部随之左转,上体向左前倾,移动重心,左脚向左前方跨出,蹬地脚及时跟上。

动作要点:变方向的瞬间屈膝降重心、移重心,异侧脚前脚掌内侧迅速蹬地,同侧脚迅速跨出,蹬地脚及时跟上。

(3)侧身跑

侧身跑是队员在向前跑动中,为观察场上情况,侧转上体进行攻守动作的一种方法。队员在向前跑动时,头部与上体侧转向球的方向,脚尖正对跑动的前进方向,内侧腿深屈,外侧脚用力蹬地。

动作要点:面向球转体,切入方向的内侧腿深屈,外侧脚用力蹬地,重心内倾。

(4)急停

第一,跨步急停。急停时向前跨出一大步,腿微弯曲,脚跟先着地,同时上体稍后仰,重心后移,上第二步时重心下降,用脚掌内侧蹬地,停后重心移至两脚上。

动作要点:第一步要大,第二步要跟得快,脚前掌内侧用力蹬地。

第二,跳步急停。移动中用单脚或双脚起跳,上体稍后仰,落地时全脚掌着地,两腿弯曲,两臂屈肘微张,以保持身体平衡。

动作要点:重心放在两脚之间,两腿弯曲,两臂屈肘在体侧,保持平衡。

(5)滑步

滑步是防守移动的一种主要方法,可分为侧滑步、前滑步和后滑步。以侧滑步为例。滑步前,两脚左右开立约与肩同宽,膝微屈,上体稍前倾,两臂侧伸,目平视。向左滑步时,右脚前脚掌内侧用力蹬地,左脚同时向左跨出,在落地的同时,右脚迅速随同滑行,然后重复上述动作,滑步时身体要保持平稳。

动作要点:重心平稳,移动时做到异侧脚先蹬,同侧脚同时跨出,异侧脚再跟上。

2.传球技术

传球是篮球比赛中进攻队员之间有目的的转移球的方法。它是场上队员之间相互联系和组织进攻的纽带,是实现战术配合的具体手段。

(1)双手胸前传球

两手手指自然分开,拇指相对成八字形,用指根以上的部位持球,手心空出,屈肘持球于胸前。传球时,后脚蹬地重心前移,同时前臂迅速向传球方向伸出。拇指用力下压,手腕前屈,中、食指用力拨球将球传出。

动作要点:蹬地,展体,伸臂,扣腕,手腕急促地由下而上、由内向外翻,同时拇指下压,中、食指用力拨球。

(2)单手肩上传球

以右手传球为例。双手持球于胸前,两脚平行开立。传球时,左脚向传球方向迈出半步,同时将球引至右肩上方,肘外展,右手托球,左肩侧对传球方向,重心落在右脚上,右脚蹬地,身体向传球方向转动,以大臂带动小臂,肘关节领先,前臂迅速向前挥摆,手腕前屈,通过食指和中指拨球将球传出。球出手后,重心前移,右脚向前迈出半步,保持基本站立姿势。

动作要点:转体挥臂,扣腕,自下而上发力。

3.运球技术

运球是一项重要的进攻技术,是控制球、组织战术配合及突破防守的重要手段。

(1)高运球

运球时,两腿微屈,目平视,运球手用力向前下方推压球,球的落点在身体的侧前方,使球反弹起的高度在腰腹之间,手脚配合协调,使球有节奏地向前运行。

(2)低运球

两脚前后开立,两腿弯曲,重心下降,上体前倾,用远离防守队员的手用力向下短促地推压球,使球从地面向上反弹起的高度在膝部以下。

动作要点:大小臂的发力要协调,手腕的用力要柔和,控制好球的反弹高度。

(3)运球急停

在快速运球中,突然急停时,手拍按球的前上方。运球疾起时,要迅速起动,拍按球的后上方,要注意用身体和腿保护球。

动作要点:运球急停急起时,要停得稳,起得快。

(4)转身运球

以右手运球为例。变向时,右脚在前为轴,做后转身的同时,右手将球拉至身体的左侧前方,然后换手运球加速前进。

动作要点:运球转身时要降低重心,拉球动作和转身动作要连贯一致。

(5)背后运球

以右手运球为例。向左侧变向时,右脚在前,右手将球拉到右侧身后,迅速转腕拍按球的右后方;将球从身后拍按至身体的左侧前方,然后左手接着运球,左脚向前加速前进。

动作要点:右手将球拉至右侧身后时,要以肩关节为轴,并迅速转腕拍按球的后上方。

4.突破技术

持球突破是持球队员运用脚步动作和运球技术快速超越对手的一项攻击性技术。

(1)交叉步突破

以右脚做中枢脚为例。两脚左右开立,两膝微屈,降低身体重心,持球于胸腹之间。突破时,左脚前脚掌内侧用力蹬地,上体稍右转,左肩向前下压,重心移向右前方,左脚向右侧前方跨出,将球引于右侧,右手运球,中枢脚蹬地向前跨出,迅速超越对手。

(2)顺步突破

准备姿势和突破前的动作要求与交叉步相同。突破时,右脚向右前方跨出一步,向右转体探肩,重心前移,右手将球运在右脚的外侧,左脚迅速蹬地,向右前方跨出,突破防守。

5.抢断技术

抢断技术包括抢球、打球、断球,这些是防守中具有攻击性的技术,它是积极的防御思想在防守过程中的体现,是积极防守战术的基础。

(1)抢球

抢球动作可分为两种。一种是转抢,防守队员抓住球的同时,迅速利用手臂后拉和两手转动的力量,将球从对方手中抢过来。另一种是拉抢,防守队员看准对手的持球空隙部位,迅速用两手抓住球后突然猛拉,将球抢过来。

动作要点:判断准确,下手及时。

(2)打球

打持球队员手中的球时要根据持球的部位采用不同的动作。队员持球高时,打球时掌心向上,用手指和手掌打球的下部;队员持球低时,打球时掌心向下,用手指和手掌打球的上部。

动作要点：打球时动作要小而快，切记不要过大过猛。

(3)断球

断球方法分两种，一是横断球，二是纵断球。横断球时，降低身体重心，当球由传球队员传出时，单脚（或双脚）用力蹬地，突然跃出（两臂前伸将球断掉）。纵断球时，当防守队员从接球队员的右侧向前断球时，右脚先向右侧前方跨出半步，然后侧身跨左脚绕过对方，左脚（或双脚）用力蹬地向前跃出，两臂前伸将球断掉。

动作要点：掌握断球时机，动作快速突然。

6.抢篮板球技术

比赛中双方队员在空中争抢投篮未中，从篮板或篮圈反弹出的球，统称为抢篮板球。抢篮板球技术又分为抢进攻篮板球和抢防守篮板球。抢篮板球技术由抢占位置、起跳动作、抢球动作等组成。

(1)抢占位置

无论是进攻队员或防守队员，在抢篮板球时，应根据对手和投篮队员所处的位置，判断球的反弹方向，运用快速的脚步移动，抢占在对手与球篮之间靠内线的位置，力争将对手挡在自己的身后。

动作要点：判断准确，移动及时，抢位得当。

(2)起跳动作

两腿屈膝，重心降低，上体稍前倾，两臂稍屈，举于体侧。起跳时，两脚用力蹬地，两臂上摆，手臂向上伸展，腹、腰协调用力。防守队员一般多采用转身跨步起跳，进攻队员则多采用助跑单脚起跳或跨步双脚起跳。

动作要点：起跳迅速，时机掌握好。

(3)抢篮板动作

双手抢篮板球时，两臂用力伸向球反弹的方向。身体和手达到最高点时，双手将球握紧，腰腹用力，迅速屈臂将球下拉置于身前。单手抢篮板球时，身体在空中要充分伸展，达到最高点时，手臂要伸直，指端触球，用力屈腕、屈指、屈臂拉球于胸前，另一手护球。当遇到对方身材比较高，不能直接得到球时，可用手指点拨的方法，将球点拨给同伴或点拨到自己便于接球的位置。

动作要点：抢到球时，要迅速持球到有利位置，并加以保护或采用下一个进攻动作。

(二)训练

1.组织战术

根据战略指导思想、技术风格和本队的具体条件确定适合本队的情况的战术。

应贯彻"积极、主动、勇猛、顽强、快速、灵活、全面、准确"的技术风格。

组织进攻战术要做到两个方面：第一,组织快攻要体现快速、灵活的风格,并具有本队的特点。第二,组织阵地进攻要坚持"点面结合""内外结合""左右结合""主攻与辅攻结合""组织抢进攻篮板球与退守结合",组织好战术配合的连续性、队员之间配合的协调性以及队员在场上行动的统一性,充分发挥每个队员的攻击性。

2.组织防守战术

组织防守战术要贯彻攻势防守的原则。重视由攻势转守势的意识和速度,确定各种防守的固定队形和不固定队形,确定由攻转守时的紧逼、找人和封堵的分工、边堵边退的配合以及分布阵等,贯彻以集中优势兵力打歼灭战的原则。组织夹击,回防区域,积极抢、打、断和堵防、补防的结合,组织内外线防守力量和防守重点队员的分配,积极组织拼抢防守篮板球,积极反攻。

3.篮球战术配合

战术配合是两三人之间协同动作组成的简单配合。

(1)进攻战术基础配合

第一,传切配合。传切配合是两三名队员利用传球和切入组成的简单配合。

传切配合的要点:①合理选择进攻位置,队形要拉开,按战术路线跑动;②持球队员运用投篮和突破等假动作,吸引对手,以便及时把球传给切入的伙伴;③切入的队员要先靠近对手,然后突然快速侧身跑,摆脱对手向篮下切入,随时注意接球进攻。

第二,掩护配合。掩护配合是进攻队员选择正确的位置,运用合理的技术,以身体挡住同伴的防守队员的移动路线,给同伴创造摆脱防守、获得进攻机会的一种配合方法。

掩护配合的要点:①掩仿队员要站在同伴的防守队员的移动线上;②掩护配合行动要突然、快速,运用假动作造成防守队员错觉,完成掩护配合;③同伴之间必须掌握好配合动作的时间;④当防守队员交换防守时,掩护队员要运用掩护后的第二个动作,突然转身切入篮下或寻找其他的进攻机会;⑤在进行掩护过程中,掩护队员和同伴都要做一些进攻动作,吸引住对手,达到隐蔽掩护配合的意图。

第三,突分配合。突分配合是持球队员运用突破打乱防守部署或吸引防守,并及时将球传给同伴,使同伴获得进攻机会的配合方法。

突分配合的要点:①突破队员的动作要突然、快速。在突破过程中,既要有传球的准备,又要有投篮的准备;②突破队员在突破过程中,要始终注意观察场上攻、守队员位置变化,及时分球或投篮;场上其他进攻队员要掌握时机跑到有利的进攻位置上去接球。

第四,策应配合。策应配合是指进攻队员背对或侧对球篮接球,并以该队员为枢纽,与同伴相互配合而形成的里应外合的进攻方法。

策应配合的要点:①正确选择策应点,迅速摆脱防守,抢占策应的位置;②策应队员接球后两脚开立,两腿弯曲,上体稍前倾,两肘微屈,两手持球于腹前,用臂和身体保护好球,要随时注意观察场上情况,以便及时将球传给有进攻机会的同伴或自己伺机进攻;③策应队员在策应过程中,运用好跨步、转身来调整策应方向和位置,以便协助同伴摆脱防守或为自己创造进攻机会;④同队队员传球给策应队员后,要及时摆脱、接应或切向篮下进攻。

(2)防守战术基础配合

防守战术基础配合是两三名队员在防守中运用协同防守配合的方法,它包括挤过、穿过、交换防守、"关门"、夹击、补防等防守配合,是组成全队防守的基础。

第一,挤过配合。挤过配合是当掩护队员在进行掩护的一刹那,被掩护的防守队员主动上前,靠近自己的防守对象,并随其移动,从两名进攻队员之间侧身挤过去,继续防守自己对手的配合方法。

挤过配合要点:①防守掩护的队员,应及时提醒同伴注意对方掩护,自己随移动应稍向后撤,以便补防;②被掩护的防守队员要及时、主动上步贴近自己的对手。

第二,穿过配合。当防攻队员进行掩护时,防守掩护的队员主动后撤一步,让同伴(即被掩护的防守队员)及时从自己和掩护队员之间穿过去,以便继续防守住自己对手,称为穿过配合。

穿过配合要点:①当对方掩护时,防守掩护的队员要主动、及时后撤一步;②被掩护的队员要快速穿过堵住的进攻路线。

第三,交换防守配合。交换防守是当对方进行掩护或策应时,防守者之间及时交换的一种配合方法。

交换防守配合要点:①交换防守前,防守掩护的队员要及时地把换人的信号告诉同伴并积极堵截切入队员的路线;②被掩护的防守队员接到换人的信号后,积极堵截掩护队员向内线切入的移动路线。

第四,"关门"配合。"关门"是当进攻队员持球突破时,防守突破的队员向侧后滑步。同时,临近突破一侧的防守队员迅速向进攻队员的突破路线滑动,与防守突破的队员靠拢,像两扇门一样地关起来,堵住持球突破队员的一种配合。

"关门"配合要点:①防守突破队员要积极防守,堵住进攻队员的突破路线,临近突破一侧的防守队员及时、快速地向同伴靠拢进行"关门",不给突破队员留有空隙;②"关门"后,突破队员一停球,协助"关门"的队员迅速回防自己的对手。

第五,夹击配合。夹击配合是两个防守队员利用有利的区域和时机,封堵持球队员的传球路线,造成持球队员传球失误或违例的一种协同防守的配合方法。

夹击配合要点:①正确选择夹击的区域和时机;②夹击配合时,行动要果断、突然,两名夹击队员应充分运用身体、两臂严密固守持球队员,两人的双脚位置约成90°,不让其对手向场内跨步;③夹击时,防止身体接触或抢球造成的不必要的犯规动作;④防守的两名队员在夹击配合过程中,其他防守队员要紧密配合,放弃远离球的进攻队员,严防近球的进攻队员接球。

第六,补防配合。当防守队员被对手突破或绕过时,临近的其他防守队员主动放弃自己的对手,去补漏防守的配合方法,称为补防配合。

补防配合要点:①当同伴被对方突破后,临近的防守队员要大胆放弃自己的对手,果断、突然、快速地补防;②补防时,应合理运用技术,避免犯规;③被对手突破而漏防的队员应积极追防,补防同伴的对手,注意观察对手传球路线,争取断球。

(3)快攻与防守快攻

快攻是指在由防守转入进攻时以最快的速度、最短的时间,在人数上造成以多打少的优势,或在人数相等以及人数少于对方的情况下,乘对方立足未稳,果断而合理地进行攻击的一种快速进攻战术。

快攻战术是全队战术的主要组成部分,是篮球比赛中得分的重要方法,为国内外篮球队所重视。因此,在快攻训练中,必须加强快攻基础战术的练习以及攻防转化意识的练习,培养勇猛顽强的意志品质和勇于取胜的集体主义精神,不断提高快攻战术质量。

第一,发动快攻的时机。①抢到防守篮板球时发动快攻。②抢、打、断球,获球时发动快攻。③掷界外球时,要想到发动快攻。④跳球,获球后发动快攻。

第二,快攻战术的形式和组织结构。快攻的形式分为长传快攻、短传快攻和结合运球突破快攻三种。①长传快攻。长传快攻是防守队员在后场获球后,立即快速地用一次或两次传球给迅速超越对手的同伴进行投篮的一种配合方法。②短传快攻。短传快攻是防守队员获球后,立即以快速的短传推进和快速跑动获得投篮机会的一种配合方法。

第三,防守快攻。防守快攻是防守战术的主要组成部分。它是在进攻转入防守的刹那间,快速地、有组织地制约对方的反击速度和破坏对方快攻路线的配合方法。

防守快攻的要点:①提高投篮命中率,拼抢篮板球:从比赛规律看,抢篮板球发动快攻的次数最多。因此,提高投篮命中率,减少对方抢篮板球的机会最重要。即使投篮不中,也要拼抢篮板球,破坏对方在空中点拨球发动第一传。②封第一传,堵接应:当对方控制了篮板球时,离持球队员最近的队员要迅速上前封锁对手的传球路线,其他队员应判断好接应点,阻挠对方接应第一传和有组织地退守。③堵中路,卡好两边:除封第一传,堵接应外,还应组织力量堵截中路,迫使对手沿边线推进。同时,卡好两边,以防对方偷袭快攻。④提高以少防多的能力:防守快攻结束阶段,若遇以少防多时,防守队员要沉着冷静,有信心,充分发挥防守的积极性,判断准确,积极移动,合理运用技术,及时补位,提高防守效果。

(4)防守战术的基础配合

防守战术的基础配合有挤过、穿过配合、换防配合、"关门"配合与夹击配合和补防配合等形式。

挤过、穿过配合。当对方进行掩护时,如果防守者发觉,可根据对方掩护者和被掩护者的距离远近,决定向前一步挤过或后撤一步穿过及时防住对手。

换防配合。这是为了破坏对方的掩护配合,防守队员之间彼此及时地交换自己所防守的对手的一种配合方法。

"关门"配合。"关门"配合是临近的两个防守队员协同防守突破的配合方法。

夹击配合。这是两个防守队员运用合理的防守技术,积极防守一个进攻队员的配合方法。

补防配合。这是两三个防守队员之间的一种协同防守的配合。当同伴失去有利防守位置,进攻队员有直接得分的可能时,临近的防守队员要立即放弃自己的对手进行补防。

(5)区域联防

区域联防是防守时,每个人分工负责防守一定的区域,严密防守进入该区域的球和进攻队员,并与同伴协同防守的集体防守战术。

区域联防要求合理分配队员的防守区域,在分工负责防守区域的基础上,五个队员必须协同一致,积极随球移动,加强对有球一侧的防守,做到近球者紧,远球者松;有球者上,无球者补。区域联防的战术队形常用的有"2—1—2""2—3""3—2""1—3"等。

区域联防应根据进攻队的特点和本队的条件来决定采用哪种站位队形进行防守。"2—1—2"联防是区域联防的基本形式,五个队员的位置分布较为均衡,移动距离短,便于相互协作,能相对减少犯规。

(6)半场人盯人防守

半场人盯人防守是指在后场每个防守队员盯住一个进攻队员,同时协助同伴完成集体防守任务的全队防守战术。

它的特点是以盯人为主,分工明确,能有效地控制对方进攻重点。半场人盯人防守分为有球一侧防守与无球一侧防守。

有球一侧防守:球在正面圈顶一带时,要错位防守,以防守对手接球为主。球在45°角二带时,要侧前防守。

无球一侧防守:球在圈顶一带和45°角时,无球侧防守者应回缩球,注意协防和篮下防守。进攻人盯人防守时有各种阵型打法,主要是由传切、掩护策应等局部配合组合而成。

4. 创新的训练方法

(1)绕三环训练

身体直立,双脚分开与肩同宽,左、右手交替触球,让篮球依次绕头部、绕躯干、绕下肢进行环绕运动,顺、逆时针进行交替练习。在环绕过程中,手交替触球时,要用手指和手腕发力拨动篮球,手掌心空出,让篮球以尽可能快的速度完成头部、躯干和下肢的环绕动作。同时,身体保持静止,不要随球的环绕摆动。到绕行下肢练习时,双腿屈膝半蹲,尽可能挺胸抬头持球并保持重心平稳,让篮球以顺时针的方向围绕膝盖进行环绕,下肢保持静止。在进行原地绕三环练习后,可以稍微加点儿难度,进行慢走绕三环。手上动作保持不变,配合上脚步的动作,每走一步,进行一次原地绕头、绕躯干、绕下肢练习。过程中,要挺胸抬头,保持重心平稳,注意行走速度与绕球动作的结合,不要因为慢走减缓绕球速度,同时也不降低手指、手腕的拨球速率,保证篮球不要触碰身体,这对提升手指对球的感觉会有很大帮助。

(2)地面单、双手推拨训练

双手持球弯腰直线前行,用左、右手交替推拨篮球一起前进。行进过程中,单手完成一次对篮球向内侧和外侧的"推拨"动作,然后再将篮球推到另一只手重复这一动作。注意,每次"推拨"篮球时同样用手腕和手指发力,触球部位仅为手指部位。这个动作比较有难度的一点在于,在"推拨"过程中,手指要一直保持对于篮球运动轨迹的控制,并且做到不因为拨球动作,减缓或停止身体的前进动作,同时要保持身体直线前进。

三、乒乓球

乒乓球因声得名,是体育项目中最形象的叫法,而国际乒联一直沿用"桌上网球"的名称。它是一项富有锻炼价值的运动,特点是球小、速度快、变化多,能锻炼身体,增强体质,丰富生活,增添乐趣。乒乓球集健身性、娱乐性、竞技性、调节性等为一体,深受广大群众喜爱,在我国被誉为"国球"。

(一)技术

1. 握拍技术

(1)直握拍法

快攻型直握拍法:拍柄贴在虎口上,拇指的第一指节压住球拍左肩,食指的第二指节压住右肩,拇指第一指节和食指第一、二指节位于球拍前面成钳形,两指尖距离两厘米,其他三指自然弯曲叠置于拍后。

弧圈型直握拍法:食指扣住拍柄与拇指共同形成环状,其他三指在拍背面自然微伸叠置于拍后。

削球型直握拍法:拇指弯曲紧贴拍柄左侧,稍用力下压,其余四指分开并自然伸直托住球拍的背面。

(2)横握拍法

攻击型横握拍法:拇指自然斜伸,贴于拍面。食指自然斜伸,贴于球拍背后,用第一指节顶住球拍,顶点略偏上。

削攻型横握拍法:拇指在前自然弯曲贴于拍柄,食指在拍后自然斜伸贴于拍面,其他各指自然握住拍柄。

2. 站位技术

学生为了便于回击各种不同落点和性能的球,在每次击球前,都会根据个人的打法和身体特点力求使自己处于一个相对固定的位置,并保持一种相对稳定的姿势。这个相对固的位置就叫基本站位,这种相对稳定的姿势就叫基本姿势。选择正确的基本站位与姿势,有利于迅速启动移动步伐,占取合理的击球位置,充分发挥自己的技术特长。

(1)基本站位

进攻型打法一般距离球台 50 厘米左右,擅长近台进攻的选手,站位可再稍近些。擅长中远台进攻的选手,站位可稍靠后些。擅长正手侧身抢攻的选手,可站在球台偏左侧。擅长打相持球或反手实力较强的选手,可站于球台中间略偏反手的位置。削攻型打法一般距离球台 100~150 厘米左右,多在球台中间略偏反手的位置。

基本站位所指的是一个大概范围,并不是固定的一点。各种类型打法的基本站位不仅不一样,而且它们所指的范围大小也不相同。直拍近台快攻打法的基本站位所指范围较小,弧圈球打法就大些,而削球打法则更大。

(2)基本姿势

两脚开立,比肩稍宽,左脚稍前,右脚稍后,前脚掌内侧着地,脚后跟略提起,两膝自然微屈,重心在两脚之间,含胸收腹,身体略前倾,肩关节放松,执拍手位于身前偏右处,球拍略高于台面。另外,每个选手的基本姿势还要依其身体条件及技术特点略有变化。

(3)步法

乒乓球练习时,由于来球的落点不断变化,要正确地还击每个来球,除必须具备快速的反应和良好的身体素质外,还要靠正确、灵活的步法,及时移动身体到最佳的击球位置。常用的移动步法有单步、并步、跨步、跳步、侧身步、交叉步、结合步等。

单步移动:击球的时候以一脚的前脚掌为轴着地,另一脚向前侧、后移动一步,在来球离身体较近角度不大,小范围内使用。

并步移动:击球的时候以来球异方向的脚向同方向的脚并一步,然后同方向的脚再向来球方向移一步,移动时无腾空动作,在小范围移动时应用。

跨步移动:跨步是指一只脚向不同方向跨出一大步,另一脚迅速跟上半步。常在来球急、角度大、离身体较远时使用。

跳步移动:一脚用力蹬地,使双脚离开地面,同时向左、向右或前后跳动,快攻型打法用此来侧身。

侧身步移动:右脚向左脚并拢落地时,左脚向左侧方调整一小步,并向侧前方迈出一步。

交叉步移动:先以靠近来球的脚作为支撑脚蹬地,使远离来球的脚迅速向来球方向跨出一大步,原蹬地脚向前移动一步,一般用来对付离身体较远的球。

结合步移动:使用一种步法不能获得最佳击球位置时,可使用结合步来完成,移动范围比单一步法大。

3.发球技术

发球是唯一不受对方制约的技术,是比赛中力争主动、先发制人、争取胜利的重要环节。

(1)正手平击发球

动作要点:左脚在前,身体稍向右转,抛球同时右臂稍向后引拍,拍形稍前倾,持拍手从身体右后方向前挥拍,击球的中上部;击球后,前臂和手腕继续向左前方摆动,身体重心移至左脚。

要点:击球后的第一落点应落在球台的中区。

(2)正手发下旋与不转球

发下旋加转球方法:左脚稍前,右脚在侧后,左手掌心托球于身体右前方;将球抛起当球从高点下降至与网同高时,前臂加速向左前下方发力,击球中下部向底部摩擦,触球时,拍面后仰,手腕加力,切球越薄,发出的球越转。要点是用球拍的下半部偏前的部分摩擦球的中下部,触球瞬间,加强用力,做下旋的摩擦。

发不转球方法:发不转球动作方法与发加转球动作方法基本相同,注意拍触球时,减少向后角度,并稍加前推的力量。要点是用球拍的上半部去摩擦球的中下部,触球瞬间同样加速,注意体会球拍吃不住球的感觉。

4. 推挡球技术

推挡球技术特点是站位近、动作小、击球早、球速快、变化多。推挡球技术包括推挡、快推、加力推、反手减力推等技术。

(1)推挡

动作要点:挥拍向前方偏上,加力击球的中部,击球时肘关节加速展开以便发力,如挡直线,当球从台面弹起时,前臂向前迎球,手腕略向外展,拍稍竖起,拍面对着对方左角,在球的上升期击球的中上部,拍形稍前倾。如挡斜线,手腕稍向内转,使拍形对着对方右角,触球中上部。

要点:随势挥拍,距离要短,快速还原。

(2)快推

动作要点:击球前,判断来球,选好站位,左脚稍站前,击球时,以肩为轴,屈肘向后稍引拍,右肩下沉,触球中上部,在球的上升期借球的反弹力击球,前臂稍旋外手腕外展,拍面稍前倾。

要点:肘关节应贴近身体,前臂稍前迎,拍头向斜下方。

(3)加力推

动作要点:加力推的击球时间比快推稍晚一些,拍略提高一些,以肩为轴,屈肘引拍向后稍下,发力时,拍形固定,手腕不加转动,充分发挥身体向前压和伸肘关节的力量。

要点:触球时拍前倾,身体重心稍提起,高点期击球的中上部。

(4)反手减力推

动作要点:选好站位,左脚稍前,击球前屈肘向后方偏上,以肩为轴,拍形稍前倾,在球上升期,挥拍向前下方触球瞬间停止挥拍,以减弱发力。

要点:球拍击球的瞬间,前臂和手腕轻轻后移,身体重心放在双脚上。

5.攻球技术

攻球是乒乓球技术中重要的组成部分,是比赛克敌制胜的重要手段。攻球包括:正手快攻、正手快拉、侧身正手攻球等。

(1)正手快攻

动作要点:击球前,左脚稍前,身体离台40厘米左右,前臂稍后引,球拍置于身体右侧后方,拍面稍前倾,手臂向左前方迎球;击球时,上臂带动前臂在球的上升期击球中上部。

要点:击球时,前臂在击球的瞬间内旋,注意还原。

(2)正手快拉

动作要点:快拉与快攻动作的不同之处是引拍时,身体重心稍下降,球拍略低于球,触球瞬间撞击结合摩擦球的中部,来球下旋强烈时,触球中下部,击球时间为下降前期,触球瞬间手腕有一向上摩擦球的动作。

(3)侧身正手攻球

动作要点:首先要迅速移动脚步到侧身位置,身体侧向球台,左脚稍前,上体略前倾并收腹。根据来球情况,在侧身位置用正手攻球的各种技术击球。

6.搓球技术

搓球是近台还击下旋球的一种基本技术,其技术特点是动作幅度不大,出手较快,弧线低,落点变化丰富。搓球是用下旋控制技术中的基本技术,包括反手慢搓和反手快搓。

(1)反手慢搓

动作要点:击球时,利用手臂前送的力量,击球的下降期,触球的中下部向底部摩擦。

要点:直拍者手腕做伸,横拍者手腕做内收。

(2)反手快搓

动作要点:击球前,身体靠近球台站位,拍面稍后仰,引拍至身体左前上方;手臂向左前下方迎球击球时,前臂加速向前下方用力,击球的上升期,触球的中下部借助来球的力量回击。

要点:搓球过程中要有手腕动作,手臂要与身体协调一致。

(二)训练

学生在比赛中根据自己和对方的具体情况,有目的、有意识地运用技术,就构成乒乓球的战术。

1.单打

(1)发球抢攻战术

反手发右侧上(下)旋球,至对方中路靠右近网处,伺机抢攻;反手发急上(下)旋球,至对方左角,配合发近网短球,伺机抢攻;正手发左侧上(下)旋球,配合发转与不转球抢攻;正手高抛发左侧上(下)旋球(长、短球)至对方左角后抢攻。

(2)推挡侧身抢攻战术

用推挡技术压住对方反手,伺机侧身抢攻。

(3)对攻战术

这是进攻型打法选手互相对垒时常用的战术。对攻战术包括:紧压对方反手结合变线;连续压中路及正手;调右压左;轻重力量变化等战术,伺机抢攻;近台打(拉)回头和远台对攻(拉)及放高球的战术,以争取由被动变主动。

(4)攻对削战术

攻对削战术包括:拉两角杀中路;拉中路攻右(左)角;拉右(左)杀左(右);拉远台迫使对方离台远,然后放短球,扰乱对方步法,伺机扣杀。

(5)以削为主,削中反攻战术

该战术包括:以旋转和落点变化迫使对方回球偏高,伺机反攻或使对方失误;以稳削变化旋转和落点为主,适当配合反攻;连续削加转球至对方左角,然后配合送不转球至对方右角;连续削对方正手,突变削对方反手,迫使对方用搓球回接,伺机反攻,削转与不转球,配合控制落点,伺机反攻;交叉削逼两角,伺机反攻。

2.双打

为了协同作战,加强配合,双打选手在发球时可用手势相互暗示发球意图,尽量为同伴创造抢攻条件,力争主动。在接发球时应以抢攻、抢拉为主。当发球或接发球后,可运用打一角的战术,迫使对方两人在一角匆忙换位,再突袭另一角;亦可交叉攻两角或长短结合的战术,打乱对方两人的基本站位、走位,从中创造进攻机会。

3.创新的训练方法

(1)升降球网练习法

升网法是将球网稍升高(约1厘米),练习既定内容。此法可增加攻球弧线的弯曲度,对攻球弧线过直的球员而言,颇有实用价值。

降网法是将球网稍下降,按既定内容进行练习。此法多在练习削球或搓球时采用,可降低击球弧线的高度。

(2)加宽球台练习法

将球台的其中一方改放一个半或两个台面,使台面加宽。此法多在练习步法时采用,可增加脚步移动的距离和速度。

(3)网上加线练习法

将球网上方另加一直线,要求双方击球皆从中间穿过(中间约为5厘米)。此法一般在对搓时采用,目的是控制弧线高度。

四、羽毛球

羽毛球运动是在室内外均可进行的一项小型球类活动。现代羽毛球比赛分为男子单打、女子单打、男子双打、女子双打和男女混合双打五个单项比赛。羽毛球比赛以得分定胜负,不受时间的限制。羽毛球运动是一项深受大众喜爱的体育活动,它器材设备简单,技术要求和运动量可自我控制,充满乐趣又可强身健体,所以它便于开展,男女老少都能参加。羽毛球运动又是一项竞技性很强的竞赛项目,羽毛球比赛紧张激烈,观赏性较强。在比赛中,球飞翔得快慢、轻重、高低、飘转等变化,对学生的身体素质、智力水平要求较高,学生必须具有较好的力量、速度和耐力,而且步法要灵活,反应要敏捷,技术要全面。

(一)技术

1. 握拍

正确地握拍是各种击球动作的基础。握拍的正确与否将直接影响击球的准确性,影响技术的全面发挥和提高。握拍法有正手握拍法和反手握拍法两种。

(1)正手握拍法

握拍时,先用左手拿住拍子的腰杆,使拍面与地面垂直,然后张开右手掌,虎口对准拍柄侧面内沿,拇指与中指接近,食指稍分开自然放松,其他三指自然地握住拍柄。

(2)反手握拍法

在正手握拍的基础上,把拍柄稍向外转,食指收回,拇指的第二节内侧顶贴在拍柄的内侧棱上或面上,其他三指放松地握住球拍,手心与拍柄之间留有一定的空隙,使手腕和手指能灵活运动。

不论用哪种握拍法,在击球之前,握拍要做到松握自然,在球与球拍接触的一刹那,再紧握球拍。

2. 发球和接发球

(1)发球

它是羽毛球击球技术中最基本的技术。发球技术有正手和反手两种。按球在空中飞行的弧线可分为高远球、平高球、平快球和网前球四种。

第一,正手发球。以发高远球为例,左肩侧对球网,左脚在前,脚尖朝前,右脚在后,脚尖稍向右侧,身体重心在右脚上。右手的上臂和前臂同时向右肩后侧上方举起,肘部微屈,左手持球举在腹部右前方,发球时左手放球下落的同时,球拍由下而上快速挥动,拍击下落的球底。这时,球借臂力、腕力和球拍的弹力向前飞出。球击出后,球拍随惯性往左侧上方挥动,重心由右脚移至左脚,球拍快速回复至发球前位置。

发平高球、平快球、网前球的动作要点与发高远球基本相同。不同之处在于发球人的站位、球的高度与弧度、拍面发力的方向变化、速度与落点不同。

第二,反手发球。在双打比赛中运用尤为普遍。这种发球的特点是动作小、速度快和隐蔽性强,易于迷惑对方。

动作要点:发球人站位应靠近发球线。左、右脚在前均可。身体重心放在前脚上,上体稍前倾,右手反手握拍,拍面稍后仰,置于左腰侧,手背朝网,适当抬起,肘部弯曲。左手持球,注意击球点不应过腰,要充分利用前臂带动腕、手指向前横切推送,使球落在对方场区的前发球线附近。

不论发何种弧度的球,都要注意发球姿势和身体重心移动的一致性,使对方不易看出你要发什么球。

(2)接发球

接发球同样是羽毛球技术中最基本的技术。掌握好接发球技术是克敌制胜的重要环节。

接发球时,站位应在本场区中间附近处,左脚在后,侧身对网,后脚跟稍提起,身体稍前倾,右手持拍在右侧身前,两眼注视对方。

3. 击球

击球是羽毛球运动的一项重要技术,只有熟练地掌握击球技术,才能积极主动地控制球速和落点,充分发挥击球的威力。

击球技术依据动作特点,一般可分为高手击球、网前击球、低手击球三种。

(1)高手击球

这种击球的特点是击球点高、速度快、变化多,具有一定威胁性。它是羽毛球后场击球动作的基础,在比赛中运用得最多。它也是快攻打法的最基本技术。

第一,高远球。高远球可分正手、反手击高远球和头顶击高远球。

正手击高远球是将来球击得较高较远而垂直降落在对方底线附近的球。击球前,首先看准来球的方向和高度,迅速调整好位置和步法,使来球在自己的右肩前上方。成左脚在前,右脚在后,身体重心在后脚,侧身对网的准备姿势。开始击球时,右手举拍向后拉引,肘弯曲比肩略低,当球落到一定高度时,手臂迅速向上挥拍,手腕充分后屈,以肩为轴,上臂带动前臂快速向前甩动手腕。若拍面稍向斜前上方与球接触,则击出的球成平高球。若拍面向前方与球接触,击出的球成平球。击球后,手臂应顺惯性往右肩下方挥动,身体重心由后脚逐渐移向前脚。

反手击高远球的要领是:当来球到左后场区时,右脚向左脚跨出一步,身体随着向左旋转,背对网,球拍由身体前举至左肩部位,用反手握拍击球。击球时先抬肘关节,以上臂带动前臂向后甩腕。

头顶击高远球的准备姿势同正手击高远球,不同的是击球点在左肩上方,击球时,侧身对网并后仰,球拍绕过头顶从左上方向前挥动。人主要靠前臂带动手腕的快速闪动力量才能击出快而有力的高远球。

不论击什么球,击球之前,握拍要放松自然,击球时肘关节要先行,击球点要高,动作要小,小臂与手腕闪动要快,爆发力要强。

第二,吊球。把对方击来的高球,还击到对方网前区的球,叫吊球。它是组织战术配合不可缺少的重要环节,在单打战术中运用得较多。吊球在后场和高球、扣球配合运用,会给对方造成很大的威胁。

吊球有轻吊、劈吊两种。轻吊带有切削动作,用力较轻,球速较慢,落点离网较近。劈吊切削动作幅度比轻吊稍大些,球速快,弧度较平,落点一般都超过前发球线。它带有假动作,与平高球配合运用,很容易打乱对方的战术。

吊球的准备姿势与击高远球基本相同,除用力不同外,在挥动球拍时,球拍面的正面向里倾斜,形成半弧形,触球时,手腕快速"闪"动。若拍击球托的右侧向左下切削,即为头顶吊对角球,若拍击球托的左侧,即为反手吊球。当对方的来球弧度较高时,手腕向前推送的力量要小些,而向下切削的力量要大些。当来球弧度较平时,则手腕向前推送的力量大些,向下切削的力量应小些。

不论吊什么球,击球点要高,控制好击球的力量,注意手腕的快速闪动和切削的角度,这样才能把球吊好吊准。

第三,扣杀球。把对方击过来的球,用力迅速地往对方场区下压,叫扣杀球。这种球的特点是速度快、力量大、威胁性大。它既是直接得分的主要手段之一,又是组成战术配合的有效技术。扣杀球可分为正手扣杀球、反手扣杀球和头顶扣杀球三种。

正手扣杀球的准备姿势与正手击高远球基本相同。不同点在于正手扣杀球准备击球时,身体稍向后倾,选择最高击球点。在击球的刹那间,要充分伸直手臂紧握球拍,用前臂带动手腕向下猛扣。

反手扣杀球的准备姿势与反手击高远球基本相同。不同处在于当来球落在左肩的前上方时,背朝网,右脚向左侧跨出一步,球拍由前举到左肩。当球拍触球的一刹那,握紧球拍,用肘关节带动前臂和手腕,用力向下扣压。

头顶扣杀球的准备姿势与头顶吊球基本相同。不同处为当来球落到头顶和左肩前上方时,利用腰腹肌和身体的力量,以肘关节带动手臂和手腕由左前方的侧转动作将球用力向下扣压。

(2)网前击球

网前击球一般可分为搓球、推球、钩球、扑球等。

第一,搓球。动作要点(以正手网前为例):左脚蹬地,右脚向网前跨步成弓箭步,侧身对网,重心在右脚上,手臂前伸,自然放松,击球点要高,出手要快,击球前握拍的腕部和手指要放松。在击球的一刹那,拍面与网成斜面,利用手腕的力量迅速地向前切削搓击球托的左下侧面,使球滚过网去。

第二,推球。动作要点:准备姿势与网前搓球基本相同。在击球的一刹那,拍面几乎与网平行,向前转动腕、指,利用手腕和手指的力量向前快速"闪"动,将球击到对方的底线。正手推球多靠手腕和食指的力量,反手推球多靠手腕与拇指的力量向前推动球拍。

第三,钩球。动作要点:准备姿势与网前搓球基本相同。只是在击球的一刹那,拍面向里倾斜,球拍击球托的侧面,手腕和手指同时向里钩动。当来球离网较高时,拍面可稍向下或向平行网的方向用力。如来球离网较近时,击球时拍面可稍向上方用力。

第四,扑球。动作要点:准备姿势与推球基本相同。只是当对方打来的球在网前上空时,快速举拍向前,利用小臂和手腕的力量,轻轻向下方"闪"动球拍,争取在较高的击球点把球向下压。当拍面触球后立即收回,以免触网犯规。

无论搓球、推球、钩球、扑球,都要求击球点要高,一般在网的上部,使球的落点尽可能在对方网区内。击球时要注意灵活地用手腕发力。

(3)低手击球

它是一种不可缺少的防守性技术,难度较大。运用得当,能收到以守为攻的效果。低手击球可分为挑球、平抽球、挡球三种。

第一,挑球。动作要点:准备姿势与网前推球基本相同。不同处为击球时挥拍动作小,紧握球拍,以肘关节为轴,带动手腕和手指向前上方击球。反手挑球用反手握拍法握拍,以肘关节先行,快速挥动小臂闪动。

第二,平抽球。动作要点:准备姿势与挑球基本相同。不同处为击球时拍面与地面几乎垂直,靠前臂带动手腕向前"闪"动,当球拍触球时,拍面向前击球。

第三,挡球。动作要点:半蹲姿势,身前举拍,把握好用力和方向。在击球的一刹那,紧握球拍,以手腕和手指的力量回击。挡直线时,拍面朝正前方;挡对角线时,拍面朝对角方向。若来球近身体时,采用转身动作挡球。

4.步法

常见的羽毛球步法有上网步法、后退步法两种。

(1)上网步法

站位在球场中间。当对方击网前球时,脚跟提起轻跳迅速调整身体重心。若以两步上网时,左脚先迈出一小步后蹬地,右脚紧接着迅速向前跨出一大步,以脚掌外侧和脚后跟落地滑步缓冲。左脚随即向前跟进,以协助右脚回蹬。上体侧身向前倾,两腿成弓箭步,右脚尖朝外斜。击球后,以并步或小跑步返回原来位置。若以三步上网时,右脚先迈出一小步后,左脚垫上一步或从右脚后面交叉一步,并随着蹬地。右脚紧接着迅速向前跨一大步,左脚同时向前跟进,以协助右脚回蹬。击球后,并步或小跑步回中心位置。

不论三步、二步或一步上网,最后一步都要求右脚在前,身体重心在右脚。

(2)后退步法

后退步法有正手后退、头顶交叉后退和反手后退三种,应根据来球的落点和速度灵活地加以运用。

第一,正手后退步。以并步后退步为例,当对方快击球至后场时,轻跳调整重心,然后右脚蹬地,快速向右后撤一小步,髋关节随着带动上身转体侧身向网,接着左脚并步靠近右脚跟,右腿再向后移至击球位置。在移动中,做好挥拍击球的准备,待来球在右肩上方下落时,正手原地或跳起击球。击球后用并步或小跑步回中心位置。

第二,头顶交叉后退步。准备姿势与正手后退步基本相同。不同处为第一步右脚蹬地后撤向左后方,上身随着右腿向左后方转体的幅度大小,上体向左后仰,左脚后退一步体后交叉,右腿再移至来球位置,能头顶击球。

第三,反手后退步。准备姿势与正手后退步法基本相同。只是当对方来球到反手底线时,右脚并步移向左脚后跟,身体随之向左后侧转,然后右腿蹬地,左脚向左后方撤一步,背对网,右脚从左脚前向左后方跨步到击球位置,做反手击球动作。

无论采用何种后退步法,最后一步都必须是右脚在后,身体重心落在右腿上。

(二)训练

战术是根据对手的技术、打法、体力和思想意志等因素,从发挥自己的长处,弥补自己的短处出发,为争取比赛胜利而采取的各种策略。

1. 单打战术

(1)发球抢攻

即从发球的第一拍起,争取控制对方,攻杀得分。一般以发网前低球结合平快球、平高球,争取第三拍主动进攻。

(2)攻后场

对后场还击力量较差的对手,可以攻后场底线两角,乘机进攻。

(3)攻前场

对基本功差的选手,可将其引到网前,争取得分。

(4)打四方球

若对手步法较慢,体力稍差,技术不全面,可以快速准确的落点攻击对方场区的四个角落,伺机向空当进攻。

(5)杀吊上网

当对手打来后场高球,先以杀球配合吊球把球下压,落点要选择在场区的两条边线附近,使对手被动回球。若对手还击网前球时,迅速上网搓球、勾球或平球,创造在中后场大力扣杀的机会。

(6)守中反攻

先以高远球诱使对方进攻,在对手强攻不下、疏于防守时,即可突击进攻,或在对手体力下降、速度缓慢时,再发动进攻。

2. 双打战术

(1)发球、接发球

双打的发球往往是决定胜负的关键。发球要根据对方情况,选择好站位,注意球路、落点的变化,争取主动。因双打的发球线比单打短 76 厘米,不利于发高球,往往以发网前球为主。接发球时如判断起动快,有较好的出手手法,常可以扑球使对方被动,或是以搓、推获得主动进攻的机会。

(2)攻人(2 打 1)

集中攻击对方有明显弱点的队员。当另一队员前来协助时,露出空隙,可攻空隙;若另一名队员放松警惕时,可攻其不备。

(3)攻中路

当对方处于并排防守站位时,可攻对方两人的中间。当对方前后站位时,就可把球下压或轻推在两边线半场处。

(4)攻后场

遇到后场扣杀能力差的对手,可采用平高球、推平球、接杀挑底线,把对方一人紧逼在底线两角移动。当对手被动还击时,大力扑杀。如另一对手后退支援时,即可攻网前空当。

(5)后攻前封

当本方处于主动进攻前后站位时,后场队员逢高球必杀,迫使对手接杀挡网前,为本方前场队员创造封网扑杀机会。前场队员要积极封锁前场,迫使对方被动挑高球,遇挑高球不到后场,就会为本方创造得分机会。

(6)守中反攻

在防守中寻找反攻的机会,以达到摆脱被动转为主动进攻的局面。待到有利时机就运用反抽或挡网前回击对方的杀球,从守中反攻,争得主动权。

3.创新的训练方法

多球训练是目前羽毛球的一种创新训练方法,在这一运动项目中有着较为广泛的应用。在羽毛球多球训练中主要有四种形式,即一球一击、多球单练、定点击球、运动击球。

第一种形式也就是一人连续供求而主练者连续击球,这种形式的训练方式多用于初学者的动作纠正以及动作定型。第二种形式的训练方式主要就是供球者和主练者互相对击,直到这一球失误然后再进行下一个球的对练,这种方式的训练对羽毛球的练习者来说在基础上的要求较高。第三种形式的多球训练就是供球者不断地发球到一点上,通过一个比较固定的位置来进行练习,它能够有效地巩固基本技术和动作。最后一种运动击球的多球训练形式就是供球者把球发到不同的位置,这样来促使主练者移动击球,这一形式的练习主要是加强速度,从而提高移动击球的准确性,在要求方面也比较高。

第四节 体操运动与训练

一、竞技体操

在18世纪以前体操还没有形成一个独立的体系,当时的体操都是游戏、军事和竞技等活动。直到19世纪初期和中叶,才先后形成了德国、瑞典两大体操流派,他们为体操发展贡献较大,为现代竞技体操发展奠定了基础。历届奥运会体操都成为不可缺少的比赛项目。

(一)自由体操(女生)

1.单腿跪撑平衡

两手撑地同肩宽,单腿跪地,小腿与大腿成直角,大腿与身体成直角,抬头挺胸,另一腿伸直,尽量向后上举。

保护与帮助:保护者跪在练习者侧面,一手握其上臂,另一手托腿部帮助其保持平衡。

2.肩肘倒立

由直角坐开始,上体后倒同时收腹举腿,向后滚动,两手压地。接着,在向上伸髋的同时,屈肘内夹,双手虎口向上撑于腰背部两侧,使身体成为肘、头和双肩支撑的倒立。

保护与帮助:保护者站在练习者的侧方,双手握住练习者的腿上提。必要时可用膝盖顶住臀部,使其充分伸直。

3. 单肩后滚翻成单腿跪平衡

由直角坐开始,左臂屈肘,掌心向上,手指向后置于左肩上,右臂侧平举,头向左倾。收腹向后滚动,当滚动至右肩时,右腿后伸着地,左腿后上举。推左手,右手收至体前成右腿跪地、左腿向上举的跪平衡。

保护与帮助:保护者立于练习者侧方,滚动至右肩时,一手轻托练习者左膝部,助其推手成平衡。

4. 前滚翻

蹲立,双手体前撑地,两腿蹬伸同时低头、提臀,使头部置于两手之间,以枕部抵紧地面,然后颈、背、腰、臀依次滚动着地。当背部着地时,两臂前挥紧抱小腿,低头、收胸,快速向大腿收靠至蹲立。

保护与帮助:保护者跪于练习者侧方,推背帮助起立。

5. 跪跳起

两臂前平举,展腹跪立。两臂后摆同时收腹下坐,两臂向前上方迅速挥动,同时展髋、提腰,足背与小腿弹压地面,身体向上腾起后,快速收腹收腿,成两臂前平举的蹲立。

保护与帮助:保护者立于练习者侧方,当其两臂摆至前上方时,以手托其上臂,助其收腹收腿。

6. 创新的训练方法

(1)减难法

减难法在辅助练习中主要是指以低于专项要求的动作完成难度进行训练的方法,通常需要搭配使用保护帮助法或使用辅助器械、变形器械等进行练习的方法。如学生在初学团身后空翻这个动作时,由于学生的自身能力和熟练性都不具备在一开始学习该动作时就能够立刻在自由操板上独立完成,因此,需要采用减难法对团身后空翻设计相关的辅助练习,教师可以通过保护帮助法来让学生进行该动作的完整练习,此外也可通过由高至低(平地至海绵坑或者从小盒子垫至平地)的降低动作完成难度的方式以及采用蹦床等辅助器械来帮助学生完成和掌握完整的动作。这有助于帮助学生建立自信心以及帮助学生在能力还有所欠缺的情况下完成该动作。

(2)加难法

加难法在辅助练习中主要是指以高于专项要求的动作完成难度的训练方法,通常搭配采用的方法有保护帮助法、完整法或者分解法等,且常用的辅助器械主要是沙袋或者高包等。如学生在学会跳马项目的助跑前手翻后,由于需要进一步发展前手翻接团身前空翻等动作,因此在前手翻学会以后,教师会安排前手翻站高垫或者是趴高垫等辅助练习,而这两种练习就是在前手翻的基础之上运用加难法设计出的辅助练习。

(二)双杠

1.分腿骑坐前进

由分腿坐开始,两手推杠,两腿压夹杠,身体挺直立起提高重心。上体前倒,两手体前撑杠(稍远些),同时紧腰,腿压杠弹起后摆进杠。并腿前摆,腿超过杠面后,迅速向两侧分开以大腿后内侧触杠,并顺势后滑成分腿坐。

保护与帮助:保护者站在杠外练习者侧前方,待其前进手撑杠时,一手握其上臂稳固支撑,一手托大腿助其腾起进杠。当其前摆时顺势托其背腰以助前摆。初学者可由两人保护。

2.支撑摆动

支撑摆动是双杠摆动动作中重要的基本技术之一。摆动时应直臂撑,顶肩,以肩为轴,肩部尽可能保持在支撑点(握点)的垂直部位。支撑摆动可分为前摆和后摆:前摆是从身体后的最高点(极点)开始的;后摆是从前摆的最高点开始的。

前摆动作要点:身体由后上方向下摆时,脚远伸,保护身体自然下摆。身体摆至握点垂直部位前应挺开腹部伸开腕。当摆过杠下垂直时,稍屈髋,向前上方做踢腿动作,以加速前摆,同时两臂向后下用力、顶肩,身体上摆接近极点时,将髋腿向前上运送,拉开肩角,达到最高点(极点)。

后摆动作要点:由前摆到最高点时,身体自然下摆,摆至握点垂直部位前,应稍微屈髋,摆过握点垂线后,向后上甩腿动作,以加速后摆,同时稍含胸、紧腰、顶肩。当身体后上摆接近极点时,应充分挺直,脚远伸,达到极点。

保护与帮助:保护者站在杠侧,一手握练习者的上臂以稳固支撑,一手在前摆时托腰背,后摆时托腹或大腿,助其摆动。

3.支撑前摆成外侧坐

该动作支撑前摆两腿越右杠,重心右移成外侧坐。

保护与帮助:保护者站在近端外侧,一手握练习者的上臂帮助支撑,一手托其腰部帮助其完成外侧坐。

4.外侧坐向前跳下

由外侧坐开始,左手体前撑杠(稍远些),右臂侧举,上体前倒重心前移,肩主握点上稍微前倾,同时左腿用力压杠,右腿后摆,左臂用力顶撑,使身体腾起,两腿迅速并拢,挺身跳下。

保护与帮助:帮助者站在练习者落地的同侧,一手握其右上臂,一手待其腿后摆时,顺势托大腿,帮助腾起展体落地。

5.支撑前摆下

由支撑前摆开始,当身体向前摆过杠下垂直部位后,稍屈髋,加速向前上摆动,腿摆过杠面后,身体重心稍右移,两腿主动向右外移。当上摆脚至肩平时,立即制动腿,并做下压动作,同时两臂用力推顶杠,急振上体,使身体腾起,先脱右手至侧举,左手换握右杠,挺身下。

保护与帮助:保护者站在练习者落地的同侧,右手握其上臂,以稳固支撑,左手托其背部,帮助外移重心,保护落地。

6. 分腿坐前滚翻成分腿坐

由分腿骑坐开始,两手体前靠近大腿处握杠,肘稍内夹,含胸低头,收腹提腰,使重心前上升。体前屈,肩触杠时两肘外张,用两臂控制重心继续前移,两腿并拢。当重心向前稍过肩垂直部位时,两手迅速向前换握杠。臀部接近杠水平时,两腿分开下压,两臂推杠,上体前跟成分腿坐。

保护与帮助:保护者站在杠侧,一手托练习者的膝上部,帮助提高重心,一手杠下顶肩,以防落下。前滚换握时,两手在杠下托其背和腰部,以防背部下降,帮助前滚成分腿坐。

7. 分腿坐慢起肩倒立

由分腿坐开始,两手在靠近大腿处撑杠,上体前屈,屈臂用力,肘稍内夹,梗颈含胸,收腹提腰使臀部上升。当肩触杠时,两肘外张,用三角肌压杠,两手虎口稍外旋,身体重心落在两手、两肩的支撑面内,两腿从两侧上举并拢、立腰、伸髋成肩倒立姿势。

保护与帮助:保护者站在杠侧,一手在杠下托练习者肩防止下落,一手托其大腿帮助提高重心,保持平衡。初学者可两人保护,另一人站在杠中,当臀上升肩要触杠时掐其腰部,防止前倒。

8. 女生成套动作

杠端站立——跳上支撑前摆成分腿坐——分腿骑坐前进一次——两手体前换握——两腿向杠内摆越——支撑前摆成外侧坐——外侧坐向前跳下。

9. 男生成套动作

杠端站立——跳上支撑前摆成分腿坐——分腿坐慢起成肩倒立——前滚翻成分腿坐——分腿骑坐前进一次——两手体前换握,两腿向杠内摆越——支撑前摆下。

10. 创新的训练方法

(1)分解辅助法

分解辅助法大多采用单个动作的前半个动作、后半个动作与完整动作相结合的练习方法。例如双杠倒立支撑摆动技术,在完整的支撑摆动中,最关键、最难掌握的技术是从倒立开始的下摆,所以在练习中应该将动作分解开来进行练习。首先教师或帮助者帮助练习者在双杠上倒立,以体会杠上倒立的肌肉用力大小的感觉,然后在无人帮助下,练习者进行体会小支撑摆动的肌肉用力大小、节奏等感觉的辅助练习,待各种辅助练习成熟后才可进行完整的大幅度的练习。

(2)直观法

通过示范、图解、模型、录像等视觉分析将动作过程采用完整、分解、重点、比较的示范方法进行肌肉用力感觉的练习。可使用完整示范对单个动作、联合动作和成套动作的各种肌肉用力感觉进行指导,使练习者理解并掌握。使用分解示范要先从视觉上对练习者将要做的动作进行分析,以促进肌肉用力感觉方法的理解。重点和对比示范是对动作的重点部位和出现错误的地方进行正误对比来帮助练习者掌握肌肉用力感觉。图解、模型、录像可使练习者了解自己肌肉用力感觉出现问题的地方和重点用力感觉所在。

(三)支撑跳跃

1."山羊"分腿腾越

"山羊"高100~110厘米(女生)。助跑上板有力踏跳,跳起后含胸,上体稍前倾和稍屈髋向前上方腾越。两臂主动前伸撑"山羊",同时紧腰固定髋关节。手撑器械时,在肩未过支撑点垂面之前,两臂迅速向前下方猛力顶肩推手,同时两腿侧分前摆。接着迅速制动腿,上体抬起,挺身落地。

保护与帮助:保护者站在练习者落地点一侧,一手扶腹,另一手扶背。保护者正面两脚前后开立,手握练习者两上臂(顶肩),顺势上提,同时前腿随练习者落地而后退。

2.横箱分腿腾越

箱高110~115厘米(男生),基本同"山羊"分腿腾越,但分腿应稍大些。

保护与帮助:同"山羊"分腿腾越。

3.创新的训练方法

(1)渐进法

渐进法是指训练方法与手段进行创新时,教师对原来已有训练方法与手段一点一点地进行改进,最后成为一种新的、科学的方法。这种方法是在新的运动训练理论与方法的提示下,经过多种训练方法与手段的改进,变为一种新的、更为实用的方法与手段。在支撑跳跃专项助跑训练中,从刚开始的仅用一般训练方法,到与技术动作的结合,最后到与成套动作的结合,既增加了学生的专项机动性,又提高了成套动作的熟练度和成功率。

(2)移植法

移植法也是支撑跳跃中应用到训练实践而起到良好作用的创新方法。例如心理训练法、监控训练法都是从心理学、技术科学中移植过来的,它们的应用都对支撑跳跃训练水平的提高起到了积极作用。

二、健美操

健美操是在音乐的伴奏下融体操、舞蹈、美学为一体,以有氧运动为基础,以健、力、美为特征的一项新兴体育运动。健美操的动作有内容丰富、变化多样、新颖独特的特点。各种动作充分展现出刚劲有力、动感、韵律、协调、优美等健美气氛。经常从事健美操练习,不仅能使人身体健美,而且能培养人的协调性、灵活性和乐感,同时还可以使人心情舒畅、情绪饱满、富有活力,从而达到健身健体、陶冶心灵的目的。

(一)手型

健美操手型主要有掌和拳两种。

掌:包括分掌、合掌。

分掌:五指用力分开,手腕保持一定的紧张程度。

合掌:五指并拢伸直。

拳:五指弯曲紧握,大拇指压在食指弯曲部位。

(二)站立

1. 立

直立:指头颈、躯干和脚的纵轴保持在一条直线上。

点地立:指一腿直立(重心在站立脚上),另一腿向各方向伸直,脚尖点地。包括前点立、侧点立、后点立。

2. 弓步

指一腿向某方向迈出一步,膝关节弯曲成90°左右,膝部与脚尖垂直,另一腿伸直。包括左、右腿的前、侧、后弓步。

3. 跪立

指大腿与小腿成直角的跪姿。包括双腿跪立、单腿跪立。基本站立的动作要求:站立时,头正直,上体保持挺直、沉肩、挺胸、收腹、收臀、立腰、立背、直膝。

弓步时,前弓步和侧弓步的重心在两腿之间,后弓步的重心在后腿。提踵立时,两腿内侧肌群用力收紧,起踵越高越好。

(三)身体各部位基本动作

1. 头、颈部动作

屈:指头颈关节的弯曲。包括向前、后、左、右的屈。

转:指头颈部绕身体垂直轴的转动。包括向左、右的转。

绕和绕环:指头以颈为轴心的弧形和圆形运动。包括左、右绕和左、右绕环。

做各种形式头颈动作时,上体保持正直,速度要慢,头颈移动的方向要准确,颈部被动肌群充分伸展。

2. 肩部动作

提肩:指肩胛骨做向上的运动。包括单肩、双肩的同时提和依次提。提肩时尽力向上,沉肩时尽力向下,动作幅度大而有力。

沉肩:指肩胛骨做向下的运动。包括单肩、双肩的同时沉和依次沉。

绕肩:指以肩关节为轴做小于360°的弧形运动。包括单肩向前、后绕,双肩同时或依次向前、后绕。绕肩时上体不能摆动,两臂放松,头颈不能前探;动作连贯,速度均匀,幅度大。

肩绕环：指以肩关节为轴做360°及360°以上的圆形运动。包括单肩向前、后绕环，双肩同时或依次向前、后绕环。

振肩：指固定上体，肩急速向前或向后的摆动。包括双肩同时前、后振和依次前、后振。振肩动作要有速度、力度和弹性。

3. 上肢（手臂）动作

举：指以肩为轴，臂的活动范围不超过180°而停止在某一部位的动作。包括单臂和双臂的前、后、侧，以及不同中间方向的举（如前上举、侧上举等）。

屈：指肘关节产生了一定的弯曲角度。包括头上屈、头后屈、肩侧屈、肩上侧屈、肩下侧屈、肩上前屈、胸前屈、胸前平屈、腰间屈、背后屈。

绕：指双臂或单臂向内、外、前、后做180°以上、360°以下的弧形运动。

绕环：指以肩关节为轴，双臂或单臂做向前、向后、向内的绕环。

摆：指以肩关节带动手臂来完成臂的摆动动作。包括单臂和双臂同时或依次向前、后、左、右的摆。

振：指以肩为轴，手臂用力摆至最大幅度。包括上举后振、下举后振、侧举后振。

旋：指以肩或肘为轴做臂的旋内或旋外动作。

4. 胸部动作

含胸：指两肩内合，缩小胸腔。

展胸：指两肩外展，扩大胸腔。

移胸：指髋部固定。做胸左、右的水平移动。

练习时，收腹、立腰。含、展、移胸要达到最大极限。

5. 腰部动作

屈：指下肢固定，上肢沿矢状轴和水平轴的运动。包括前后左右的屈。

绕和绕环：指下肢固定，上体沿垂直轴做弧形和圆形运动。包括左、右绕和绕环。

练习时，身体远端尽力向外延伸，绕环幅度要大而连贯，速度放慢。

6. 髋部动作

顶髋：指髋关节做急速的水平移动。包括前、后、左、右顶髋。

提髋：指髋关节做急速向一侧上提的动作。包括左、右提髋。

摆髋：指髋关节做钟摆式的连续移动动作。包括左、右侧摆和前、后摆。

绕髋和髋绕环：指髋关节做弧形、圆形移动。包括向左、右的绕和绕环。动作要求：髋关节做顶、提、绕和绕环时应平稳、柔和、协调，稍带弹性，上体要放松。

7. 下肢动作

滚动步：两脚同时交替做由前脚尖至全脚掌依次落地动作。

交叉步：一脚向另一脚前或后交叉行进。

跑跳步:两脚交替进行,跑后支撑阶段有一次跳的过程。

并腿跳:双腿并拢,直膝或屈膝跳。

侧摆腿跳:单腿跳起,同时另一腿向外侧摆动。

(四)创新的训练方法

1. 瑜伽训练法

瑜伽是通过身体、动作、思想和呼吸相互联系,产生一种平衡、放松、和谐的感觉。瑜伽比较侧重于力量、柔韧性、耐力的培养锻炼,尤其是力量和耐力,同时注重呼吸的配合,体式之间的衔接给人一气呵成之感。瑜伽对增强竞技健美操学生的力量、柔韧性、平衡性具有显著的效果。瑜伽很多姿势使肌肉、韧带产生张力,同时肌肉等长收缩,深度拉长肌肉,让肌肉根富有活力不易变硬,提高练习者的兴趣。瑜伽的放松术有安静神经的功效,能在最短时间内消除疲劳,消除由于平时专业训练带来的忧虑,消除郁闷与紧张,减轻生活和训练带来的各种压力,使人心态平和。瑜伽通过体位法的串联结合呼吸与冥想的运用来修复身心疲劳,有利于提高专业训练的效果。

2. 表象训练法

在健美操教学过程中,学生进行表象训练,在回放动作和默念要领的过程中,能产生"身临其境"的感觉,其大脑较快的建立精确的抑制过程,使学生对动作的控制能力加强,动作也变得较为流畅、准确,增强了学习效果,提高了学生的学习效率,缩短了运动技能形成的泛化阶段,使学生能较快掌握动作,形成了初步的动力定型,提前进入运动技能形成的分化阶段。

通过表象训练可以扩大学生的注意范围,使视觉作用减弱并加强了动觉控制作用,学生可以对练习中所出现的不准确或变形动作进行自觉调整和纠正,达到较好的学习效果。

参考文献

[1]蔡金明.体育教学技能训练[M].哈尔滨:哈尔滨工业大学出版社,2017.
[2]陈炜,黄芸.体育教学与模式创新[M].北京:光明日报出版社,2016.
[3]高守清.体育教学策略理论与实践[M].兰州:甘肃民族出版社,2009.
[4]龚正伟.体育教学新论[M].长沙:湖南师范大学出版社,2012.
[5]郭道全.魏富民,肖勤,现代体育教学概论[M].北京:中国商务出版社,2015.
[6]黄汉升.体育教学训练理论与方法[M].北京:高等教育出版社,2003.
[7]吉丽娜.体育教学与训练理论实践探究[M].北京:地质出版社,2017.
[8]姜明.现代学校体育教学研究[M].武汉:湖北科学技术出版社,2013.
[9]焦延歌.体育教学理论与实践研究[M].北京:中国言实出版社,2017.
[10]李建芳.现代体育教学探索[M].北京:北京体育大学出版社,2001.
[11]李薛.现代教育技术革新下体育教学研究[M].北京:中国纺织出版社,2019.
[12]李鹰.体育教学方略[M].上海:上海教育出版社,2012.
[13]刘明.普通体育教学发展与改革探究[M].北京:中国纺织出版社,2018.
[14]马鹏涛.体育教学改革创新与科学化训练研究[M].北京:新华出版社,2018.
[15]马尚奎,李俊勇.体育教学导论[M].长春:吉林人民出版社,2016.
[16]毛振明.体育教学改革新视野[M].北京:北京体育大学出版社,2003.
[17]毛振明.体育教学论[M].北京:高等教育出版社,2005.
[18]任婷婷.体育教学管理改革与模式构建[M].长春:吉林大学出版社,2017.
[19]史兵.体育教学论[M].西安:陕西师范大学出版社,2006.
[20]舒盛芳,高学民.体育教学设计[M].上海:复旦大学出版社,2013.
[21]宋大维.体育教学理论探索与实用指导[M].北京:中国书籍出版社,2016.
[22]王惠.体育教学方法研究[M].北京:光明日报出版社,2016.
[23]王鲁克.体育教学技能[M].北京:人民体育出版社,2014.
[24]王则珊.学校体育理论与研究[M].北京:北京体育大学出版社,1995.
[25]吴志超等.现代教学论与体育教学[M].北京:人民体育出版社,1993.
[26]夏思永.体育教学论[M].重庆:西南师范大学出版社,2003.
[27]夏越.现代体育教学研究[M].北京:北京理工大学出版社,2019.
[28]张胜利.体育教学与科学训练[M].北京:九州出版社,2015.
[29]周登嵩.学校体育学[M].北京:人民体育出版社,2004.